21 世纪全国高职高专旅游系列规划教材

旅游市场营销

主　编　刘长英
副主编　张利敏　许　莲　胡　萍

北京大学出版社
PEKING UNIVERSITY PRESS

内容简介

本书在编写过程中注重内容的科学性、系统性、创新性和可操作性，将市场营销学的一般原理与旅游运营的具体实际结合起来，从旅游市场营销认知开始，逐步探讨旅游市场营销环境、旅游市场营销信息系统与市场营销调研、旅游消费者购买行为、旅游目标市场策略、旅游市场营销的4P——产品(Production)、价格(Price)、渠道(Place)、促销(Promotion)策略，以及旅游市场营销管理的具体内容，系统地介绍了旅游市场营销的基本理论、方法及职业技能，体现了现代旅游市场营销的实际需要。

本书适用于应用型本科院校、高等专科学校、高等职业院校、成人高等学校、中等职业学校旅游相关专业学生使用，也适合旅游企业员工培训使用，亦可供相关行业管理人员参考使用。

图书在版编目(CIP)数据

旅游市场营销/刘长英主编. —北京：北京大学出版社，2015.5

(21世纪全国高职高专旅游系列规划教材)

ISBN 978-7-301-25720-3

Ⅰ.①旅… Ⅱ.①刘… Ⅲ.①旅游市场—市场营销学—高等职业教育—教材 Ⅳ.①F590.8

中国版本图书馆CIP数据核字(2015)第084418号

书　　名	旅游市场营销
著作责任者	刘长英　主编
策划编辑	刘国明
责任编辑	陈颖颖
标准书号	ISBN 978-7-301-25720-3
出版发行	北京大学出版社
地　　址	北京市海淀区成府路205号　100871
网　　址	http://www.pup.cn　新浪微博：@北京大学出版社
电子信箱	pup_6@163.com
电　　话	邮购部62752015　发行部62750672　编辑部62750667
印 刷 者	三河市博文印刷有限公司
经 销 者	新华书店
	787毫米×1092毫米　16开本　15.25印张　352千字
	2015年5月第1版　　2015年5月第1次印刷
定　　价	31.00元

前言

本书充分吸收了国内外旅游市场营销研究的最新成果和旅游市场营销实践的最新发展，较为系统地阐述了旅游市场营销的基础理论及其在旅游业中的应用，力求做到既科学严谨，又较好地体现创新与适用，以更好地满足培养现代旅游市场营销专业人才的需要。

针对旅游市场营销实践性强的特点，本书在编写时坚持理论与实践相结合的原则，从旅游市场营销的实际需要出发，将市场营销的一般规律、原理与旅游企业市场营销特征结合起来，并通过实际操作训练等方式培养学生的专业素质和职业技能。本书每章都设有学习目标、导入案例、本章小结、习题、实际操作训练和延伸阅读等板块，通过丰富的“小故事”“小案例”等来启发、证实或应用旅游市场营销的基本理论，强化教学内容的实践性。

全书体例完整、简洁实用、操作性强，切实保证了教学活动的具体性和可操作性，有利于提高学生的学习能力和应用能力，实现以知识运用、技能训练和能力强化来提高人才培养质量的目标。

本书由北海职业技术学院刘长英担任主编，北京石油化工学院张利敏、苏州经贸职业技术学院许莲、北海职业学院胡萍担任副主编。在编写过程中，本书参考了国内外专家、学者的诸多研究成果，并引用了相关资料，在此向他们表示衷心的感谢！由于时间仓促，书中难免会有疏漏和不足之处，敬请读者批评指正。

刘长英

2015年1月

目　　录

第 1 章　旅游市场营销认知 1

1.1　旅游市场营销内涵解读 3

1.1.1　旅游市场的内涵 3

1.1.2　旅游市场的需求状态 4

1.1.3　旅游市场营销的含义 5

1.1.4　旅游市场营销的作用 5

1.2　旅游市场营销理念的演变 6

1.2.1　市场营销理念的含义 6

1.2.2　传统市场营销理念 6

1.2.3　现代市场营销理念 8

1.2.4　传统市场营销理念与现代市场营销理念的区别 9

1.2.5　市场营销理念的新发展 10

1.3　旅游市场营销组织 15

1.3.1　旅游市场营销组织的含义 15

1.3.2　旅游市场营销组织职能 15

1.3.3　旅游市场营销组织类型 16

1.4　旅游市场营销发展趋势 18

1.4.1　旅游市场营销发展现状 18

1.4.2　旅游市场营销的新发展 19

【本章小结】 22

【习题】 23

【实际操作训练】 24

第 2 章　旅游市场营销环境 26

2.1　旅游市场营销环境概述 27

2.1.1　旅游市场营销环境的含义 27

2.1.2　旅游市场营销环境的特点 28

2.1.3　旅游市场营销环境分析的意义 29

2.2　旅游市场营销宏观环境 30

2.2.1　人口环境 30

2.2.2　经济环境 31

2.2.3　政治法律环境 32

2.2.4　社会文化环境 33

2.2.5　科学技术环境 33

2.2.6　自然环境 34

2.3　旅游市场营销微观环境 34

2.3.1　企业内部环境 35

2.3.2　旅游中间商 35

2.3.3　旅游供应商 35

2.3.4　旅游消费者 36

2.3.5　竞争者 36

2.3.6　社会公众 37

2.4　旅游市场营销环境分析方法 38

2.4.1　SWOT 分析法 38

2.4.2　机会-威胁矩阵 40

【本章小结】 41

【习题】 41

【实际操作训练】 42

第 3 章　旅游市场营销信息系统与市场营销调研 45

3.1　旅游市场营销信息系统 46

3.1.1　旅游市场营销信息系统的含义 46

3.1.2　旅游市场营销信息系统的特征 47

3.1.3　旅游市场营销信息系统的构成 47

3.2　旅游市场调研概述 50

3.2.1　旅游市场调研的内容 50

3.2.2　旅游市场调研的程序 51

3.2.3　旅游市场调研的方法 52

3.2.4　撰写调研报告 54

3.3 旅游市场调研技巧 55
3.3.1 获得合作 55
3.3.2 询问问题 56
3.3.3 适当追问 58
3.3.4 记录回答 59
3.3.5 结束访问 59
3.4 做好旅游市场预测 59
3.4.1 旅游市场预测的内容 59
3.4.2 市场预测的种类 61
3.4.3 市场预测的原则 61
3.4.4 市场预测的程序 62
3.4.5 定性预测法 62
3.4.6 定量预测法 64
【本章小结】 70
【习题】 71
【实际操作训练】 72

第 4 章 旅游消费者购买行为 74

4.1 旅游消费者消费需要与购买动机 75
4.1.1 旅游消费者消费需要 75
4.1.2 旅游消费者购买动机 76
4.1.3 购买动机对购买行为的影响 76
4.2 旅游消费者购买行为分析 77
4.2.1 购买行为的类型与特点 77
4.2.2 影响旅游消费者购买行为的因素 78
4.3 旅游消费者购买决策分析 80
4.3.1 旅游消费者购买决策的内容 80
4.3.2 旅游消费者购买决策的过程 81
4.3.3 旅游消费购买决策的参与者 83
4.4 组织机构消费者购买行为 84
4.4.1 组织机构消费者定义 84
4.4.2 组织机构消费者的购买行为特点 85
4.4.3 组织机构消费者的购买行为类型 85
4.4.4 组织机构消费者的购买过程 86
4.4.5 组织机构消费者购买行为的影响因素 87
【本章小结】 89
【习题】 89
【实际操作训练】 90

第 5 章 旅游目标市场策略 93

5.1 旅游市场细分 95
5.1.1 旅游市场细分的作用 95
5.1.2 旅游市场细分的原则 96
5.1.3 旅游市场细分的主要标准 97
5.1.4 旅游市场细分的方法 98
5.1.5 旅游市场细分的步骤 99
5.2 旅游目标市场选择 100
5.2.1 旅游目标市场选择的标准 100
5.2.2 旅游目标市场选择的模式 101
5.2.3 旅游目标市场选择的影响因素 102
5.2.4 旅游目标市场选择策略 103
5.3 旅游市场定位 105
5.3.1 旅游市场定位的作用 105
5.3.2 旅游市场定位的过程 106
5.3.3 旅游市场定位的方法 107
5.3.4 旅游市场营销定位战略 108
5.4 旅游市场营销组合 112
5.4.1 旅游市场营销组合含义 112
5.4.2 4Ps 营销组合 112
5.4.3 4Cs 营销组合 113
5.4.4 4Rs 营销组合 114
5.4.5 4Ps、4Cs、4Rs 三者之间的关系 115
【本章小结】 115
【习题】 116
【实际操作训练】 117

第 6 章 旅游产品策略 119

6.1 旅游产品概述 120
6.1.1 旅游产品的整体概念 120

6.1.2　旅游产品的类型 121
6.1.3　旅游产品的特点 122
6.2　旅游产品构成和生命周期 123
6.2.1　旅游产品构成 123
6.2.2　旅游产品的生命周期 124
6.3　旅游产品开发 126
6.3.1　旅游产品开发的原则 126
6.3.2　旅游产品开发的内容 127
6.3.3　旅游产品开发策略 129
6.3.4　旅游产品开发程序 130
6.4　旅游产品品牌策略 132
6.4.1　旅游产品品牌的含义及其构成 132
6.4.2　旅游产品品牌的形成 133
6.4.3　旅游产品品牌的作用 134
6.4.4　旅游产品品牌的特征 135
6.4.5　旅游产品品牌策略的原则 136
6.4.6　旅游产品品牌建设步骤 137
6.4.7　旅游产品品牌化战略 138
【本章小结】 139
【习题】 139
【实际操作训练】 140

第 7 章　旅游价格策略 143
7.1　旅游价格概述 144
7.1.1　旅游价格的含义 144
7.1.2　旅游价格的构成 145
7.1.3　旅游价格的特点 145
7.1.4　旅游价格的分类 146
7.2　旅游价格制定的原理和方法 148
7.2.1　旅游价格制定的原理 148
7.2.2　旅游价格制定的目标 149
7.2.3　旅游价格制定的方法 151
7.3　旅游价格制定策略 155
7.3.1　新产品定价策略 155
7.3.2　心理定价策略 156
7.3.3　折扣定价策略 156
7.4　旅游价格调整策略 157
7.4.1　降价策略 158
7.4.2　涨价策略 159
7.4.3　旅游企业对竞争者价格调整的反应 160
7.4.4　旅游消费者对价格调整的反应 160
【本章小结】 161
【习题】 161
【实际操作训练】 162

第 8 章　旅游分销策略 165
8.1　旅游分销渠道概述 166
8.1.1　旅游分销渠道的含义 166
8.1.2　旅游分销渠道的类型 167
8.1.3　旅游分销渠道的作用 169
8.1.4　影响旅游分销渠道选择的因素 169
8.2　旅游中间商 170
8.2.1　旅游中间商的含义 170
8.2.2　旅游中间商的类型 171
8.2.3　旅游中间商的作用 172
8.2.4　旅游中间商的功能 172
8.2.5　旅游中间商的选择 173
8.3　旅游分销渠道组织与管理 174
8.3.1　旅游分销渠道组织 174
8.3.2　旅游分销渠道管理 176
8.4　旅游电子商务 178
8.4.1　旅游电子商务的含义 178
8.4.2　旅游电子商务的优势 179
8.4.3　旅游电子商务的影响 181
8.4.4　旅游电子商务的类型 182
【本章小结】 184
【习题】 185
【实际操作训练】 186

第 9 章　旅游促销策略 189
9.1　旅游促销概述 190
9.1.1　旅游促销的含义 190

9.1.2 旅游促销的作用 191
9.1.3 旅游促销的原则 192
9.1.4 旅游促销策略 193
9.1.5 影响旅游促销的因素 194
9.2 旅游广告 195
9.2.1 旅游广告的含义 195
9.2.2 旅游广告的特点 196
9.2.3 旅游广告的作用 197
9.2.4 旅游广告的类别 198
9.2.5 旅游广告决策 199
9.3 旅游人员推销 200
9.3.1 旅游人员推销的特点 201
9.3.2 旅游人员推销的基本形式 202
9.3.3 旅游人员推销的原则 202
9.3.4 旅游人员推销的过程 203
9.3.5 旅游人员推销的管理 204
9.4 旅游公共关系 206
9.4.1 旅游公共关系的特点 206
9.4.2 旅游公共关系的作用 206
9.4.3 旅游公共关系的主要类型 207
9.5 旅游营业推广 208
9.5.1 旅游营业推广的特点 209
9.5.2 旅游营业推广的作用 209
9.5.3 旅游营业推广的主要方式 210
9.5.4 旅游营业推广策划 211
【本章小结】 212
【习题】 212
【实际操作训练】 213

第 10 章 旅游市场营销管理 215
10.1 旅游市场营销管理概述 217
10.1.1 旅游市场营销管理的含义 217
10.1.2 旅游市场营销管理的四种需求 217
10.1.3 旅游市场营销管理过程 219
10.2 旅游市场营销战略管理 220
10.2.1 旅游市场营销战略的定义 220
10.2.2 旅游市场营销战略管理的特点 221
10.2.3 旅游市场营销战略管理的过程 222
10.3 旅游市场营销计划 224
10.3.1 旅游市场营销计划的概念和作用 224
10.3.2 制订旅游市场营销计划的方法 225
10.3.3 旅游市场营销计划的内容 226
10.3.4 旅游市场营销计划制订过程 229
10.3.5 旅游市场营销计划撰写技巧 230
【本章小结】 230
【习题】 231
【实际操作训练】 232

参考文献 235

第1章 旅游市场营销认知

学习目标

- 理解旅游市场营销的内涵及作用;
- 熟悉现代市场营销理念及其演进历程;
- 准确把握旅游市场营销组织职能及形式;
- 了解旅游市场营销的发展现状及趋势。

导入案例

“The best job in the world”，是员工招聘还是市场营销？

2009 年 1 月 9 日，澳大利亚昆士兰旅游局网站面向全球发布招聘通告，招聘大堡礁(Great Barrier Reef)看护员。这个被称为“The best job in the world”(世界上最好的工作)吸引了全球 30 万人上网浏览，甚至导致网站瘫痪。

1. 工作简介

探索和汇报：

看护员工作时间比较有弹性，其主要职责是探索大堡礁的群岛，以更加深入地了解大堡礁。他/她需通过每周的博客、相簿日记、上传视频及接受媒体的跟踪访问等方式，向昆士兰旅游局(以及全世界)报告其探奇历程。这将是一个宣传大堡礁美景的难得机会。

喂鱼：

大堡礁水域有超过 1500 种鱼类。试想象各式各样珍贵鱼类蜂拥而上的场景会是多么震撼！不用担心，不会要求你去喂每一条鱼！

清洗泳池：

泳池虽然装有自动过滤器，但如果你发现水面上有一片飘落的树叶，那下水清洗泳池绝对是畅泳的好借口！

兼职信差：

探险旅程期间，你可参与航空邮递服务，这将是在高空俯览大堡礁美景的绝佳机会。

2. 待遇

被录取者不仅可享受碧海银沙的梦幻生活，而且 6 个月合约的薪金可达 15 万澳元(约合 70 万元人民币)，并能免费居住海岛别墅以及享受免费往返机票。

往返经济舱机票(距申请人所在国首都最近的机场)、住宿、在哈密尔顿岛(Hamilton Island)上的交通费、合同期内的旅游保险、电脑、上网服务、具录影功能的数码相机、往来大堡礁群岛间的交通均全部由昆士兰旅游局提供。

3. 工作地点

大堡礁连绵延伸昆士兰州海岸线 2600 公里，当中包括超过 2900 个独立珊瑚礁及 900 个岛屿，是世界最大的珊瑚礁生态系统。

这个入选《世界遗产名录》的地方孕育着多种不同野生动物，包括鲸鱼、海豚、海龟及超过 1500 种鱼类。大堡礁是极为热门的旅游胜地，每年约有 200 万游客到访。

4. 学历/经验要求

不同方面的经验均会获考虑，但成功的申请者须有：

——良好的沟通技巧

——良好的英语听写能力

——喜欢探索、冒险的态度

——乐意尝试新鲜事物、热爱大自然

——良好的游泳技巧、热爱浮潜及/或潜水

这个“世界上最好的工作”，与其说是看护员，不如说是大堡礁的体验者——这正是昆士兰旅游局推出此活动的目的，通过体验式市场营销的方式向世界宣扬大堡礁的美妙之处，同时充分利用招聘过程的吸引力成功进行市场营销造势，吸引全世界旅游消费者的关注，在全球范围内提升大堡礁的知名度与美誉度。

案例思考：

澳大利亚昆士兰旅游局是如何利用员工招聘来进行旅游市场营销活动的？

1.1 旅游市场营销内涵解读

1.1.1 旅游市场的内涵

旅游市场(Tourism Market)是一切具有特定的欲望和需求，并且愿意和能够以交换来满足这些欲望和需求的现实旅游消费者和潜在旅游消费者的总和。为进一步理解和把握旅游市场的内涵，可以用一个公式来表示：

旅游市场 = 人口 + 购买力 + 购买欲望

这个简单的公式包含了市场的三个基本构成要素：

1. 人口

旅游产品的消费者是构成旅游市场主体的基本要素，旅游市场的规模和容量取决于该市场人口数量的多少。一个地区总人口多，则潜在的旅游消费者就多，可能需要旅游产品的基数就大，因此，人口的多少反映了旅游产品潜在市场的大小。同时，人口的构成及其变化也影响着市场需求的构成和变化。

2. 购买力

购买力(Purchasing Power)是指旅游消费者支付货币以购买产品或服务的能力。它是构成现实市场的物质基础，没有足够的支付能力，旅游消费者便无法成行。购买力的大小与旅游消费者的可自由支配收入等有关。

3. 购买欲望

购买欲望(Purchasing Desire)是指旅游消费者购买产品或服务的动机、愿望和要求，它是使旅游消费者的潜在购买力转化为现实购买力的必要条件。

由此可见，现实有效的旅游市场必须具备人口、购买力、购买欲望三个基本要素，这三个要素相互制约，缺一不可。如果购买力、购买欲望这两个要素不能同时具备时，就只能称其为潜在市场(Potential Market)；当然，一旦另一个要素具备，潜在市场就可转化为现实市场(Actual Market)。

小故事

向寺庙和尚推销梳子

有 4 个营销员接受任务，到寺庙里向和尚推销梳子。

第一个营销员空手而回，说到了庙里，和尚说没头发不需要梳子，所以一把都没销掉。

第二个营销员回来了，销了十多把。他介绍经验说，我告诉和尚，头皮要经常梳梳，可以止痒；头不痒也要梳，可以活络血脉、有益健康。念经念累了，梳梳头，头脑清醒。这样就销掉一部分梳子。

第三个营销员回来，销了百十把。他说，我到庙里去，跟老和尚讲，您看这些香客多虔诚呀，在那里烧香磕头，磕了几个头起来头发就乱了，香灰也落在他们头上。您在每个庙堂的前面放一些梳子，他们磕完头烧完香可以梳梳头，会感到这个庙关心香客，下次还会再来。这一来就销掉百十把。

第四个营销员说他销掉好几千把，而且还有订货。他说，我到寺庙里跟老和尚说，寺庙里经常接受人家的捐赠，得有回报给人家，买梳子送给他们是最便宜的礼品。您在梳子上写上庙的名字，再写上三个字"积善梳"，说可以保佑他们，这样可以作为礼品储备在那里，谁来了就送，保证寺庙里香火更旺。这一下就销掉好几千把。

这个小故事告诉我们，市场是可以创造的。总是想着"和尚要什么梳子呀"，营销工作就没法做了。

1.1.2 旅游市场的需求状态

需求是市场营销的起源，旅游市场营销者必须认识和理解市场需求是如何对旅游市场营销起作用的。对于旅游企业而言，根据需求水平、需求时间、需求性质的不同，旅游需求状态可分成 8 种类型，在不同的需求状态下，旅游市场营销的任务和策略有所不同，详见表 1-1。

表 1-1 旅游市场需求的 8 种状态

序号	需求状态	状态描述	应对方式	市场营销策略
1	负需求	不喜欢、厌恶，甚至愿意出钱回避	分析为什么不喜欢？是否可以重新设计产品、降低价格或者采取更积极的市场营销方案	改变市场营销
2	无需求	对产品和服务毫无兴趣或者漠不关心	设法将产品和服务的好处与人的自然需要和兴趣联系起来	刺激市场营销
3	潜在需求	现有产品无法满足特定人群的市场需求	衡量潜在市场的范围，开发有效的产品或者服务	开发市场营销
4	下降需求	回头客越来越少	分析需求下降的原因，决定是否开辟新市场，或采取有效沟通手段来刺激需求	再创造市场营销
5	不规则需求	旅游高峰情况	灵活定价、推销或者采用其他刺激手段来改变市场营销的时间模式	协调市场营销
6	充分需求	组织对业务量满意就达到了充分需求	提高或维持产品和服务的质量，不断衡量旅游消费者满意程度	维持市场营销
7	过度需求	接待率长期高于 95%	提高价格，减少推销活动和服务	减缓市场营销
8	不健康需求	黄、赌、毒等	禁止或劝说人们放弃这种爱好	抵制市场营销

1.1.3　旅游市场营销的含义

旅游市场营销(Tourism Marketing)是指旅游企业根据旅游目标市场需求，通过对旅游产品的构思、定价、促销和分销的计划与执行过程，以满足旅游消费者需求和实现旅游企业战略目标为目的的经营活动。为更好地理解和掌握旅游市场营销的含义，可从以下几个方面深入分析。

1. 旅游市场营销以交换为中心

旅游市场营销以旅游消费者需求为导向，以交换为中心，协调各种旅游经济活动。其直接目的是增加销售额，拓展新市场，培养和强化旅游消费者的忠诚度，增加旅游产品的价值。旅游企业通过提供旅游消费者满意的旅游产品，提高社会公众的兴趣，创建良好的旅游形象，以实现企业的经济和社会效益。

2. 旅游市场营销是一个动态过程

现代旅游业是根据市场状况和旅游消费需求进行策划、组织、创新、反馈、控制，以提供优质高效的产品和服务。旅游市场营销需要不断拓展业务空间和业务范围，通过分析、计划、执行、反馈和控制这样一个体现旅游经济管理功能的过程，高效推广运营，使旅游消费者满意，心情愉悦，使企业获利，达到经济效益和社会效益的统一。

3. 旅游市场营销注重管理与协调

旅游市场营销的主体很广，包括所有的旅游组织，如旅行社、旅游饭店、旅游交通、旅游景区等旅游企业，以及从事宏观管理与协调的旅游局、旅游协会等机构。同时，旅游市场营销的客体也很多，不仅包括很多有形实物的市场营销，还包括很多无形劳务的市场营销。因此，旅游市场营销必须特别注重管理与协调，特别是旅游文化服务理念的管理与协调、旅游资源的管理与协调、旅游消费者与旅游从业人员的管理与协调等。

1.1.4　旅游市场营销的作用

1. 解决生产与消费的矛盾，调节旅游市场供求关系

在市场经济条件下，旅游企业的生产和旅游消费者的消费之间存在着空间和时间上的分离，容易导致产品、价格、双方信息不对称等多方面的矛盾。旅游市场营销通过旅游市场调查、研究、分析，描绘出消费需求对旅游产品的预期，以及旅游市场的供求态势、竞争状况等，从而对旅游企业因时、因地制宜地推出适销对路的产品发挥指导作用，从而实现生产与消费的统一。

2. 实现旅游产品的价值和增值

旅游市场营销通过产品创新、分销、促销、定价、服务等手段加速相互满意的交换关系，使产品中的价值和附加值得到社会的认可。由于强调消费趋向的引导和潜在需求的转

变，所以旅游市场营销变潜在交换为现实交换，从而使旅游生产和消费向更深、更广发展。

3. 避免社会资源和企业资源的浪费

旅游市场营销从消费者需求的角度出发，根据需求条件安排生产，最大限度地减少产品无法销售的情况出现，避免了社会资源和企业资源的浪费。

4. 满足旅游消费者需求，提高消费质量

旅游市场营销活动的目标是通过各种手段最大限度地满足旅游消费者需求，最终提高旅游消费者的消费质量。

1.2 旅游市场营销理念的演变

1.2.1 市场营销理念的含义

市场营销理念(Marketing Concept)是指企业进行经营决策，组织管理市场营销活动的基本指导思想，也是企业的经营哲学。市场营销理念是一种观念，一种态度，或一种企业思维方式，决定着企业如何看待消费者和社会利益，如何处理企业、社会和消费者三方的利益协调。

市场营销理念的产生和形成是一个认识过程，也是一个发展过程。它经历了生产理念、产品理念、推销理念、市场营销理念和社会市场营销理念等几个主要阶段。其中，生产理念、产品理念、推销理念都是以生产为中心，习惯上被称为传统市场营销理念；市场营销理念是以消费者为中心，社会市场营销理念是以消费者长远利益和社会利益为中心，从而构成了现代市场营销理念。

1.2.2 传统市场营销理念

1. 生产理念

生产理念(Production Concept)产生于20世纪20年代前，是一种古老的经营哲学。在资本主义初期，由于生产水平较低、社会产品难以满足广大消费者的需求，多数产品处于供不应求的“卖方市场”。销售与消费只是被动地适应市场，企业生产什么，市场就卖什么，生产多少就卖多少，没有多大的选择余地。只要有产品，质量尚可，价格便宜，就不愁在市场上找不到销路，有许多产品是消费者上门求购。

生产理念认为，消费者喜欢那些可以随处买到和价格低廉的产品，企业应当从生产出发，组织和利用所有资源，改革劳动组织，集中一切力量提高生产效率和扩大市场营销范围，提高劳动生产率，降低成本，增加销售量。企业经济活动的重点是降低产品的价格，开发新产品。显然，生产理念是一种重生产、轻市场营销的指导思想，它的典型表现就是“我生产什么，就卖什么”。

在旅游业，市场营销观念同样经历了类似的发展阶段。改革开放后，来中国的入境旅游者逐年猛增，旅游市场处于供不应求的“卖方市场”。而当时的市场营销理念还处在生产理念阶段，即“我生产什么，就卖什么”，没有深入研究市场需求和发展趋势。这种等客上门的营销导向，造成了我国旅游业发展初期的停滞徘徊。

2. 产品理念

产品理念(Product Concept)也是一种较早的企业经营哲学。在 20 世纪 20 年代，产品供应短缺有所缓解，市场供求基本均衡，生产处于饱和状态，消费者更喜欢质量最优、性能最好和功能最多的产品。产品质量越高，性能越好，越具有特色，就越容易为消费者所接受。生产者的注意力也因此由产品的数量转移到产品的质量上来。不断提高产品的质量成为企业经营管理的指导思想。企业的任务也就变为致力于制造优良产品并加以改进。

产品理念与生产理念都是以生产为中心。如果说生产理念重产品，是“以量取胜”的话，那么产品理念则是“以质取胜”。由于坚持加强生产管理、提高产品质量是企业成功的关键，产品理念显然使市场上的同类产品有了竞争，想以自己优质的、有特色的产品取得优势。在这一点上，它比生产理念先进一步，但仍然是以卖方市场为中心的市场营销理念。其不足之处是不容易看到市场需求的变化，轻视市场的需求，会形成市场营销近视症。如果一味只关注自己的产品，看不到市场动态的变化，就会维持现有产品而不进行新的开发，终究会使自己陷于困境。坚持“拥有质量就拥有购买者”的经营思想并没有错，但如果产品只是经久耐用，货真价实，也可能并不会永久畅销。

前几年新建的一些旅游饭店，片面强调质量，按豪华高星级标准配套了造价昂贵的健身器材及健身中心。但由于现阶段旅游者的旅游日程都很紧张，除了参观游览活动外，很少有这方面的需要，结果设备大量闲置，变成了亏本的投资。

3. 推销理念

推销理念(Selling Concept)认为，消费者通常有一种购买惰性或抗衡心理，若顺其自然，消费者就不会自觉地购买大量本企业的产品，因此企业经营管理的核心任务是积极推销和大力促销，以诱导消费者购买产品。其具体表现是“我生产什么，就推销什么，并设法让人们买什么”。

推销理念产生于由“卖方市场”向“买方市场”转变的过程中。例如，20 世纪 80 年代的中国，旅游业进入了一个发展高潮。一房难求、一票难求的旅游市场供求关系逐步转向买方市场，旅游企业意识到要在激烈的市场竞争中求得生存并不断发展，必须主动将自有的产品推向市场，展示给旅游者。这一时期，许多旅游企业开始设立专门的“销售部”来推销旅游产品，从事旅游市场销售工作的专门人员也开始出现。

推销理念不仅考虑了生产和质量，同时还考虑生产出来的产品能否卖得出去。经营者开始努力研究推销策略，重视市场研究和分销渠道的选择以及销售技巧的运用。但推销理念仍然是建立在以企业为中心的“以产定销”，而不是满足消费者真正需要的基础上。它以现有产品为企业经营活动的中心和出发点，忽视消费者的需求，追求的目标还是短期利润，这种理念只适应于未成熟的“买方市场”。

执行推销理念的旅游企业，相信产品和服务是“卖出去的”，而不是“被买去的”。他们重视销售环节，着力进行旅游企业产品的推销，注意采取价格手段，做大量广告，但这仍然不是从消费者和市场需求的角度出发，只想通过推销产品的刺激，激发消费者的购买欲望。

1.2.3 现代市场营销理念

现代市场营销理念的核心是以消费者为中心，以满足消费者需求为出发点的，每个企业必须依照消费者的需要与愿望组织产品的生产与市场营销，消费者需要什么，就生产什么。在旅游业，它要求企业一切计划与策略应以旅游消费者为中心，正确确定目标市场的需要与欲望，比竞争者更有效地提供目标市场所要求的满足。企业市场营销要贯彻“消费者至上”的原则，将市场营销重心放在善于发现和了解目标消费者的需要，并千方百计去满足它，使消费者满意，从而实现企业目标。

1. 市场营销理念

市场营销理念(Marketing Concept)的产生，是一次革命。20 世纪 50 年代之后，全球经济迅速发展，产品更新换代周期缩短，生产者和消费者之间不断重复的双向信息交流，使生产者很容易找到自己的市场定位，从而具有明确的市场目标。企业更易适应消费者的需求，采取比竞争对手更有效的措施，使消费者得到更大的满足。

市场营销理念是一种以消费者需求为中心的企业经营哲学。这种理念认为，消费者需求是企业生存和发展的唯一机会。要实现企业的经营目标，关键在于摸清目标市场的需求和欲望，并且尽最大努力满足消费者的需要。20 世纪 90 年代，中国旅游业的外部环境已经逐渐理顺，旅游市场行为已经逐渐规范化，旅游企业经营者纷纷转变观念，引入市场营销理念，以旅游者的需求为中心来开展各项市场营销活动。从此，全面的旅游市场营销理念与方法开始为旅游企业所认可，传统的旅游销售过渡到了比较成熟的现代旅游市场营销。

市场营销理念与推销理念相比较，它们的主要区别是：推销理念强调的是生产者的需求，它在确定生产机制的前提下寻找目标市场，甚至让外部环境——市场来适应自己已有的生产机制。而市场营销理念通常考虑通过产品以及产品的生产、供应和消费等一系列行为来满足消费者的需要，它在确定目标市场的前提下，研究如何建立一套生产机制以适应或进入这一目标市场。市场营销理念与推销理念主要区别见表 1-2。

表 1-2 市场营销理念与推销理念主要区别

两种理念	出发点	中心	手段	目的
推销理念	企业	产品	推销和促销	通过扩大销售获取利润
市场营销理念	目标市场	消费者需求	整合市场营销	通过消费者满意获取利润

2. 社会市场营销理念

社会市场营销理念(Social Marketing Concept)是以社会长远利益为核心的观念。它要求市场营销活动在提供令消费者满意产品的同时，还要注意社会满意，当然也要能够给企业带来理想的利润。企业必须考虑社会长远利益、增进消费者和社会的福利与社会和谐发展，因此，企业在进行市场营销决策时，不仅要考虑消费者的利益，还要兼顾企业自身的利益和社会的利益。

从 20 世纪 70 年代起，全球环境恶化、能源短缺、通货膨胀、失业增加、消费运动等问题日益严重，企业、消费者、社会三者利益相统一的理念诞生。社会市场营销理念认为单纯的市场营销满足了市场眼前需求，却忽视了社会长远利益。只顾眼前需求，造成资源无限掘取、环境污染、物资浪费，影响了社会的长远发展。因此，企业提供的产品和服务，不仅要满足消费者的市场需求或短期欲望，而且要符合社会的长远利益和长远发展，强调企业利润、消费者需求、社会利益这三者的有机统一。

社会市场营销理念在旅游市场营销活动中的运用是 20 世纪 80 年代以后，人们提出旅游业的发展不能只顾旅游消费者和旅游企业的欲望和需求，而必须符合社会发展的长远利益，要由“以旅游者为中心”转变为“以社会为中心”。比如旅游饭店客房的洗衣袋，过去一直用塑料袋，不但方便，而且成本很低，用过即可扔，对旅游消费者和旅游企业都很有利，但是对社会不利，对环境不利。现在很多旅游饭店已经采用棉麻制品的洗衣袋，循环使用，其出发点是考虑社会公共利益。

1.2.4 传统市场营销理念与现代市场营销理念的区别

1. 市场营销管理的理论基础不同

传统市场营销理念指导下的市场营销活动是以生产者主权论为基础，而现代市场营销理念指导下的市场营销活动则是以消费者主权论为基础。也就是说，企业生产什么、生产多少、如何定价、如何分销配送、如何促销等问题的决策，在传统市场营销理念指导下，基本上是由企业说了算；而在现代市场营销理念指导之下，则完全取决于市场的需求状况、消费者的需要与欲望。因而，有句俗语：“其实，消费者是企业的最高领导。”

2. 市场营销规划的战略性不同

传统市场营销理念指导下的市场营销活动，属于“亡羊补牢”“事后诸葛亮”“后知后觉”式的对策性市场营销活动。这种市场营销管理具有滞后性、盲目性、被动性等缺点；而现代市场营销理念指导下的市场营销活动则属于“先知先觉”式的战略性市场营销活动。这种市场营销管理具有超前性、主动性、战略管理性的优点。

3. 市场营销决策的思维模式不同

传统市场营销活动遵循“以产定销、以销定消”的思维模式；现代市场营销活动则以“以需定销、以销定产、以产定供”为思维导向，组织安排企业的生产经营活动。

4. 市场营销工作的中心不同

传统市场营销活动的开展都是以现有的、已经生产出来的产品为中心开展的；而现代市场营销活动，则是以消费者需求为中心展开工作的。可以说，传统的市场营销活动是“制造产品，并设法销售出去”；而现代的市场营销活动是“发现需要，并设法满足它们”。

5. 市场营销实践的手段不同

传统的市场营销活动一般以单一的推销、广告等手段开展市场营销活动；而现代市场营销活动则是以系统的、整体协调的市场营销活动为手段开展市场营销活动的，体现为企业“全员、全过程、全企业”的整体性市场营销活动。

6. 市场营销活动的目的不同

传统的市场营销活动的目的是通过产品的生产与销售来实现赢利；而现代市场营销活动则是通过最大限度满足消费者需求来实现自己赢利的目的。传统市场营销理念指导下的市场营销活动，注重“销售已经生产出来的产品”；而现代市场营销理念指导下的市场营销活动，注重“生产能销售出去的产品，生产能满足消费者需要的产品”。

7. 市场营销决策的利益导向不同

传统市场营销理念指导之下，市场营销决策的利益出发点与归宿点，都是单一的企业的利益，而忽略了或根本不考虑消费者与社会的利益；现代市场营销理念指导之下的市场营销决策则在统筹兼顾消费者利益、社会整体利益与企业利益的前提下，开展市场营销活动。在三者利益发生冲突与矛盾时，则遵循“社会利益至上”“服务社会，发展自己”“消费者利益至上”“消费者是企业的衣食父母”“顾客永远是对的”等经营宗旨，积极承担社会责任，维护消费者利益。

1.2.5 市场营销理念的新发展

随着经济的飞速发展，世界已经进入了知识经济时代，市场营销理念也有了进一步的发展，如体验式营销、关系营销、整合营销、数据库营销、服务营销、知识营销等的提出，为旅游市场营销掀开了崭新的一页。

1. 体验式营销

体验式营销(Experiential Marketing)是指在销售当中，让客户参与其中，亲身体验产品的功能性，在不同产品的对比下，体现销售产品的优点，从而进行一系列产品的销售的行为。体验式营销，在全面客户体验时代，不仅需要对用户深入和全方位的了解，而且还应把对使用者的全方位体验和尊重凝结在产品层面，让用户感受到被尊重、被理解和被体贴。

如当咖啡被当成“货物”(Commodities)贩卖时，一磅才可卖三百元；当咖啡被包装为“商品”(Goods)时，一杯就可以卖一、二十元；当其加入了“服务”(Services)，在咖啡店中出售，一杯最少要几十元至上百元；但如能让咖啡成为一种香醇与美好的“体验”(Experience)，一杯就可以卖到上百元甚至是好几百元。由此可见，增加产品的“体验”含量，能为企业带来可观的经济效益。

从宏观上看，体验式经济的到来是由于社会高度富裕、文明而产生的。对于那些刚满足温饱或者刚刚达到小康的人们来说，“体验”还是一种奢侈。从微观上看，体验式营销的兴起是由于某些企业对产品及服务在质量、功能上已做得相当出色，以至于顾客对特色和利益已经淡化，而追求更高层次的“特色和利益”，即“体验”。

体验式营销是要站在消费者的感官(Sense)、情感(Feel)、思考(Think)、行动(Act)、关联(Relate)五个方面，重新定义、设计营销的思考方式。此种思考方式突破传统的“理性消费者”的假设，认为消费者消费时是理性与感性兼具的，消费者在整个消费过程中的体验，才是研究消费者行为与企业品牌经营的关键。

传统的营销理念，企业夸大“产品”，但是合乎品质要求的产品，消费者不一定满足。现代的营销理念夸大客户“服务”，然而即使有了满足的服务，顾客也不一定忠诚。未来的营销趋势将崇尚“体验”，企业只有为客户造就“难忘的体验”，才会赢得用户的忠诚，维持企业长远发展。

小案例

迪士尼乐园的魅力：为游客创造独特的体验

作为世界最大的传媒和娱乐巨头之一，迪士尼是一个魅力无穷的商业品牌。游人中的大多数人来自美国和其他发达国家的大都市，人们对城市的高楼大厦和现代化的一切感到厌倦。而在迪士尼乐园里，人们则会产生一种回归大自然的满足感。如仿亚马逊河的冒险乐园令人置身于原始的大自然中，使人感到清新、忘我。那些 18 世纪或 19 世纪的欧美街景，如美国西部的板房、路边的小铺和仿煤气点燃的街灯，都会给人们罩上一种往日的色彩，使人们脱离现实，追寻回忆昔日的岁月和社会的更迭。

迪士尼乐园还拥有许多独具特色的娱乐性建筑。如天鹅宾馆棚顶的一对 29t 重的天鹅雕塑，海豚旅馆栩栩如生的海豚塑像，为迪士尼的景观增添了不少特色。这两家旅馆由著名的后现代派建筑师麦考尔·格然吾斯设计，充满了创造性的富丽堂皇和诙谐生动的视觉感受，扩展了主题公园的梦幻感觉。

迪士尼乐园不仅是大人们娱乐休息的地方，更重要的也是孩子们游乐的世界。景区里不仅有各种金鱼、火箭、大象等形状的游艺车，还有米老鼠童话世界的小房屋、小宫殿、小风车，这一切使孩子们产生了平时在学校和大城市生活中难以激发的美好神奇的幻想。乐园环形火车站台的工作人员整齐的着装、一丝不苟的认真作风都给这些幼小的心灵留下无须言传的深刻印象，而这一切都将会在他们的脑海中留下美好的回忆。此外，迪士尼还时时刻刻为儿童设想周全。例如，喝水池是一大一小两个并列，垃圾筒的高度也让孩子们伸手可及。更有动听的音乐随时陪伴，还有专供小朋友们照相的卡通人物，连公园里的食品都是孩子们喜欢吃的，孩子们到了这里就如同爱丽丝漫游仙境一般。并且，乐园里专为小朋友们准备了安全、刺激性较小的游玩项目，指定必须有大人陪同参加，像旋转木马、小飞象、小人国等。

在各种游乐节目中，迪士尼都十分注意顾客的参与性，总是创造机会让人们发挥自己的主观能动性。迪士尼认为，乐园主要是孩子们的，当然要让孩子们在这里成长。如乐园里设有沿着“道路”行驶的小型汽车，这种车比国内玩具车要大得多，两个大人可以轻松入座，一个家长可以带一个孩子，由孩子驾驶汽车绕过各种复杂的转弯，体会驾驶的乐趣。这种游戏往往是所有游艺中排队最长的，可见其颇受家长与孩子们的喜爱。

2. 关系营销

关系营销(Relationship Marketing)是把营销活动看成是一个企业与消费者、供给商、分销商、竞争者、政府机构及其他公众发生互动作用的过程，市场营销的核心是建立并发展与这些公众的良好关系。关系营销注重企业和顾客关系的长期互动，重在建立顾客忠诚。它既从企业的利益出发，又兼顾消费者的需求，是一个更为实际、有效的营销理念。

为了对内协调部门之间、员工之间的关系，对外向公众发布消息、处理意见等，通过有效的关系营销活动，使得企业目标能顺利实现，企业必须建立企业关系管理机构。该机构除协调内外部关系外，还将担负着收集信息资料、参与企业决策谋划的责任。

面对当代的顾客、外部竞争和变革，企业的全体人员必须通过有效的资源配置和利用，同心协力地实现企业的经营目标。企业资源配置主要包括人力资源配置和信息资源共享。

人力资源配置主要是通过部门间的人员转化、内部提升和跨业务单元的论坛和会议等进行。信息资源共享方式主要是：利用电脑网络、制定政策或提供帮助来削减信息超载、建立“知识库”或“回复网络”以及组建“虚拟小组”。

关系营销是在传统营销理念的基础上，融合多个社会学科的思想而发展起来的。它吸收了系统论、协同学、传播学等思想。关系营销理念认为，无论在哪一个市场上，关系都具有很重要的作用，甚至成为企业市场营销活动成败的关键。

3. 整合营销

整合营销(Integrated Marketing)是一种对各种营销工具和手段的系统化结合，根据环境进行即时性的动态修正，以使交换双方在交互中实现价值增值的营销理念。企业的产品是否能够博得消费者的钟爱，取决于企业是否对消费者进行了细分和研究，对他们了解多少，是否了解他们对某种产品做出购买决策的真正原因。揭开谜团的关键在于企业必须有效地运用“恰当并且出人意料”的利益定位的方法，在消费者的脑海中寻找他们对于产品的期望的核心要点在哪里，以及如何通过定位策略在消费者的脑海中建立具有差异化的品牌印象。

整合营销的核心在以下几个方面：

(1) 不要卖你所能制造的产品，而是卖那些顾客想购买的产品，真正重视消费者。

(2) 暂不考虑定价策略，而去了解消费者要满足其需要与欲求所愿付出的成本。

(3) 暂不考虑通路策略，应当思考如何给消费者方便以购得产品。

(4) 暂不考虑怎样促销，而应当考虑怎样沟通。

小案例

《印象·刘三姐》的整合营销

张艺谋的倾心打造、刘三姐的家喻户晓、桂林山水的世界闻名构成了《印象·刘三姐》整合营销组合的大框架。三大品牌的巨大号召力，无不体现了营销人员在促销和公共关系上下的工夫。

《印象·刘三姐》制作完成后并没有立即推向市场，而是锁定旅行社作为其分销渠道，邀请导游们进行前期体验。这样，它制造了一个“气场”，让旅行社觉得《印象·刘三姐》能赚钱，让导游觉得如果不推《印象·刘三姐》，旅游团根本就不来。

在公关营销方面，营销者充分利用了张艺谋在消费者心目中的地位，并做到了与当地政府的充分沟通。

既立足于区域旅游经济的开发，又放眼于国际地位的提升。营销工作目的明确，利益分明。这样，公共营销不仅协助了《印象·刘三姐》的上市，建立了消费者对其的兴趣，而且对特定的目标群体造成了一定影响，建立了有利于表现产品特点的形象，同时也预防了有损于品牌形象的情况发生。

4. 数据库营销

数据库营销(Database Marketing)是为了实现接洽、交易和建立客户关系等目标而建立、维护和利用顾客数据与其他顾客资料的过程。数据库营销是随着 IT、Internet 与 Database 技术发展而逐渐兴起和成熟起来的一种市场营销推广手段，在企业市场营销行为中具备广阔的发展前景。它不仅仅是一种营销方法、工具、技术和平台，更重要的是一种企业经营理念，也改变了企业的市场营销模式与服务模式，从本质上讲是改变了企业营销的基本价值观。通过收集和积累消费者大量的信息，经过处理后预测消费者有多大可能去购买某种产品，以及利用这些信息给产品以精确定位，有针对性地制作营销信息，达到说服消费者去购买产品的目的。通过数据库的建立和分析，各个部门都对顾客的资料有详细全面的了解，可以给予顾客更加个性化的服务支持和营销设计，使“一对一的顾客关系管理”成为可能。

数据库营销缩短了企业与顾客之间的距离，有利于培养和识别顾客忠诚，与顾客建立长期关系，也为开发关系营销和“一对一营销”创造了条件。

(1) 数据库营销奠定了关系营销的基础。以数据库为基础的顾客管理，为关系营销奠定了基础。关系营销强调与顾客之间建立长期的友好关系以获取长期利益。实践证明，进行顾客管理，培养顾客忠诚度，建立长期稳定的关系，对企业是十分重要的。数据库营销不仅受到传统企业的重视，更受到新型电子商务企业的欢迎。

(2) 数据库营销有助于实现“一对一”营销。数据库营销能够使企业更详细地了解和掌握顾客的信息，从而增加了“一对一营销”的可能。“一对一营销”是基于信息技术的发展而提出来的新的市场营销理念，就是将市场细分到消费者个体，根据其消费习惯和需求特点提供个性化服务。

5. 服务营销

服务营销(Services Marketing)是企业在充分了解消费者需要的前提下，为充分满足消费者服务需求而在营销过程中所采取的一系列活动。它源于企业对顾客需求的深刻认识，是企业市场营销观念的质的飞跃。随着社会分工的发展、科学技术的进步以及人们生活水平的提高，服务营销在企业营销管理中的地位和作用也变得日益重要。

服务营销观念与市场营销理念有着质的不同，市场营销理念是以市场为导向，企业的营销活动是围绕市场需求来做的，消费者购买了产品就意味着一桩买卖的完成，虽然它也重视产品的售后服务，但认为售后服务是解决产品的售后问题，售后服务部门是成本中心而不是利润中心，做好售后服务是为了推销出更多的产品。

服务营销观念是以服务为导向，企业营销的是服务，服务是企业产品开发、生产、广告宣传、销售、售后服务等各个部门的事，甚至是每一位员工的事。售后服务也不是成本消耗部门，企业的产品在经过每一个部门都是增值的过程。在服务营销观念下，消费者购买了产品仅仅意味着销售工作的开始而不是结束，企业关心的不仅是产品的成功售出，更注重的是消费者在享受企业通过产品所提供的服务的全过程的感受。因此企业将更积极主动地关注售后服务、收集消费者对产品的意见和建议并及时反馈给产品开发部门，以便不断推出能满足甚至超出用户预期的新产品；同时，在可能的情况下，对已售出的产品进行改进或升级服务。

随着社会的进步、人们收入的提高，消费者需要的不仅仅是一个产品，更需要的是这种产品带来的特定或个性化的服务，从而有一种被尊重和自我价值实现的感觉，而这种感觉所带来的就是顾客的忠诚度。服务营销不仅仅是某个行业发展的一种新趋势，更是社会进步的一种必然产物。

6. 知识营销

知识营销(Knowledge Marketing)指的是向大众传播新的科学技术以及它们对人们生活的影响，通过科普宣传，帮助消费者增加产品知识和提高消费素质，重新建立新的产品概念，进而使消费者产生对新产品的需要，达到拓宽市场的目的。知识营销需要一定的信息传播途径，否则就成为空洞的概念。随着知识经济时代的到来，知识成为发展经济的资本，知识的积累和创新，成为促进经济增长的主要动力源。因此，作为一个企业，在进行科研开发的同时，就要想到知识的推广，使一项新产品研制成功的市场风险降到最小。而要做到这一点，就必须运作知识营销。

随着知识经济时代的到来，科学技术的发展日新月异，全球经济一体化趋势迅速加强，使知识和信息逐渐成为生产的基本要素。这样生产出的产品，知识含量大，信息丰富，功能多，使用复杂。而广大消费者却不具备足够的知识来识别自己的需求，掌握产品的相关知识，从而渴望通过一种快捷、有效的途径熟悉和掌握所购或欲购产品的性能、选购方法及使用和保养等知识。消费者因知识局限性而产生的新的深层次的需求，为知识营销创造了一个广阔的潜在市场。因此，知识营销作为一种新的营销方式，一开始就受到了消费者的欢迎。知识营销具体包括以下内容。

1) 学习营销

知识经济时代人类将进入学习社会，实现真正意义上的“活到老，学到老”。学习社会的到来，知识和信息的大爆炸决定了知识经济时代的营销是“学习营销”，它主要包括两个方面的内容：一是企业向消费者和社会宣传智能产品和服务，推广普及新技术。企业对消费者进行传递、授业、解惑，实现产品知识信息的共享，消除顾客的消费障碍，从而“把蛋糕做大”。二是企业向消费者、同行和社会学习。企业在进行营销的过程中不断地向客户及其他伙伴学习，发现自己的不足，吸取好的经验方法，补充和完善自己的营销管理过程。因此，“学习营销”是一个双向过程，互相学习、互相完善，最终达成整体的和谐。

2) 网络营销

21 世纪是网络营销的世纪，网络营销是知识经济与网络技术飞速发展的产物。简单地说，它就是利用互联网进行的市场营销。网络营销主要通过在互联网上建立虚拟商店和虚拟商业区来实现。虚拟商店又称电子空间商店，它不同于传统的商店，不需要店面、货架、服务人员，只要拥有一个网址连通互联网，就可以向全世界进行营销活动。它具有成本低廉、无存货样品、全天候服务和无国界及区域界限等特点。另外，在网络上还可同步进行广告促销和市场调查以及收集信息等活动。互联网为企业和客户间建立了一个即时反映交互式信息的交流系统，拉近了企业与消费者之间的距离，具有很好的发展前景。

3) 绿色营销

随着生活水平及自身素质的双重提高，人们已不再满足于消费传统意义上的产品及服务，消费需求健康化、自然化，“绿色产品”成为人们的新宠。所以企业营销时应特别重视“绿色”概念，开发“绿色产品”，整个生产过程对生态环境无害或危害极小，符合特定的环保要求；同时在营销策略上应注重“绿色情怀”，重视“绿色服务”，以赢得社会的肯定和顾客的信任。

1.3 旅游市场营销组织

1.3.1 旅游市场营销组织的含义

旅游市场营销组织(Marketing Organization)是指旅游企业内部涉及市场营销活动的各个职位及其结构。市场营销组织是旅游市场营销管理活动的实施主体。它通过职能分配和人员分工，授予相关人员相应的权利与职责，承担企业的市场营销职能，实现市场营销目标和企业任务。

由于旅游企业面临的内外部环境不同，目标和任务也不尽相同，因而其市场营销组织职能结构也有所不同。企业在市场营销组织的建设过程中，主要受以下几个因素的影响。

1. 企业规模

一般情况下，企业规模越大，市场营销组织越复杂；企业规模越小，市场营销组织则相对简单。

2. 市场状况

市场是建立市场营销组织时应考虑的最主要因素。一般情况下，决定市场营销人员分工和负责区域的主要依据是市场的地理位置。

3. 产品特点

产品特点主要包括企业的产品种类、产品特色、产品项目的关联性以及产品的技术服务方面的要求等。

1.3.2 旅游市场营销组织职能

旅游市场营销组织的职能有以下几点。

1. 对市场需求变化做出快速反应

旅游市场营销组织应时刻关注外部环境，并对旅游市场的变化做出及时的反应。旅游企业内部市场营销各部门、全体市场营销人员都应该成为市场信息的收集者，并及时地把关系企业发展的重要信息提供给决策部门，提高企业的市场应变能力。在了解到市场变化的相关信息后，企业应及时调整相关的市场营销活动。

2. 促使企业市场营销效率最大化

旅游企业内部存在许多专业化的部门，部门之间分工严密。市场营销组织应通过发挥自身的沟通和协调职能，理顺内部市场关系，化解部门之间的冲突和矛盾，确定各自的权利和责任，促使企业市场营销效率最大化。

3. 代表并维护旅游消费者权益

旅游市场营销组织对外代表旅游企业，因此要加强与旅游消费者的沟通，树立良好的市场形象；对内则代表旅游消费者，因此要及时协调旅游企业内部关系，保证旅游消费者能够得到优质的服务，以切实维护旅游消费者利益。

4. 实施旅游消费者价值管理

现代市场营销理论表明，随着旅游市场的不断成熟，企业竞争目标由追求产品消费规模和高市场份额逐步向追求高质量旅游消费者转化。管理有价值的忠诚旅游消费者日益成为企业市场营销组织的重要任务。

1.3.3 旅游市场营销组织类型

旅游市场营销组织是以满足旅游消费者的消费需求和有利于市场竞争为核心任务的。在具体的旅游市场营销活动中，它经常被划分为四种基本类型，即职能型市场营销组织、地理区域型市场营销组织、产品管理型市场营销组织和市场管理型市场营销组织。

1. 职能型市场营销组织

职能型市场营销组织是最常见的一种旅游市场营销组织，它按不同的市场营销活动功能建立起相应的职能部门，如图 1.1 所示。在实际的旅游市场营销活动中，职能部门的数量可以根据企业经营的需要适当增减。

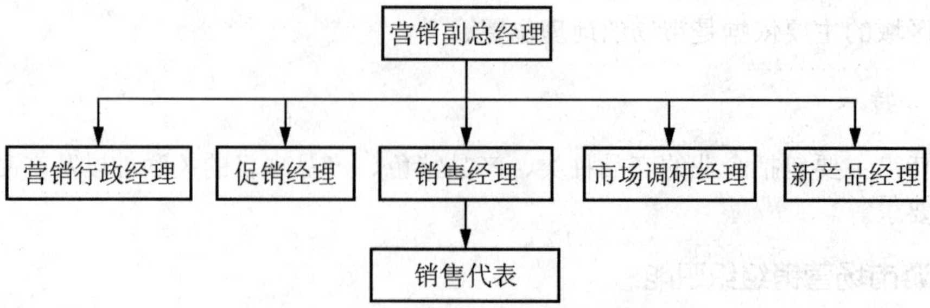

图 1.1 职能型市场营销组织

职能型市场营销组织的主要优点是管理简单。但是，随着产品的增多和市场扩大，这种组织形式会暴露出很大的缺点。由于没有一个人对一项产品或一个市场负全部的责任，因而每项产品或每个市场制订的计划欠完整，有些产品或市场就很容易被忽略。另外，各个职能部门为了各自利益容易发生纠纷。

2. 地理区域型市场营销组织

旅游企业的市场范围通常是跨地区的，不同地区的市场需求特征有所不同，因而一些大型旅游企业常以地理区域为界安排自己的市场营销组织，从较大区域依次到较小地区设置不同级次的市场营销机构，并按一定的管理幅度安排人员，形成一个严密的销售网络。例如，许多企业把中国大陆分成华东、华南、华北、西南四个大区，每个大区设一名大区销售经理，大区销售经理根据所管辖省市的销售情况再设若干地区销售经理，地区销售经理下再设若干地方销售经理，每个地方销售经理再配备几位销售代表，如图 1.2 所示。

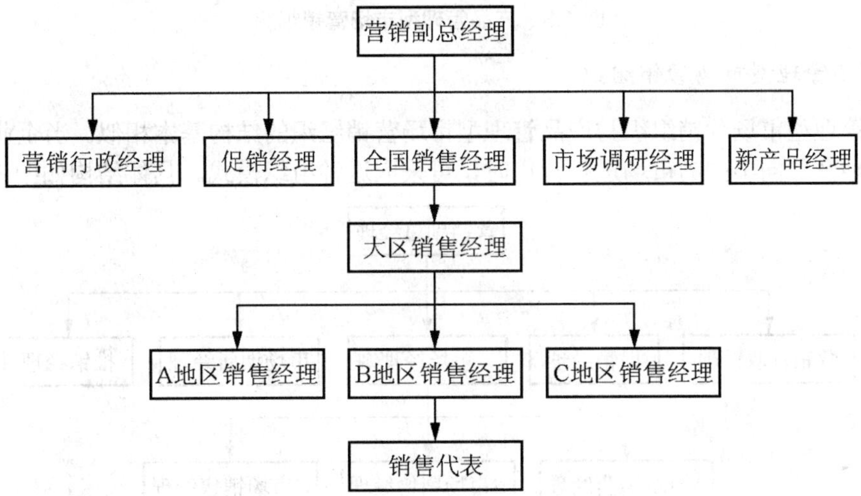

图 1.2　地理区域型市场营销组织

这种市场营销组织模式明显增加了管理幅度。但在市场营销任务复杂，市场营销人员对利润影响很大的情况下，这种分层是很重要的。

3. 产品管理型市场营销组织

当旅游企业各产品之间差异较大，以至于按职能设置的市场营销组织无法处理的情况下，需统一交由市场营销副总领导，协调各职能部门的活动。这种组织并没有取代功能性管理组织，只不过是增加一个管理层次而已。其基本做法是，由一名产品主管经理领导，下设若干个产品大类经理，产品大类经理下再设几个具体产品经理，如图 1.3 所示。

产品管理型市场营销组织可以协调其所负责产品的市场营销组合策略，及时反映产品在市场上出现的问题，即使不太重要的产品也不会被忽视掉。但是，它需要同其他市场营销部门合作，容易造成部门冲突，管理成本往往比预计的高，经理的流动导致该产品市场营销规划缺乏连续性，影响产品的长期竞争力。

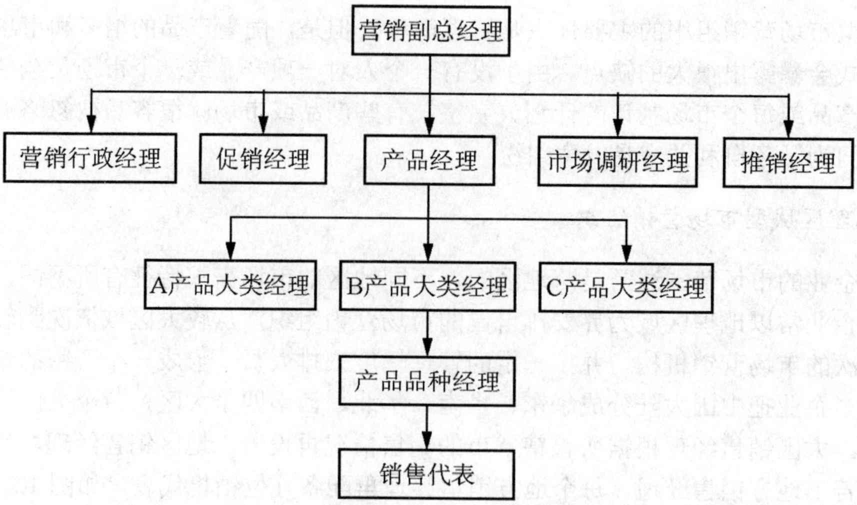

图 1.3　产品管理型市场营销组织

4. 市场管理型市场营销组织

市场管理型市场营销组织与产品管理型市场营销组织的结构基本相似。当企业把一条产品线的各种产品向不同的市场进行营销时，可采取这种组织模式。具体结构如图 1.4 所示。

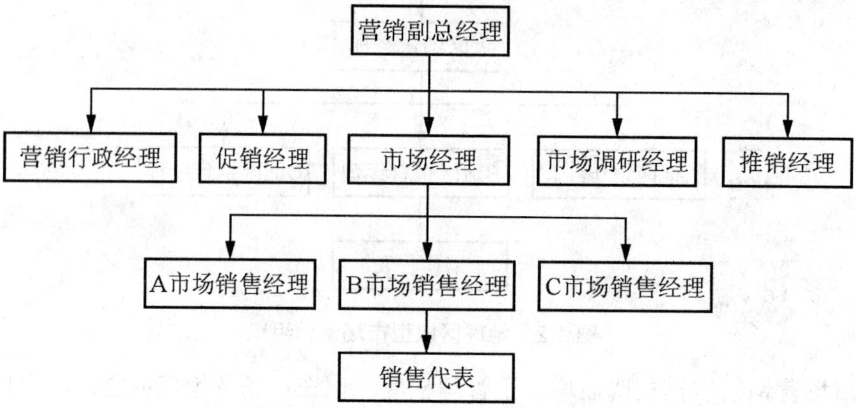

图 1.4　市场管理型市场营销组织

市场管理型市场营销组织的优点在于，企业的市场营销活动是按照满足各类不同消费者的需求来组织和安排的，有利于企业加强销售和市场开拓。其缺点是存在权责不清和多头领导的矛盾。

1.4　旅游市场营销发展趋势

1.4.1　旅游市场营销发展现状

我国的旅游市场营销始于改革开放之后，与西方发达国家相比起步很晚。相对而言，我国的营销机制尚没有很好地建立起来，营销人才缺乏，营销手段也相对落后，这就需要我们不断提高理论水平，积累操作经验，为旅游业更好地走向市场，参与竞争，获得更大的发展奠定基础。具体来说，我国旅游市场营销方面存在以下问题。

1. 营销理念缺乏创新，营销文化没有特色

在竞争异常激烈的今天，大多数的旅游企业都想以“新”“奇”“特”的营销方式来吸引更多的游客，为的是在竞争中立于不败之地。这种想法本身是积极的，但是一些旅游企业的营销理念是错误的，或者说是片面的。他们一般只求在形式上的新、奇、特，而忽略了在实质上的创新。目前我国大多数旅游企业营销工作的重点仍是刺激或激励游客更多地消费产品。可见，营销理念的创新已经迫在眉睫。

2. 营销手段传统，营销组合没有进行有机整合

由于在当今社会，信息的传播速度非常之快，所以营销形式往往都是大同小异，甚至有的就是直接照搬重复，没有任何新意。有相当一部分旅游市场营销管理依然停留在走团队、签合约或简单的推销、低端的削价等传统手段上。企业缺乏对自身进行市场分析及市场定位，或分析不够深入，定位不准，使旅游企业经营策略模糊。同时，旅游市场营销方式比较单一，没有对营销组合进行有机整合。单调、无新鲜感的营销活动很难给游客造成强烈的视觉冲击和留下深刻的印象，达不到促使人们购买产品的目的。

3. 营销人员素质不高，营销激励体制不完善

目前，我国旅游业员工的流动性很强，综合素质也不高，这就给营销活动的开展带来了一定难度。目前有不少旅游市场营销的激励体制不完善：一是缺乏激励的意识；二是缺乏科学的绩效评估体系。很多旅游企业没有建立科学的绩效评估体系，员工绩效的好坏几乎都由业主根据自己的主观意识断定，而且大多不对员工公开。

4. 营销战略目标不清晰

当前，大部分旅游市场营销的主要精力放在了解对手，如何跟同行进行拼规模、拼价格、拼服务、拼文化，在现有旅游市场中展开技术或成本竞争。他们只是在努力发掘自己的“潜力”，逐渐形成了“闭关自守”“闭门造车”，使自己的客源市场人为变小，从而使全行业陷入危机之中。

1.4.2　旅游市场营销的新发展

旅游市场营销是旅游企业经营管理的核心，也是决定旅游企业经济效益与市场竞争力的关键环节，其工作绩效直接关系到旅游企业的生存和发展。现如今，网络化、全球化，以及政治经济形势和社会的变化等各种因素，给旅游市场营销环境带来了纷繁复杂的变化，对旅游市场营销战略和策略产生了不可忽视的影响。当然，这其中有挑战更有机遇。

1. 创新是旅游市场营销的灵魂

现代旅游市场营销的核心是以游客为中心。它认为市场需求引起供给，每个旅游企业必须依照游客的需要与愿望组织产品的生产与营销。比如美国“旅馆大王”康拉德·希尔顿(Conrad Hilton)曾这样说：“请您在离开我的希尔顿饭店时留下改进意见，当您再次光临我饭店时就不再会有相同的意见——这就是我的经营诀窍。”也正因为是具有这种强烈的创新内驱力，才促成希尔顿的辉煌。

然而，随着消费需求的多元性、多变性和求异性特征的出现，游客的需求往往表现出了模糊不定的趋势，许多旅游企业对市场需求及走向常感捉捕不准，适应需求难度加大。这就要求旅游企业必须自觉学习新理论，引进新技术，把握未来的市场发展趋势，捕捉新的营销机会，开发新产品，提供新服务，抢先一步占领市场，在激烈的市场竞争中占有一席之地。

另外，完全强调按游客的购买欲望与主观需要来组织生产，在一定程度上会压抑产品创新，而创新正是经营成功的关键所在。为此，一些旅游企业总结现代营销实践经验，提出了创造需求的新理念，其核心是指营销活动不仅仅限于适应、刺激需求，还在于能否生产出对产品的需要。

2. 网络化营销与国际化营销已经成为旅游市场营销的发展趋势

网络为现代旅游市场营销活动创造了新的空间。互联网条件下，旅游市场营销环境已经从传统的依赖于现实资源的实体经济向以信息资源为主体的网络经济转变。一种新的营销模式——网络化营销(On-line Marketing)——正在改变着现代旅游市场营销的法则。首先，通过网络，旅游企业可以向位于世界任何地方的游客提供全天候的产品信息，游客无须离家或离开办公室就可以得到大量的有关公司、产品和竞争者的信息。他们可以把注意力集中于客观的判断标准上，而无须面对营销人员，可以避免各种劝说的影响以及情感的因素。这是以往任何传媒无法做到的。其次，它突破了双向沟通与单向沟通的界线。目前旅游企业与游客的双向沟通必须由中间商来完成，与游客群体的单向沟通则要借助大众传媒，而互联网同时具有以上两种功能。比如，旅游企业产品或服务的推广不需要面对面地与客户直接进行，而是借助电脑在互联网上与客户沟通；客户则可利用互联网及多媒体手段主动与旅游企业建立互动式的商业关系。再次，它极大地降低了沟通成本。

信息技术将全球融合为一个巨大的、没有时空差异的统一市场。随着自由贸易区域的扩大和各国政策法规对外国投资的放宽，可以预计未来的全球市场将进一步统一，所有的旅游企业面临的市场竞争不仅来自于本国，更要接受国外强大竞争者的挑战。

3. 未来的旅游市场营销是品牌的营销

品牌营销(Brand marketing)是通过市场营销使客户形成对企业品牌和产品的认知过程。品牌营销认为：最高级的营销不是建立庞大的营销网络，而是利用品牌符号，把无形的营销网络铺建到社会公众心里，把产品输送到消费者心里。使消费者选择消费时认这个产品，投资商选择合作时认这个企业。

未来属于品牌，尤其属于全球性的品牌。乘坐过新加坡航空公司航班的许多乘客，都认为那是他们生命中非常值得留恋的美妙时光。新加坡航空公司不是大公司，可能也永远成不了世界性的大公司，但它无疑是世界上最好的航空公司之一，其根本的原因在于新加坡航空公司的员工所一贯秉持的理念：待客人如亲人。这种理念是一种基本的态度，是信念，它深入骨髓、溢于言表，体现于员工的举手投足。因此，从本质上来说，品牌营销就是以品牌形象和价值为核心的竞争，是一种新的竞争态势。

世界上最富有的国家的经济是建立在品牌之上的，而非建立在产品之上。有研究发现，谈到品牌，消费者的内心有三个层次。

第一层次，想到一个笼统，比如说麦当劳，看到它一个 M，开始想到一个品牌的笼统。

第二层次，想到什么样的性能。

第三层次，是它的潜意识，这个潜意识并不是所有人都能够告诉你。

而从专业的术语来说，塑造品牌的过程就是：

第一，如何理解品牌的价值？

第二，你的品牌在消费者心目中定位究竟如何？

第三，与消费者沟通最好的办法是什么？

第四，怎样打动消费者？

现代旅游企业如果能培育出市场认可的国际品牌，就等于占领了旅游市场竞争的制高点。因此，积极开展品牌营销，实施品牌战略，提高产品知名度，已成为旅游市场营销的当务之急。具体而言，品牌营销的策略包括品牌个性、品牌传播、品牌销售、品牌管理四个方面。

① 品牌个性(Brand Personality)包括品牌命名、包装设计、产品价格、品牌概念、品牌代言人、形象风格、品牌适用对象等。

② 品牌传播(Brand Communication)包括广告风格、传播对象、媒体策略、广告活动、公关活动、口碑形象、终端展示等。

③ 品牌销售(Brand Sales)包括通路策略、人员推销、店员促销、广告促销、事件营销、优惠酬宾等。

④ 品牌管理(Brand Management)包括队伍建设、营销制度、品牌维护、终端建设、士气激励、渠道管理、经销商管理等。

4. 未来的旅游市场营销是个性化的营销

个性化营销(Personalization Marketing)，就是旅游企业直接服务游客，并按照游客的特殊要求定制个性化的产品和服务的新型营销模式。它避开了中间环节，注重产品和服务创新设计、服务管理、资源的优化整合，实现市场的快速形成，是旅游企业打造核心竞争力的有力武器。随着信息技术的发展，个性化营销的重要性日益凸显。比如，游客可以在任何一个地方、任何时间将自己特殊的需求利用互联网迅速地告知旅游企业，而旅游企业也可以随时通过互联网了解和跟踪游客的需求反馈。

旅游企业的个性化营销把对人的关注、人的个性释放及人的个性需求的满足推到空前中心的地位。旅游企业与市场逐步建立一种新型关系，建立游客数据库和信息档案，与游客建立更为个人化的联系，及时地了解市场动向和游客需求，向游客提供一种个人化的营销和服务。游客根据自己的需求提出产品与服务的性能要求，旅游企业尽可能按游客的要求进行生产，迎合游客个别需求和品味，并应用信息，采用灵活战略适时地加以调整，以生产者与消费者之间的协调合作来提高竞争力，以多品种、中小批量混合生产取代过去的大批量生产。这有利于节省中间环节，降低营销成本。个性化营销最终实现的目标是为单个游客定制产品或提供定制服务。

与传统的目标营销相比，个性化营销具有以下明显的优势。

(1) 更加充分地体现了现代市场营销观念。现代市场营销观念，就是“一切以游客为中心”的思想。

(2) 增强企业市场竞争力。个性化营销是根据自己的个性化需求自行设计，改进出来的产品，是顾客最满意的产品。

(3) 最大限度满足消费者个性化需求。

(4) 能带动企业提高经济效益。由于和消费者保持长期的互动关系，企业能及时了解市场需求的变化，有针对性地生产，不会造成产品积压；缩短了再生产周期，降低了流通费用；另外，个性化产品为产品需求价格增加了弹性，售价提高，从而提高了单位产品利润，企业经济效益自然凸现。

【本 章 小 结】

旅游市场是一切具有特定的欲望和需求，并且愿意和能够以交换来满足这些欲望和需求的现实旅游消费者和潜在旅游消费者的总和。用公式来表示为：旅游市场 = 人口 + 购买力 + 购买欲望。旅游市场营销是指旅游企业或其他组织根据旅游目标市场需求，通过对旅游产品的构思、定价、促销和分销的计划与执行过程，以满足旅游消费者需求和实现旅游企业目标为目的的经营活动。

市场营销理念是指企业进行经营决策，组织管理市场营销活动的基本指导思想，也就是企业的经营哲学。它经历了生产理念、产品理念、推销理念、市场营销理念和社会市场营销理念等几个发展阶段。旅游市场营销组织是指旅游企业为了实现市场营销目标和企业任务，通过职能分配和人员分工，授予相关人员相应的权利与职责，承担企业市场营销职能的部门。旅游市场营销组织形式分为职能型、地理区域型、产品管理型和市场管理型。

旅游市场营销是旅游企业经营管理的核心，其工作绩效直接关系到旅游企业的生存和发展。网络化、全球化，以及政治经济形势和社会的变化等各种因素给旅游企业营销环境带来变化，这其中有挑战更有机遇，从而对旅游市场营销战略和策略产生不可忽视的影响。旅游市场营销的新发展包括：创新是旅游市场营销的灵魂，网络化营销与国际化营销已经成为旅游市场营销的发展趋势，未来的旅游市场营销是品牌的营销、个性化的营销等。

【习　题】

一、填空题

1. 现实有效的旅游市场必须具备__________、__________、__________三个基本要素，这三个要素相互制约，缺一不可。

2. 在市场营销理念的发展过程中，经历了__________、__________、__________、市场营销理念和社会市场营销理念等几个主要发展阶段。

3. 旅游企业市场营销组织形式可以划分为__________、__________、产品管理型市场营销组织和市场管理型市场营销组织等基本类型。

二、选择题

1.“消费者需要什么，我们就生产什么”是(　　)的具体表现。

A. 生产理念　　B. 产品理念　　C. 销售理念　　D. 市场营销理念

2. (　　)是一切具有特定的欲望和需求，并且愿意和能够以交换来满足这些欲望和需求的现实旅游消费者和潜在旅游消费者的总和。

A. 需要　　B. 市场　　C. 关系　　D. 交换

3. 现代市场营销理念的核心是以(　　)为中心，以满足消费者需求为出发点的，每个企业必须依照消费者的需要与愿望组织产品的生产与市场营销。

A. 企业　　B. 消费者　　C. 饭店　　D. 员工

4.“酒香不怕巷子深”是一种(　　)理念。

A. 生产　　B. 产品　　C. 推销　　D. 社会市场营销

5. 生产理念强调的是(　　)。

A. 以量取胜　　B. 以廉取胜　　C. 以质取胜　　D. 以形象取胜

三、名词解释

1. 旅游市场营销
2. 市场营销理念
3. 旅游市场营销组织

四、简答题

1. 简述旅游市场营销内涵。
2. 简述旅游市场营销的作用。
3. 简述旅游市场营销组织类型。

【实际操作训练】

一、实训名称

筹建虚拟旅游市场营销组织

二、实训目的

培养学生分析、比较和理解不同类型旅游市场营销组织的能力。

三、实训步骤

1. 分小组(5～8 人)分工合作完成以下工作：
(1) 以小组合作形式先在网上考察某一类型旅游市场营销组织；
(2) 根据各自的特点进行旅游市场营销组织形象塑造；
(3) 文案创作，融入文字与艺术包装；
(4) 形成书面方案上交。
2. 以小组为单位在课堂上进行陈述和答辩。
3. 教师点评。

四、实训评价

根据方案内容、陈述和答辩的情况评价打分，纳入学生实训课考核之中。

延伸阅读

从索契冬奥会看借力市场营销

在 2014 年 2 月 8 日凌晨的索契(Sochi)冬奥会开幕式上，雪绒花飘飘落下。五朵雪绒花本应慢慢展开最终变为奥运五环，但右上角的一朵因技术失误没有展开，“五环变四环”，这样的失误通过电视转播呈现在了全球观众的面前。就是这次“事故”，无意中引发了互联网新一轮的“借力市场营销”风暴，变成了“故事”。

失误发生后短短五个小时内，一家外国网店就推出了第一批“四环”T 恤。网友感叹：“商家实在太有才了，本是一次技术失误，却变成了一个有意思的纪念品。”随之，“索契冬奥会故障 T 恤”成为淘宝网搜索热词。当网友们称这明显是奥迪的“植入广告”时，奥迪抓住了一个防守反击的机会：“上面那个，真不是我们整的！”北京万科微信广告打出“郑重声明：这不是奥迪干的！因为这世界上最有价值的四环已经不是奥迪，而是北京的四环。”这颇有点儿“打群架”的味道。奥运的“第五环”也被海尔抢走，海尔出售的一款带圆形风洞的空调广告词为“不好意思，奥运的第五环在这儿”；红牛饮料迅速推出新的广告，四罐打开的饮料和一罐未打开的饮料组成的 LOGO，广告词是“打开的是能量，未打开的是潜能”。2 月 8 日上午，猎豹浏览器、360 公司等在官方微博发布五环图案时，都把公司 LOGO 放在了那朵没有打开的雪绒花上。看着这些令人莞尔的创意，网友们唱起了德云社相声演员岳云鹏的《五环之歌》：啊，四环，它比五环少一环。网络一片欢声笑语。

索契冬奥会上没打开的一环，却打开了商家的潜能。一场美丽的意外，彰显了网络市场营销的魔力，也检阅了商家的市场敏锐度。运用网络市场营销模式树立品牌，这远不像广告词那样感性，而是理性的选择。

每逢奥运盛典，邮政也不甘落后，及时推出奥运题材邮品成为传统保留项目，中国夺金也会相应地推出金牌纪念封等邮品，并开通网络商店，这些都广受集邮爱好者的欢迎。但在市场敏感和借势市场营销上还真要向这些商家学习。此次网络市场营销给我们的启示是，如何借力网络市场营销这一深入人心的商业模式，拓宽产品和服务，切入如奥运盛典这样重大的活动，不断地提升中国邮政的品牌价值。在商言商，商家离不开对市场的敏锐触觉和快速反应。没有这种商业意识，只能眼睁睁地看着别人赚得盆满钵满。还有此次网络市场营销所展示的“快乐市场营销”趋势，更给人以启迪。当有近七亿人离不开网络生活时，用网民喜闻乐见的方式和语言开展市场营销将是不二选择。

正如著名市场营销人李志起所说，公众在不完美之前，没有一味地指责，而是演变成娱乐化的“借力市场营销”，市场营销也可以不必一本正经，市场营销也可以如此欢乐，挺好。

延伸思考：

1. 诸多企业巧妙地利用了索契冬奥会上意外事件带来的市场营销机会，它带给你哪些启示？
2. 结合某一旅游企业，谈谈应该如何做好借力市场营销。
3. 借力市场营销的核心是什么？

第2章 旅游市场营销环境

学习目标

- 了解旅游市场营销环境的含义及特点;
- 掌握旅游市场营销宏观环境的内容;
- 掌握旅游市场营销微观环境的内容;
- 熟悉旅游市场营销环境分析方法。

导入案例

当“好空气”成旅游新“卖点”

尽管“清肺游”刚刚“萌芽”，但今后越来越多的游客在选择线路上，会更多地考虑和注重目的地的生态环境，“好空气”必将成为景区吸引游客的又一大卖点。

近年来，由于雾霾经常来袭，上海、杭州等地市民纷纷选择短途出游，到周边空气清新的“天然氧吧”清肺、泡温泉。从目前的市场行情看，“清肺”线路多为浙皖山区景区，如雁荡山、九华山、南陵丫山；冬游的另一个“热点”是泡温泉，特别是“温泉”加“森林浴”线路中的黄山天然温泉，更吸引游人“眼球”。清肺、泡泉两全其美，自然游客盈门。“好空气”成为新“卖点”，可谓给冬季清淡的旅游市场增添了活力，业界在旅游宣传促销和旅游产品开发方面有了更多的选择。

当雾霾封锁大江南北，呼吸一口清新空气成为人们的一种奢望之时，不仅苏浙皖卖“空气游”，“躲雾游”“好空气游”也成为福建、江西、海南等地旅游市场的新亮点。

“好阳光好空气”不仅仅是旅游的“卖点”，近期张家口申办 2022 年冬奥会，将空气质量“长江以北排名第一”作为其优势之一。“好空气”概念的流行，实则对一地的生态环境、自然资源、保护措施等提出了更高的要求。

令人欣喜的是，生态文明已成为国家发展战略，国家环保部与全国 31 个省区市签署大气污染防治“军令状”，由长三角三省一市和国家八部委组成的协作机制已正式启动。

治理雾霾天气除政府负主责外，个人也责无旁贷。游客在享受新鲜空气的同时，应从身边小事做起，养成良好的环保习惯。有车族尽量减少自驾车，多坐公交车、多走路；烟民下决心戒烟，至少不在景区吸烟，做到绿色出行和绿色生活；要多做减少空气污染的事，少做或不做加重空气污染的事，让景区蓝天碧水、纯净空气常在。景区要为游客提供一流的服务环境、社会环境，并通过服务的优势、文化的优势，将生态优势转化成为实实在在的产品优势。唯此，才能使得天独厚的生态环境成为长期的旅游卖点和亮点。

案例思考：

结合上述案例分析旅游企业研究市场营销环境变化的重要性。

2.1 旅游市场营销环境概述

2.1.1 旅游市场营销环境的含义

旅游市场营销环境(Tourism Marketing Environment)是指影响旅游企业市场营销活动的所有外部因素与条件。它主要由宏观市场营销环境(Macro-Environment)和微观市场营销环境(Micro-Environment)共同组成。宏观市场营销环境是由人口环境、经济环境、政治法律环境、社会文化环境、科学技术环境、自然环境等因素组成，主要以间接的形式，借助于微观市场营销环境作用于旅游市场营销行为。微观市场营销环境是与旅游市场营销活动直接发生关系的具体环境，是决定企业生存和发展的基本环境，主要由旅游企业内部环境、旅游中间商、旅游供应商、旅游消费者、竞争者、社会公众等要素构成。旅游市场营销环境划分如图 2.1 所示。

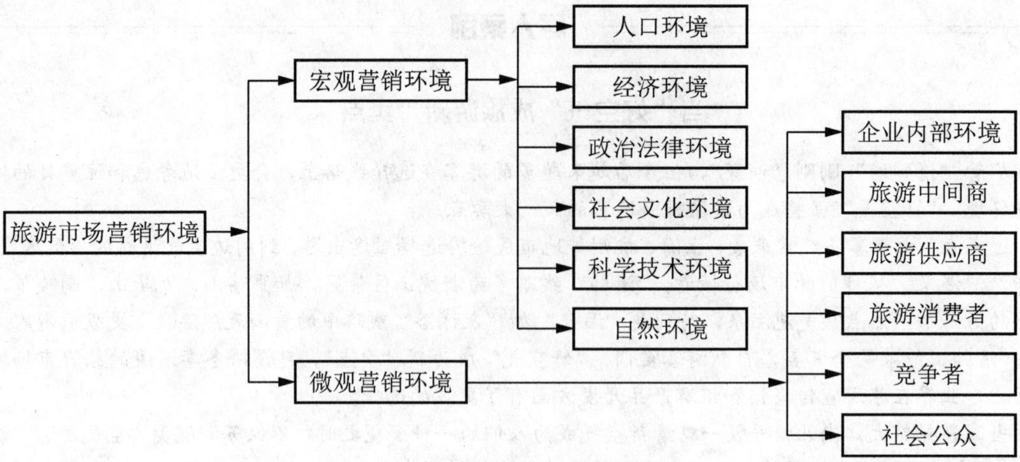

图 2.1　旅游市场营销环境划分

旅游市场的宏观市场营销环境和微观市场营销环境虽然分别存在于不同的空间范围中，但两者在旅游整体市场营销活动中缺一不可。存在于企业微观环境中的市场可控因素，不能离开存在于旅游企业宏观市场营销环境中的客观因素。企业为实现自己的市场营销目标，为最大限度地满足消费者的需求，必须千方百计地将微观可控因素与宏观不可控因素协调起来。这种协调必须通过充分发挥旅游企业的市场营销能动性，恰当地运用那些旅游市场营销的可控因素，自觉地适应客观环境的要求来实现。这种协调与适应的目的在于更好地满足目标市场消费者的需求，实现旅游企业整体市场营销的可持续发展。

2.1.2　旅游市场营销环境的特点

1. 相似性与差异性

从整体上看，同一国家、同一地区的市场营销环境是基本相同的，旅游企业比较容易适应。但在不同的国家和地区则由于社会经济制度、民族文化、经济发展水平等有所区别，使旅游市场营销环境显示出差异性。在既定的区域环境中，企业所面临的一般环境是共同的，而所面临的具体环境则因个别旅游企业的经营任务和目标的不同而有很大的差别。

2. 系统性与地域性

旅游市场营销环境的研究对象是由自然、社会、经济等子系统组成的复杂原生系统。市场营销环境的多因素交融性的特点，并不意味着它是杂乱无章和毫无规律的。但由于区域的文化背景、地理位置、历史发展、自然条件等方面的差异，使得各区域间发展具有不平衡性。研究其地域差异性，将有助于在旅游市场营销中突出市场营销战略的区域特色。

3. 绝对性与相对性

旅游企业的市场营销活动始终处于一定的环境之中。外部环境的客观性决定了它的不可控性。旅游企业主要是通过市场调研取得信息，然后调整企业内部市场营销力量去适应外部环境，这是绝对的。但企业的外部环境总是有一定的时空界限，所以市场营销环境的分析总是有一定的范围，即表现为一定时间、一定地理区域的市场营销环境，这又是相对的。

4. 稳定性与波动性

旅游市场营销环境的各种因素具有相对的稳定性。但相对于其他行业市场而言，旅游市场环境波动性较为明显：一是旅游需求由于可自由支配收入变化、闲暇时间(特别是带薪假期、公共假日)的分布差异，易形成旅游流的时空波动；二是旅游目的地的旅游资源禀赋造成相对的旅游流的季节波动；三是旅游业对环境变动的敏感性，如政治形势剧变、重大自然灾害、传染性疾病流行、重大旅游安全事故的发生等，加强了其波动性特点。

小故事

鸭子过河

从前，有个年轻人骑马到处游玩。有一天，他来到一条小河边，他想涉河而过，但看到河水流得很急，担心河水太深，马儿会被淹死。

在犹豫不决时，他看到小河对面有个小孩在玩泥沙。

他便大声问那小孩："小孩，这河深不深?我的马儿可以过去吗?"

那小孩望望马儿后，便说："不深，不深，马儿可以过河，没有问题的。"

听后，那年轻人便跳上马背，骑马过河了。岂知，走到河中间，河水已淹过马背，剩下马头，他惊慌不已，便撤退回岸。

那年轻人衣服全湿，很生气地责骂那小孩，以为他讲假话。那小孩听后回答说："我家的鸭子每天清晨都在河上游来游去，它们的小腿这么短，都没问题，而你的马儿这么高大，怎会不可以呢!"

这个小故事告诉我们，对市场营销环境缺乏全面且实际的掌握，营销工作就会事倍功半或半途而废。

2.1.3　旅游市场营销环境分析的意义

旅游市场营销环境分析对旅游企业市场营销有着非常重要的意义，主要表现在以下几个方面。

1. 市场营销环境给旅游企业市场营销带来威胁

市场营销环境中会出现许多不利于企业市场营销活动的因素，由此形成挑战。如果企业不采取相应的规避风险的措施，这些因素会导致企业市场营销的困难，带来威胁。为保证企业市场营销活动的正常运行，企业应注重对环境进行分析，及时预见环境威胁，将危机减少到最低程度。

2. 市场营销环境给旅游企业市场营销带来机会

市场营销环境也会滋生出对企业具有吸引力的领域，带来市场营销的机会。对企业来讲，环境机会是开拓经营新局面的重要基础。为此，企业应加强对环境的分析，当环境机会出现的时候善于捕捉和把握，以求得企业的发展。

3. 市场营销环境是企业市场营销活动的资源基础

企业市场营销活动所需的各种资源，如资金、信息、人才等都是由环境来提供的。企业生产经营的产品或服务需要哪些资源、多少资源、从哪里获取资源，必须分析研究市场营销环境因素，以获取最优的市场营销资源满足企业经营的需要，实现市场营销目标。

4. 市场营销环境是企业制定市场营销策略的依据

企业市场营销活动受制于客观环境因素，必须与所处的市场营销环境相适应。但企业在环境面前绝不是无能为力、束手无策的，它可以发挥主观能动性，制定有效的市场营销策略去影响环境，以求在市场竞争中处于主动，占领更大的市场。

一般而言，旅游企业不可能改变市场营销环境，但旅游企业可以通过调整内部因素来改善和适应外部环境因素，促使其朝着有利于企业市场营销的方向发展。

2.2 旅游市场营销宏观环境

旅游市场营销宏观环境(Macro-Environment)是指全面地、间接地影响旅游市场营销长远发展的外在因素，它主要包括人口环境、经济环境、政治法律环境、社会文化环境、科学技术环境和自然环境等。旅游市场营销宏观环境如图 2.2 所示。

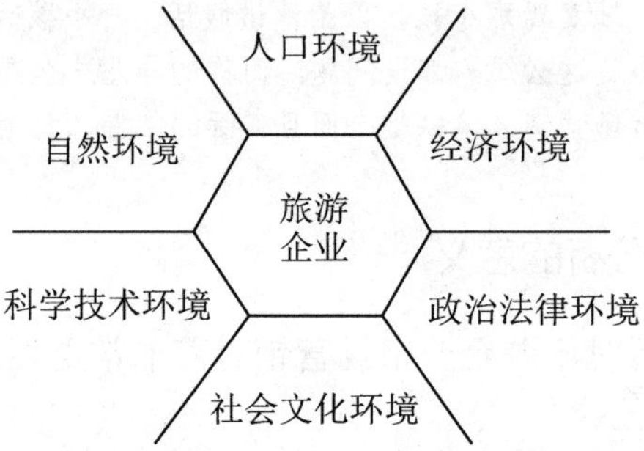

图 2.2　旅游市场营销宏观环境模型图

2.2.1　人口环境

人是市场的主体，人口容量在一定程度上决定了市场规模，人口因素与旅游市场营销的关系十分密切。旅游市场营销的人口环境因素主要包括人口数量、地理分布、人口结构、人口迁移等。

1. 人口数量

旅游市场 = 人口 + 购买力 + 购买欲望。从中可以看出，市场是由有购买欲望同时又有支付能力的人构成的。人口是形成旅游市场的第一要素，也是真正的购买主体。人口数量直接决定旅游市场的规模。

2. 人口地理分布

地理因素直接影响市场营销。例如我国人口的地理分布的特点，宏观上决定了东南沿海一带为我国最重要的旅游客源市场。

3. 人口结构

不同年龄阶段的人，有着不同的消费心理，从而形成不同的消费特点。随着平均寿命的延长，收入和闲暇时间的增加，客观上增加了更多的旅游和娱乐活动，为旅游企业开展市场营销提供了更多的机会。

4. 人口迁移

人口的地理分布不是永恒不变的，随着市场经济的发展，工业化进程的不断推进，人口的地理分布就会出现流动状况，人口年龄结构也会发生变化。由此引发新的旅游市场机遇，为开展旅游市场营销创造了有利的条件。

2.2.2 经济环境

经济环境是指一个国家或地区国民经济的发展规模、发展速度、经济结构、经济体制、社会购买力、货币供应量、消费者支出模式等。经济环境经常会对企业市场营销活动产生直接或间接的影响，主要反映在以下几个因素。

1. 可自由支配的个人收入

旅游动机、闲暇时间、可自由支配的个人收入是旅游活动必备的三个条件。因此，可自由支配的个人收入直接影响旅游消费者的消费需求的形成。

2. 人均国内生产总值

国内生产总值(GDP)是指一个国家或地区在其国土上创造的市场价值总和。研究表明：人均 300 美元产生近距离旅游，1000 美元产生跨区、跨国旅游，3000 美元出现洲际旅游。

3. 消费结构的变化

19 世纪德国统计学家恩斯特·恩格尔(Ernst Engel)根据统计资料，对消费结构的变化得出一个规律：一个家庭收入越少，家庭收入中(或总支出中)用来购买食物的支出所占的比例就越大，随着家庭收入的增加，家庭收入中(或总支出中)用来购买食物的支出比例则会下降；同理可得，一个国家越穷，每个国民的平均收入中(或平均支出中)用于购买食物的支出所占比例就越大，随着国家的富裕，这个比例呈下降趋势。这就是恩格尔定律。它所揭示的这种消费结构的变化通常用恩格尔系数(Engel's Coefficient)来表示，公式如下：

$$恩格尔系数=\frac{食品支出总额}{消费支出总额}\times 100\%$$

一般认为，恩格尔系数越大，食品支出所占的比重就越高，表明该国家庭越贫穷；反之，恩格尔系数越小，食品支出所占的比重就越小，表明该国家庭越富裕。

国际上常常用恩格尔系数来衡量一个国家和地区人民生活水平的状况。根据联合国粮食及农业组织(Food and Agriculture Organization of the United Nations)提出的标准：恩格尔系数为59%以上绝对贫困，50%—59%勉强度日，40%—49%小康水平，20%—39%富裕，20%以下最富裕，发达国家大都低于20%。2013年中国农村居民恩格尔系数为37.7%，城镇居民恩格尔系数为35.0%。旅游企业通过恩格尔系数，可以了解目前市场的消费水平，也可以推测今后消费变化的趋势及对旅游市场营销活动的影响。

4. 国际收支状况

一国的国际收支出现逆差时，本国的货币就会有贬值的压力，一旦本国货币贬值，会导致入境旅游价格的下降和出境旅游价格的提高。反之亦然。

2.2.3 政治法律环境

政治法律环境是由法律、政治机构和在社会上对各种组织及个人有影响和制约的集团构成的。政治环境引导着企业市场营销活动的方向，法律环境则为企业规定经营活动的行为准则。影响旅游企业发展的政治法律环境主要包括3个层次。

1. 政府的经济方针政策

随着政治经济形势的变化，国家以及各级地方政府会根据不同的经济目标，制定适合本地区发展的方针、政策。这必然会影响到旅游企业的市场营销战略。我国实行对外开放政策以来，随着国外旅游消费者的涌入，旅游产业得到了迅猛发展。近年来，许多城市政府在制定本地区产业规划时，都将旅游产业作为本地区的主导甚至支柱产业来规划。

2. 政府颁布的法令法规

政府的方针政策是宏观的、指导性的，经常变化，而法令法规则具有强制性，比较稳定。政府颁布法令法规，主要目的是为了规范市场经济秩序，保护正当竞争，保护旅游消费者权益等。这些法令法规对旅游企业的发展也有一定的影响，旅游企业必须了解、遵守这些法令法规。

3. 群众团体力量

群众团体力量是指为了维护某一部分社会成员的利益而有组织地去影响立法、政策和舆论的某些团体，如消费者协会。旅游企业在市场营销中，要善于应付旅游消费者保护运动的挑战。当然，也可以利用公众对环境保护与社会公益事业的关注，而与某些社会组织进行合作来进行自身的市场营销。

2.2.4　社会文化环境

社会文化是精神财富与物质财富的总和，包括团体信仰、价值观念、民俗风情、社会时尚等，会使人们形成不同的生活方式和价值观念，并表现为种种具体的市场需求。而旅游市场营销的根本目的，正是为了满足人们的需求和欲望。因此，企业应了解和分析社会文化环境，针对不同的文化环境制定不同的市场营销策略。

1. 团体信仰

人们由于归属的需要、政治统治的需要以及历史原因，往往归属于某一团体。如宗教团体，各宗教团体内具有共同的信仰、爱好和需求。不同的宗教制度在思想观念和生活方式、宗教活动、禁忌等方面又约束了人们的言行，这就直接影响了消费习惯和需求。

2. 价值观念

价值观念指人们对于事物的评价标准和崇尚风气，对市场营销影响深刻。主要反映在阶层观念、财富观念、创新观念、时间观念等方面。如当今的旅游消费者对于环境方面的要求越来越严，绿色理念已经成为一种潮流，能够满足环保要求的旅游企业也更容易受到青睐。

3. 民俗风情

由于地理环境等的影响，不同国家和地区的不同民族之间，在居住、饮食、服饰、礼仪等方面都有不同的民俗风情，这些也会影响着旅游企业的市场营销。

4. 社会时尚

社会时尚的形成往往是短期的现象，但也在特定的范围内吸引旅游消费者。每一次社会时尚的到来都可能是旅游企业的一次市场机会。但由于社会时尚变化很快，旅游企业如果没有及时抓住，又会造成投资失误。对旅游企业来说，不仅需要及时发现时尚，甚至可以提前介入，通过市场营销手段来创造时尚。

2.2.5　科学技术环境

科学技术的创新和发展为旅游市场营销提供了先进的技术手段，给企业创造了市场机会，使企业可以通过寻找或利用新的技术，不断地满足新的需求。同时，它也使市场环境发生急剧的变化，对企业形成威胁，使企业现有产品变得陈旧，使企业人员原有的价值观发生变化。影响旅游市场营销的科学技术环境因素主要包括以下几个方面。

1. 新技术

新技术的出现给旅游业带来了新的机遇，也带来许多冲击，使企业面临着新的挑战。例如，互联网的出现和快速发展，使得旅游企业的促销方法、分销渠道等都发生了巨大的改变。

2. 技术政策

政府对于新技术开发的扶持政策，比如针对高新技术企业的税收和其他方面的优惠，能够促进企业发展技术，提高生产能力。

3. 技术发展速度

技术革命的发展，总体来说是越来越快的。随着技术进步，不仅产生了许多新的生产部门，丰富了市场供应，同时也大大增加了市场需求。另外，对人们的消费结构和生活方式，包括消费习惯都有深远的影响。

2.2.6 自然环境

自然环境主要指市场营销者所需要的或受市场营销活动所影响的自然资源。自然环境的优劣不仅影响到企业的生产经营活动，而且影响一个国家或地区的经济结构和发展水平。例如，对度假型旅游企业来说，自然景观是影响旅游企业经营与发展的决定性因素。优质而丰富的自然旅游资源能够带来更多的客源，延长旅游消费者的逗留时间，为旅游企业带来更多的机会。另一方面，企业的市场营销活动也会对自然环境造成影响。

旅游市场营销宏观环境对旅游市场营销活动的影响，主要是以间接的形式并借助于微观市场营销环境作用于企业的市场营销行为。它给旅游企业带来市场机会，也带来环境威胁。旅游企业对它既不能控制又不能影响，而它却对旅游企业市场营销的成功与否起着重要作用。

2.3 旅游市场营销微观环境

旅游市场营销微观环境(Micro-Environment)是指与企业市场营销活动直接发生关系的具体环境。它与企业有着协作、服务、竞争与监督的关系，对企业市场营销活动产生直接的影响，是决定企业生存和发展的基本环境。微观市场营销环境主要包括旅游企业内部环境、旅游中间商、旅游供应商、旅游消费者、竞争者和社会公众。旅游市场营销微观环境模型如图 2.3 所示。

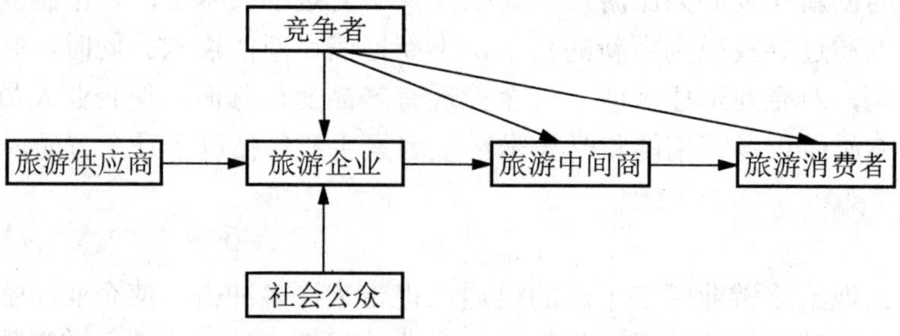

图 2.3 旅游市场营销微观环境模型图

2.3.1　企业内部环境

旅游企业内部环境(Enterprises Interior Environmen)是旅游市场营销的可控环境。它由企业组织结构、企业文化、企业资源等组成。

1. 企业组织结构

企业组织结构(Organizational Structure)主要是指企业管理系统和操作系统的具体组织形式，包括企业所有制形式、职能部门结构、部门的人员结构、管理结构、投资与经营管理的权责等方面。企业组织结构是企业这个有机体的“骨架”，是从事市场营销工作的基础和依托。现代市场营销机构包括决策机构、指挥机构、开发机构、执行与反馈机构、监督与保证机构、参谋机构等。

2. 企业文化

企业文化(Corporate Culture)，又称组织文化(Organizational Culture)，是企业内部生产关系的外在表征，包括企业员工共有的信念、期望和价值观，企业法人的形象，企业内部管理的规章制度，领导与员工的关系等方面。企业文化是企业这个有机体的“大脑”， 它决定或影响企业的组织结构和企业资源的开发利用。

3. 企业资源

企业资源(Enterprise Resource)是企业的人力、物力、财力和各种管理技术与管理能力的总和。它是企业这个有机体的“血液”，影响市场营销工作的可进入性和效率。

2.3.2　旅游中间商

旅游中间商(Tourism Intermediates)是处在旅游生产商与旅游消费者之间，协助旅游生产商推广和销售旅游产品给最终消费者的组织和个人。旅游中间商是旅游市场营销不可缺少的中间环节。它主要包括旅游经销商、旅游代理商，以及随着互联网的产生与发展而出现的在线网络服务商。

1. 旅游经销商

旅游经销商(Tour Operator)主要有批发商和零售商，它们直接从事购销活动，对所经营的旅游产品拥有所有权。

2. 旅游代理商

旅游代理商(Tour Agency)只是接受旅游供应商或经销商的委托，在一定范围内代理销售其产品的中间商，如旅游经纪人。旅游代理商的收入主要靠被代理企业的佣金。

2.3.3　旅游供应商

旅游供应商是指为旅游企业生产经营提供所需资源的组织和个人。如向旅游公司提供客房、餐饮产品的酒店，提供旅游资源的旅游景区，提供交通运输服务的运输企业，向酒店提供餐具和其他酒店用品的酒店用品公司等。旅游供应商所提供的资源是旅游企业正常运行的保障，也是向旅游市场提供旅游产品的基础。它直接影响旅游企业的成本和费用高低，进而影响企业的经济效益和市场营销目标的实现。

旅游企业选择供应商时，应重点考察那些信誉良好、货源充足、价格合理、交货及时的合作伙伴，与他们建立和保持良好的关系。同时还应使供货来源多样化，避免对少数几家供应商的依赖，这样才能避免市场变化或企业与供应商关系发生变化时企业陷入困境。目前旅游行业中通常采用“定点”制，使吃、住、行、游、购、娱形成一条龙服务，相互提供客源，又相互优惠，收效颇佳。

2.3.4 旅游消费者

旅游消费者是旅游企业服务的对象，也是旅游产品销售的市场和企业利润的来源，还是市场营销活动的出发点和归宿。旅游消费者可分为个体消费者和组织消费者两类。

1. 个体消费者

个体消费者是旅游产品和服务的直接消费者，其旅游目的是为了满足个人或家庭的物质和精神需要，这类消费者一般属于散客。

2. 组织消费者

组织消费者是指为开展业务或奖励员工而购买旅游产品和服务的企业或机关团体组织。组织消费者虽然数量少，但购买规模大，对价格也不像散客那么注重，而是更为关注旅游产品与服务的质量。

2.3.5 竞争者

竞争者是指在同一市场生产或提供相同或可替代的产品或服务的其他企业。从产品的替代性分析，竞争者可分为四个层次。

1. 意愿竞争者

意愿竞争者(Desired Competitors)是指为满足消费者当前的各种愿望而提供不同产品的竞争者，是最广义的竞争者。每一个消费者都有许多需要和欲望，但他的实际需求总是无法同时满足，一般只能选其中的一个。例如，某一消费者，迫切感到要买代步工具，可能就不得不暂时放弃也很需要的买衣服的想法。这样，本来素不相干的代步工具与衣服的生产者、经营者之间，就实际上由于消费者的这一抉择而形成了一种竞争关系，彼此成为对方的消费者购买意愿的竞争者。

2. 一般竞争者

一般竞争者(Generic Competitors)又称为平行竞争者，是指为满足同一需求而提供不同产品的竞争者。它能向消费者提供与本企业不同品种的产品，满足消费者同种需要。这是一种平行的竞争关系。例如，消费者经过一段时间紧张工作后打算外出旅游，他可以在观光旅游、度假旅游、生态旅游等旅游产品中进行选择。这样，观光旅游、度假旅游、生态旅游等旅游产品的提供者就成了平行竞争者。

3. 形式竞争者

形式竞争者(Product Form Competitors)是指为满足同一需要而提供同种类别不同形式产品的竞争者。它能向消费者提供与本企业产品不同形式的产品，满足消费者的同种需要。即各个竞争者产品的基本功能相同，但形式、规格、性能等不同。例如，旅游消费者到达某一旅游目的地之后，需要解决吃饭问题，这样不同档次的餐饮企业之间便形成了产品形式竞争者的关系。

4. 品牌竞争者

品牌竞争者(Brand Competitors)，也称企业竞争者，是指为满足同一需要而提供同种形式不同品牌产品的竞争者。这些产品的档次和价位基本相同，只是品牌不同。例如，高星级饭店品牌中的喜来登(Sheraton)、丽兹·卡尔顿(Ritz Carlton)、香格里拉(Shangri-La)、希尔顿(Hilton)等，消费者在对它们的选择上存在着品牌偏好。

2.3.6 社会公众

社会公众是旅游企业在市场营销活动中与之有实际或潜在利害关系和相互影响的组织和个人。它主要包括以下几类。

1. 金融公众

金融公众是指影响旅游企业融资能力的各种金融机构，包括银行、投资公司、保险公司、信托公司、证券公司和股东等。

2. 新闻媒体

新闻媒体主要指报纸、杂志、广播、电视等有广泛影响力的大众传媒。

3. 政府机构

政府机构主要指负责管理旅游企业的业务和经营活动的有关政府机构。例如旅游行政管理部门、工商管理、税务、卫生检疫、技术监督、司法、公安、宗教民族事务机构等。

4. 群众组织

群众组织是指国家公民为某种共同利益和特殊需要而建立的各种社会组织。例如消费者权益保护组织、环境保护组织、少数民族组织以及其他有关的群众团体等。

5. 社区公众

社区公众是指旅游企业所在地附近的居民、地方官员和社区组织等。

6. 内部公众

内部公众是指旅游企业内部的所有成员，包括董事会、经理和普通员工等。旅游企业的市场营销工作涉及很多职能部门，各个部门必须加强联系、沟通和协调。

2.4 旅游市场营销环境分析方法

2.4.1 SWOT 分析法

SWOT 分析法又称为态势分析法或优劣势分析法，是一种根据企业自身的既定内在条件进行分析，找出企业的优势、劣势及核心竞争力之所在的企业战略分析方法。20 世纪 80 年代由美国管理学家海因茨·韦里克(Heinz Weihrich)提出，目前是企业在分析市场环境、制定企业市场营销战略时最常用的工具。SWOT 四个字母分别代表企业的优势(Strengths)、劣势(Weaknesses)、机会(Opportunities)和威胁(Threats)。通过 SWOT 分析，可以帮助企业把资源和行动聚集在自己的强项和有最多机会的地方，并让企业的战略变得明朗。

1. SWOT 分析法的内容

从整体上看，SWOT 可以分为两部分：第一部分为“SW”，主要用来分析内部条件；第二部分是“OT”，主要用来分析外部条件。

1) 企业的优势和劣势分析

通过对企业自身情况的研究和企业之间的横向比较，发现企业在人力资源、资金实力与规模、企业的品牌社会信誉、与供应商及渠道的关系、独占资源、区位及企业软硬件设施等方面的优势与不足，能否形成某些竞争优势。在分析中，要注意区分潜在优势与现实优势、绝对优势与相对优势、整体优势与局部优势。同时，由于竞争的原因，企业的优势和劣势也是在不断动态变化的。企业在经营中，要立足于现实优势的发挥，并根据竞争态势及时挖掘潜力，使潜在优势转化为现实优势；集中力量经营优势项目和服务，保持和巩固企业的优势地位；在保持局部优势的同时，努力形成整体优势。

2) 市场机会与环境威胁分析

企业在选择市场营销战略之前必须进行市场环境分析。企业市场营销环境的改变对企业可能产生的影响主要有两种：一种是有利的影响，市场上出现了新的未被满足的需要，即环境的变化对企业形成新的市场机会；另一种是不利的影响，环境中不利的因素对企业的市场营销形成了挑战，即环境的变化对企业造成新的市场营销环境威胁。旅游企业的经营者必须要根据外界环境的变化，及时发现并判断其变化对企业的影响方向与程度，并制订科学的应变措施，抓住市场机会，避开市场威胁。应该注意，不是所有的市场机会都有利用的价值，也不是所有的市场威胁都对企业有严重的影响。

2. SWOT 分析矩阵

将 SWOT 分析的四个因素综合考虑，可以采用图 2.4 的 SWOT 分析矩阵。

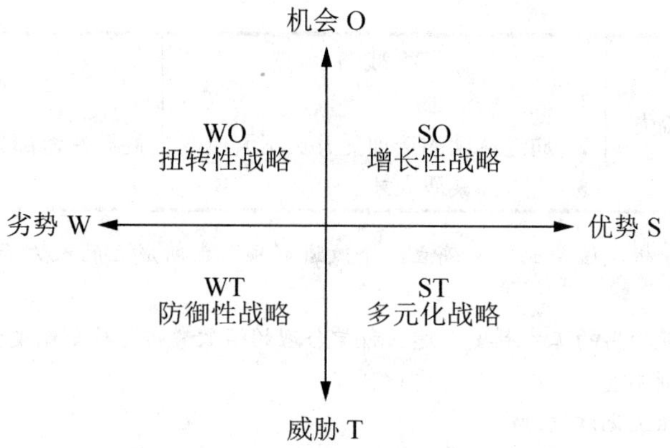

图 2.4　SWOT 分析矩阵图

在企业位于 SWOT 矩阵的不同象限时，采取的市场营销战略是不同的。具体如下所述。

1) 增长性战略(SO)

此种情况下，旅游企业既具有内部优势，外部又出现了市场机会，企业可以采取增长性战略，快速发展。

2) 扭转性战略(WO)

此种情况下，旅游企业在竞争中处于劣势，但是外部出现了市场机会，企业可以采取扭转性战略，努力改变自己的劣势。

3) 多元化战略(ST)

此种情况下，旅游企业虽然具有竞争优势，但是外部环境却不利，企业可以采取多元化战略，寻找新的市场机会。

4) 防御性战略(WT)

此种情况下，旅游企业的内外部因素都处于不利状况，企业应该采取防御性战略，而不是盲目扩张或多元化经营。

小 案 例

表 2-1　某企业员工满意度 SWOT 分析

	优势 S 1. 认同并遵守公司制度 2. 热爱学习，力求上进 3. 员工心地无私	劣势 W 1. 薪酬待遇在行业中偏低 2. 加班较多，导致员工疲惫 3. 企业文化建设薄弱
机会 O 1. 组织结构正在调整 2. 股份制改造和上市机会	SO 战略 1. 成立人力资源部，强化人力资源管理 2. 后备干部的选拔、培养	WO 战略 1. 聘请管理顾问，大力推进企业文化建设 2. 建立科学合理的绩效考核与薪酬制度

续表

威胁 T 1. 技术人才和熟练工流失 2. 人员素质低	ST 战略 1. 成立培训部 2. 通过持续的培训提升员工素质 3. 引入高素质人才	WT 战略 高薪挽留部分人才

通过进行 SWTO 分析，该企业决定确立三个改进弱项，由新成立的人力资源部和培训部开展弱项改进：

第一，改变企业目前使用的工资制度，建立科学合理的绩效考核与薪酬制度；

第二，建立内部培训制度，进行全员素质教育；

第三，大力推进企业文化建设。

2.4.2 机会–威胁矩阵

在具体分析时要综合考虑机会的来源、强度，威胁的可能性与严重性，可以根据市场机会矩阵(图 2.5)与环境威胁矩阵(图 2.6)进行分析和评价。

1. 市场机会矩阵

市场机会矩阵图中，横排代表“成功的可能性”，纵列代表“潜在的吸引力”，据其可做出对策如下：

1 区：最佳机会，要及时捕捉并利用；

2 区：监控并做准备，一旦机会成功的可能性提高，应及时抓住；

3 区：监控并做准备，一旦机会的吸引力提高，应及时抓住；

4 区：忽略放弃。

潜在的吸引力 \ 成功的可能性	小	大
大	2	1
小	4	3

图 2.5 市场机会矩阵图

2. 环境威胁矩阵

在环境威胁矩阵图中，横排代表“出现威胁的可能性”，纵列代表“威胁潜在的严重性”，据其可做出对策如下：

1 区：对企业有较大威胁，应迅速应对；

2 区：密切检测变化，积极化险为夷；

3 区：制订应急措施，防止事态扩大；

4 区：可暂不考虑。

需要注意的是，对不同的旅游企业，同一市场机会或是威胁出现在矩阵中的位置是不同的，这是由企业的内部因素，即优势和劣势决定的。

		出现威胁的可能性	
		小	大
潜在的严重性	大	2	1
	小	4	3

图 2.6　环境威胁矩阵图

旅游市场营销环境是企业生存和发展的前提和条件。企业能否在市场中生存并不断发展，就在于企业能否适应不断变化的外部市场环境。旅游企业对外界环境的适应，并不是简单消极地被动服从，而是主观能动地适应环境。旅游企业既可以以各种方式来增强自身适应环境改变的能力，更应该在变化的环境中发现新的市场机会，甚至可以运用自身的资源在一定范围内去影响和改变市场营销环境，为旅游企业创造一个更有利的市场营销空间。

【本 章 小 结】

旅游市场营销环境是指影响旅游企业市场营销活动的所有外部因素与条件。它主要由宏观市场营销环境和微观市场营销环境共同组成。

旅游宏观市场营销环境是指全面地、间接地影响旅游市场营销长远发展的外在因素。它主要包括人口环境、经济环境、政治法律环境、社会文化环境、科学技术环境和自然环境等。

旅游微观市场营销环境是指与企业市场营销活动直接发生关系的具体环境。它主要包括旅游企业内部环境、旅游中间商、旅游供应商、旅游消费者、竞争者和社会公众。

SWOT 分析法是企业在分析市场环境、制定企业市场营销战略时最常用的工具。SWOT 分别代表企业的优势(Strengths)、劣势(Weaknesses)、机会(Opportunities)和威胁(Threats)。

【习　题】

一、填空题

1. 旅游市场营销环境主要由宏观市场营销环境和__________共同组成。

2. 旅游市场宏观环境主要包括人口环境、经济环境、__________、__________、科学技术环境和自然环境等。

3. __________是指由于环境的变化形成或可能形成对企业现有市场营销活动的冲击和危害等不利因素。

二、选择题

1. 下列选项，属于旅游市场营销环境中的微观环境的是(　　)。
   A. 人口环境　　B. 经济环境　　C. 科技环境　　D. 社会公众
2. 恩格尔系数是衡量一个国家、地区生活水平高低的重要参数，如一个属于小康水平的地区，恩格尔系数应该在(　　)范围。
   A. 50%—59%　　B. 40%—49%　　C. 30%—39%　　D. 低于 30%
3. 下列选项，属于旅游市场营销环境中的宏观环境的是(　　)。
   A. 旅游中间商　　B. 社会文化环境　　C. 旅游消费者　　D. 竞争者
4. (　　)是指由于环境变化形成的对旅游市场营销管理富有吸引力的、能享有竞争优势和获得差别利益的有利因素。
   A. 市场营销环境机会　　B.市场营销技术政策
   C. 市场营销环境威胁　　D.市场营销分析方法
5. (　　)是指为满足同一需要而提供同种形式不同品牌产品的竞争者。
   A. 意愿竞争者　　B. 一般竞争者　　C. 形式竞争者　　D. 品牌竞争者

三、名词解释

1. 旅游市场营销环境
2. 旅游市场宏观环境
3. SWOT 分析法

四、简答题

1. 简述旅游市场营销环境的特点。
2. 简述恩格尔定律。
3. 简述 SWOT 分析法的内容。

【实际操作训练】

一、实训名称

旅游市场环境分析

二、实训目的

充分认识旅游市场营销环境对企业的市场营销活动所产生的重要影响；掌握宏观环境与微观环境的构成及分析方法。

三、实训步骤

1. 分小组(5～8 人)分工合作完成以下工作：

(1) 讨论旅游市场环境对企业的市场营销活动所产生的重要影响；

(2) 将本组的旅游市场环境分析情况进行总结；

(3) 文案创作，制作成 PPT 课件。

2. 以小组为单位在课堂上进行陈述和答辩。

3. 教师点评。

四、实训评价

根据方案内容、陈述和答辩的情况评价打分，纳入学生实训课考核之中。

延伸阅读

海南应对市场之变

“春节期间，琼海基本订不到房”“三亚邮轮游艇太火了”“网上预订大军超乎想象”……日前，来自旅行社、景区、酒店以及新兴旅游目的地的代表们齐聚海南省旅游发展研究会，在分享了这个黄金周的种种收获之后，移动互联网时代旅游业的发展方向、散客化时代旅游企业的应对之道等成为大家关注的热点，而传统旅行社、景区、酒店等要与邮轮游艇等新业态跨界合作，成为大家的共识。

1. 游客结构明显变化

一向被视为高端旅游产品的游艇，如今更快地走向了普通大众。“2012 年我们只有 10 艘游艇，去年达到 60 艘，今年将力争突破 100 艘！”海南省邮轮游艇协会副会长、海南恒翔游艇公司董事长谢以楼说，大年初二以后，各大游艇码头居然似景区，接待人数同比翻了两番之多。

“今年消费群体发生了很大变化，从过去以商务接待为主转向了普通的家庭游及亲朋好友包船游，游艇已经走向大众消费。”谢以楼公司的游艇过去一天的包船费要十几万元甚至几十万元，三小时以上才出租；而现在一小时起租，推出更多小游艇，几千元的租金也更加亲民。

在海口，尽管冯小刚电影公社还没完工，但观澜湖新型综合性复合型旅游度假区的魅力已经显现。春节期间，到酒店度假、泡温泉、去电影公社游玩的游客暴增。观澜湖集团酒店运营副总裁任绍华用数据说明了这个黄金周的收获：电影公社 7 天接待 13 万人次；酒店网络预订比去年增加 10 倍，入住率超过 90%；泡温泉的人数比去年增长一倍，一天超过 2000 人……

“今年春节去琼海基本订不到房，与三亚不同，旅行社在琼海包房并不多，由此可以看到散客市场的巨大潜力。”两年前在琼海推出百人骑行活动的天涯骑驴俱乐部顾问田志奇坦言，当时仅仅是因为看到琼海生态好，但这两年琼海推动旅游体系的建设，让整个城市都成了一个大景区，受到游客追捧也就不足为奇了。

今年春节前，琼海发起“田园城市，幸福琼海——旅游攻略有奖征集”活动，各路旅游达人纷纷拿出“私人订制”产品，评出的 20 条琼海旅游新攻略展现了琼海小镇风情、绿道骑行、渔家风情等不同特色。春节期间，不少游客正是跟随“琼海玩家”感受了不一样的琼海风情。

“尽管接待数据实现了历史性突破，但我们更关注的是游客结构的变化和游客的新需求。”琼海市旅游委主任杨奋说，在风情小镇和国家农业公园吸引来大量游客游览观光的基础上，未来会结合自驾客背包客等增多、家庭出游更加明显的趋势，加快旅游产品体系的建设，引入更多休闲业态，丰富和提升琼海旅游目的地建设。

2. “智慧旅游”带来机遇和挑战

田志奇所在公司的天猫店，过去一个月销售的邮轮票是4万张，春节黄金周7天就达到43万张。上天猫的散客中，70%是来预订酒店的，20%是订一日游、门票和租车的；而捷安特的2000辆单车，租金60元/辆/天，春节期间全部预订一空。

海南康泰国旅副总经理陈晨说，往年春节，亚龙湾酒店房卖得最快，政府还需要最高限价，而今年经济型酒店、家庭旅馆一房难求。“这是因为游客发生了变化，现在家庭出游是绝对主力，所以消费也更为理性。”陈晨说，不少家庭现在包团旅游，有的仅需要旅行社帮忙租车、订房，而且信息越来越透明，这对一直依靠信息不对称来赢利的旅行社来说，是新的挑战和考验。

田志奇列举经常看到的场景说明“智慧旅游”带来的另一种影响：现在相当一部分游客手里拿的都是智能手机，不少游客去高铁站、市区的旅游门店问价格，然后迅速拿出手机低头查询携程、艺龙、去哪儿等在线旅游的APP，抬起头后往往会对门店说一句：“上面价格比你们低哦！”然后一转头走掉。

3. 跨界合作应对新形势

“游艇旅游要围绕游艇文化进行转型升级。”谢以楼认为，降低消费门槛，挖掘游艇文化进行跨行业的整合与合作是一个方向，今后会继续尝试与会展、高尔夫、婚纱拍摄等进行跨界合作，推出更多有吸引力的个性化游艇旅游产品。

“往年可能海口、三亚的常规产品可以满足整个市场80%人群的需求，以后可能就只能满足20%，80%将会是多种多样的个性化产品，这也是我们面临的一个最大的挑战。”陈晨说，今后旅行社的价值更多体现在服务和专业型团队，体现在给游客提供更好的体验。他们会与多业态开展更深度地跨界合作，开发更多样化的产品满足市场需求。

田志奇说，越来越多的人更加注重境外消费，机票便宜和落地签时间延长等优惠政策，使我们面临的挑战越来越大；广西和东北也在做驿站和管家式的服务，海南旅游企业转型升级迫在眉睫。海南旅游需要大品牌包装和运作，不能只是简单地推介海南好，要深挖和落地，特别注重互联网的建设，希望能够组织更多新兴业态跨行业整合包装。

海南省旅游发展研究会会长王健生认为，围绕智慧旅游年，要解决目的地和客源地信息不对称的问题，通过互联网实现诚信保障，搭建渠道商和目的地、旅游消费者渠道，推动创新驱动型消费。他还表示，公共服务体系的构建是一大工程，需要整合政府、市场和行业组织的力量，共同营造良好的旅游发展环境。

延伸思考：

1. 结合案例分析市场营销环境对一个地区旅游业发展的影响。

2. 简要谈谈海南旅游市场营销环境的变化。

3. 分析海南应对旅游市场营销环境变化所采取的对策。

第3章 旅游市场营销信息系统与市场营销调研

学习目标

- 了解旅游市场营销信息系统的含义及特征；
- 掌握旅旅游市场营销信息系统的构成；
- 熟悉旅游市场调研的内容；
- 掌握旅游市场调研的程序和方法；
- 熟悉调查访问技巧；
- 掌握旅游市场预测的方法。

导入案例

当公司规章与消费者需要发生冲突时

王先生在饭店中餐厅宴请生意上的客户，结账时由于忘记带住房卡而被餐厅收银员拒绝签挂房账，王先生同收银员解释他是饭店住店客人，其前台账户内的押金并没有透支，希望收银员同前台收银核对，允许他签挂房账。但该收银员只是简单地回答王先生说凭住房卡签房账是饭店的收银规定，没有住房卡即无法核对客人签名，所以无法接受王先生挂账的要求。

王先生最后只好用现金买单，由于感到在客户面前丢了面子，愤而投诉至饭店大堂经理处。大堂经理知道凭住房卡签挂房账确是财务方面的收银规定，但他并没有简单地采取息事宁人的态度将此投诉应付了事，而是首先对给客人造成的不便与尴尬表示了同情与歉意，接着又诚恳地请客人对饭店的工作给予建设性的意见。

大堂副理的这种处理方式很快平息了王先生的愤怒，投诉的内容也逐渐地趋于理性了，最后王先生提了三点建议：

(1) 希望饭店的员工能更热情、更乐于助人一些；

(2) 前台接待在请客人在住房卡上签名时要主动讲明住房卡在签挂房账方面的用途；

(3) 住房卡的尺寸最好设计得更小一些，以方便客人放入钱包内保存。

王先生的投诉与建议第二天一早即通过"大堂副理工作报告"转达到了相关的部门，此报告亦引起了饭店高层的充分关注，由总经理亲自倡议，饭店在全体员工中展开了"当公司规章与消费者需要发生冲突时，我们怎么办？"的大讨论……

从这个案例可知，哪怕是在那些看似无理的消费者投诉中，往往也蕴含着有助于企业改进管理及服务工作的真知灼见。

案例思考：

结合案例谈谈旅游企业应如何分析当前现实的旅游需求并采取相应的对策。

3.1 旅游市场营销信息系统

3.1.1 旅游市场营销信息系统的含义

旅游市场营销信息系统(Tourist Marketing Information System，TMIS)是一个由人、机器和程序组成的连续的和相互影响的机构，负责对旅游市场营销信息进行准确而及时地收集、分析、选择、评价与处理，以供决策者对市场营销计划工作进行改进、执行和控制。如酒店电脑管理系统、中央预订系统、国际电脑订房网络等，都是旅游市场营销信息系统的应用。

旅游市场营销信息系统在旅游市场营销活动中有着十分重要的作用，主要表现在以下几个方面。

(1) 在有限的时间内能最大限度地收集信息，从而提高旅游企业对市场的反应能力。

(2) 单位信息在最短的时间内得到最大范围的传播，以利于旅游企业集团采取标准、统一的行动。

(3) 信息交流与沟通的快捷，有利于旅游企业集团实现信息集中管理，更有利于集团成员对信息的筛选、检索。

3.1.2 旅游市场营销信息系统的特征

1. 目标指向性

旅游市场营销信息系统的运行具有明确的目标——为市场营销决策服务。该系统是现代市场营销思想和方法与信息技术的有机结合，能使企业与外界保持紧密的联系，通过及时地挑选、收集、评价和分析系统，为市场营销决策及时提供所需要的信息，帮助管理者做好决策。

2. 系统整体性

旅游市场营销信息系统是一种综合性的人机系统，是系统理论在信息管理上的具体应用。它将企业内部所有的功能系统连接成一个整体。对于市场营销组织而言，可以首先设计各个领域的系统，确定所需要的信息，采集信息；然后利用各种统计分析、模型分析及其他分析处理技术处理信息；最后进行综合，为决策提供依据，这是旅游市场营销信息系统最理想的目标。

3. 信息资源性

旅游信息的传播和流通成为沟通旅游消费者、旅游生产商、旅游经销商和旅游代理商的重要方式。旅游消费者在决定出游前，必先了解一些与旅游目的地有关的旅游信息。目的地旅游信息是否容易获取成了衡量目的地旅游业是否成功的关键性因素之一。旅游企业内部不仅要实现信息资源共享，还要为旅游消费者和与旅游相关的行业和部门提供全面的旅游信息服务，使旅游信息达到共享，加速旅游信息的流通，提高旅游信息的使用率。

4. 应用方便性

应用方便性特点体现在两个方面：一是可修改性。设计市场营销信息系统，必须考虑它对未来的适应，力求做到尽可能地去适应将来的发展变化。二是方便性。整个系统的设计要考虑使用者的角度，如：为员工使用设计的，为决策层使用设计的，为旅游消费者使用设计的。为不同的使用者提供不同的使用条件，从而方便其使用。

3.1.3 旅游市场营销信息系统的构成

对不同的旅游企业而言，构建市场营销信息系统的侧重点是不一样的。就旅游饭店而言，市场营销信息系统能够实现内部管理的智能化，达到预订、排房、住宿、结算、客源市场分析、财会计划的全自动化，除了内部各业务环节互相联网，还要与旅游管理部门、公安、旅行社等部门之间联网以及实现旅游企业之间的联网。就旅行社而言，市场营销信息系统是加强内部管理的现代化，加快与旅游企业、航空企业等联网，提高外联组团、散客服务、出境旅游团体定位、结算、财务、接待等所有管理环节的自动化和联网水平。

尽管不同旅游企业的侧重点不同，但是，一个有效的旅游市场营销信息系统一般是由内部报告系统、市场营销情报系统、市场营销调研系统和市场营销分析系统 4 个子系统组成。

1. 内部报告系统

内部报告系统(Internal Reporting System)通过内部信息传递途径为旅游企业决策层提供一些情报，是市场营销信息系统中最基本的子系统。内部报告系统主要工作任务是向旅游企业决策人员提供有关销售、成本、存货、现金流量、应收与应付账款、预订数量等各种反映旅游企业经营现状的信息。通过深入分析有关目前与过去的销售状况及成本信息，可以发现旅游企业的目标市场，做出战略调整；同时，还可以及时、准确地汇集与传递企业的预订、接待情况。

2. 市场营销情报系统

市场营销情报系统(Marketing Intelligence System)是指用以了解有关外部环境发展趋势的信息的各种来源和程序。它为旅游企业提供外部市场营销环境的相关信息。在整个市场营销活动过程中，由销售人员、旅游中间商和旅游消费者所产生或收集的有关企业的产品或服务、企业形象、竞争者、市场以及宏观环境变化的相关信息对企业具有重要的价值。

一般而言，企业的市场营销情报系统要做好 3 方面的工作。

1) 情报的定向与收集

市场营销情报系统的建立是以广泛的情报源为基础的，要争取让企业所有的相关人员都成为“情报员”。通过他们积极、自觉地利用各种途径(如报纸杂志、上级机关、行业团体、专业调研机构、旅游生产商、旅游中间商及旅游消费者)收集信息，观察市场营销环境的变化情况，并及时向企业提供信息，从而形成较为系统的市场营销情报流。

2) 情报的管理与分析

收集市场营销信息是为了对情报加以利用，大量的原始信息必须经过适当的处理，才能转换成对企业市场营销活动有用的情报。市场营销情报系统应该配备专业人员从事情报的管理与分析工作，科学地评估收集到的情报，包括分析情报是否有用，是否可靠，是否有效；同时通过一系列统计软件和信息处理专家的工作，将情报变为对企业市场营销决策具有指导意义的信息。

3) 情报的传播与使用

为了有效地使用情报，经过处理的情报应该在最短时间内传递到使用者的手中。市场营销情报系统要确定情报的具体接收人员、接收方法、接收时间等；同时要建立科学的检索系统，指引使用者方便地获取情报。要注意定期清除过期或无效的情报，尽量保证经过各种途径传播的情报真实、可靠。

3. 市场营销调研系统

市场营销调研系统(Marketing Research System)是指设计、收集、分析和提供与特定的旅游市场营销问题相关的数据资料的信息系统。它的主要任务是收集、分析与评估，提供决策层制定决策所必需的各种信息。

市场营销调研系统进行的是有计划、有步骤的市场营销信息收集和分析过程，它的有效运转一般包括以下 5 个步骤。

1) 确定问题

市场营销调研的内容十分广泛，首先要求调研人员认真地确定要研究的问题，从而商定调研的目标。在企业的市场营销活动中，任何一个问题都会存在许多可以调研的方面，必须善于找出实质性的内容，否则收集信息的成本可能会远远超过调研结果的价值。不仅如此，错误的研究方向会产生错误的结论，而错误的结论所导致的错误措施，必然会给企业带来巨大的损失。因此确定问题是市场营销调研过程中最困难的环节，要求调研人员对所研究的问题及所涉及的领域必须十分熟悉。

2) 确定信息来源

拟定市场营销调研所需资料最有效的收集计划，是调研能否成功的关键。有效的调研计划包括 5 个方面内容，即资料来源(例如第一手资料、第二手资料)、调研方法(例如观察法、询问法、实验法、调研法等)、调研工具(例如调查表、机械设备等)、抽样计划(例如抽样范围、抽样程序等)、接触方法(例如电话、邮寄、面谈企业等)。企业应根据调研目标、实际情况确定具体的实施方案。

3) 信息的收集

市场营销调研的价值取决于调研的结果，而调研结果则建立在所能收集的信息基础上。应该如何收集市场营销信息、收集哪些市场营销信息、如何将所收集的信息提炼出恰当的调查结果等，是市场营销调研的实际操作阶段，也是整个市场营销调研过程的中心。

4) 信息的分析

市场营销信息的收集是为市场营销决策服务，能否恰当地、综合地分析所收集的市场营销信息，是实现其价值的保证。资料分析是从数据中提炼出恰当的调查结果，目前已经有许多规范和科学的数据分析方法可供使用。

5) 提出结论

市场营销调研最终必须形成书面报告，并把调研结论送交有关人员和部门。调研报告没有一定的规定格式，但无论哪一类调研报告，都必须注意突出调研目的，内容要简明、客观、完整。

4. 市场营销分析系统

市场营销分析系统(Marketing Analysis System)是指旅游企业运用一些先进的技术或技巧来分析市场营销数据和问题的市场营销信息子系统。市场营销分析系统的任务是从改善经营或取得最佳经营效益的目的出发，通过分析各种模型，帮助市场营销决策人员分析复杂的市场营销问题，发掘出更为精确的研究结果，促使决策者更好地进行市场营销决策。

市场营销分析系统主要由统计工具库、模型、数据库等组成。

1) 统计工具库

统计工具库是一组统计分析方法，用来从所收集的各种数据资料中抽取有意义的信息，以供市场营销决策的需要。统计方法本身就是一门专业技术，在市场营销分析系统中常用计算平均数、测量离散度、资料交叉列表等统计方法。另外，也常运用各种多变数统计技术从数据中得出某种结论，如回归分析、相关分析、因素分析、聚类分析等。

2) 模型

模型是通过某些系统或过程的一组变量及它们之间的相互关系，帮助经营决策者做出较好的市场经营决策的过程，比如，帮助回答“假设在某条件下，可能有哪些情况？什么是最佳情况？”等问题。市场营销分析系统的模型库就收集能帮助市场营销人员制定更好的市场营销决策的各种模型，包括最佳产品特征模型、价格模型、销售区域优化模型、广告媒体组合模型、市场营销组合预算模型等。

3) 数据库

市场营销数据库是用来有组织地收集关于当前旅游消费者或者潜在旅游消费者的综合数据和资料的信息系统。这些数据和资料是为市场营销目的所用，可以引导产生名单、审核资格、销售产品或服务，或维持旅游消费者关系。

数据库可以帮助完成下列市场营销活动：更精确地确定产品或服务的市场营销目标，识别那些最可能购买新产品和提出新服务要求的潜在旅游消费者，强化旅游消费者，促进重复购买，使企业的市场营销功能更容易解释说明，加强广告与促销、产品经营和分销渠道之间的联系，可大大提高销售效益。

上述四个子系统不是孤立的，它们互相作用、互相影响，构成了完整、有效的旅游市场营销信息系统。只有四个子系统相互配合，才能确保旅游市场营销信息的全面性、真实性、时效性、适用性和经济性，才能使旅游企业正确选择目标市场，并为制订合理的旅游市场营销计划打下基础。

3.2 旅游市场调研概述

旅游市场调研(Marketing Research)是指系统收集、记录、分析有关旅游企业市场的资料和信息，为旅游市场营销决策和市场营销战略决策提供可靠依据的经济活动。

3.2.1 旅游市场调研的内容

1. 外部环境

任何企业都应充分认识外部环境因素的变化给企业带来的机遇和威胁，随时监测这些变化并与之相适应是非常重要的。影响旅游市场的外部因素很多，一般包括宏观的经济、政治、法律、社会文化、技术、人口、自然环境等方面的因素。

外部环境因素的变化总是蕴含着某种需要和趋势。趋势是有一定势头和生命力的方向或时间顺序。能辨别趋势即能发现机会。因此，旅游市场调研人员充分重视外部环境的变化，从中辨别一种趋势，确定可能的结果并决定企业的市场机会是一项很关键的技能。外部环境因素的变化还将影响旅游企业的内部环境。

2. 内部环境

除了对外部因素研究之外，旅游市场调研还必须研究旅游目的地或企业自身与市场需求的发展是否相协调的问题，包括自己的市场营销策略、市场营销手段或市场营销组合是否能有效开拓市场等，如自己的旅游产品、价格、分销渠道以及促销方面是否存在问题。其次是对自己市场营销活动的管理评估，在市场营销计划、组织实施以及控制方面是否适应市场变化。

3.2.2 旅游市场调研的程序

市场调研一般分为 4 个阶段，即市场调研的准备阶段、实施阶段、分析处理阶段和追踪反馈阶段。

1. 准备阶段

这一阶段是整个市场调研工作的开始，主要内容包括确定调研目标和调研项目、拟订调研方案和工作计划、选择调研方法和调配调研人员等。这一阶段需要完成的文件包括调研项目建议书、调研计划表、调研费用估计表等。通过准备阶段的工作，调研小组明确了调研目标，决定了调研方案(包括调研时间、调研地点和调研对象等)，选择了调研方法，并估算了调研的费用。

2. 实施阶段

一般情况下，市场调研收集到的资料既包括二手资料，也包括调研员亲自调研得到的一手数据。这两方面对调研工作同等重要。对于二手资料，主要通过文献查询的方法，查询公开出版物、年鉴、公开报告，以及旅游企业的财务报表等各种文字资料，也包括图表和图像资料。对于一手数据，则需要调研人员深入到实地，通过观察、问卷等方法获得真实的信息。在此阶段，科学的抽取样本是工作的关键。一般地说，可供调研者选择的抽样方法包括普查、典型调研和抽样调研 3 种，其中抽样调研的成本较低、效果较好，为调研部门所经常采用。

3. 分析处理阶段

此阶段的主要工作包括调研资料的编辑和整理、分类汇总以及统计和分析，最终完成调研报告。目前一般需要运用计算机进行资料的处理和统计，最后得到的分析结果作为撰写调研报告的依据。调研报告是以书面形式来反映整个调研活动的结果，是调研结果的最终体现。一个好的调研报告除了对市场客观情况的介绍，还需要反映出调研人员的分析、判断和建议。同时，在调研分析的基础上，应提出各种预测性信息。

4. 追踪反馈阶段

为了更好地履行调研工作的职责，还应进行追踪调研，需了解的情况包括：追踪调研前一段工作的成效；调研结果的采纳情况；实际执行过程中，执行人员的行动是否正确等。

3.2.3 旅游市场调研的方法

一般来说，旅游市场调研的主要方法包括文献调研法、观察调研法、访问调研法和实验调研法等。

1. 文献调研法

文献调研法是指利用公开资料进行市场调研的方法，又叫资料调研法，具有省时、省人工、省费用的特点。但是得到的信息是二手资料，具有片面性，而且一般时效性较差。

文献调研法中搜集到的文献包括公开出版发行的各种年鉴、行业报告、政府文件，以及行业内的年度报告和各种专著、论文等，还包括旅游企业自身的经营资料，如各种报表与旅游消费者档案等。

进行文献调研的信息源不仅仅是各种纸质文献，还应尽可能地利用音频、图像资料。文献可以从企业内部长期积累的资料库、外部图书馆等处得来。随着网络技术的发展，网络已经成为调研文献的一个重要来源。

一般情况下，文献调研用于客源市场调研的初始阶段，可以以较少的投入得到概括性的结论，为下一步的实地调研做好准备。文献调研法经常用于调研宏观市场环境，而对于旅游消费者行为和动机等微观因素方面通常是不可用的。

进行文献调研时需要注意以下两个方面：

第一，文献资料具有时效性，能得到新的资料就不用旧的。

第二，文献调研得到的信息必须经过分析评价，某些信息原则上是不可用的。

2. 观察调研法

观察调研法是指调研者在现场对旅游消费者的情况直接观察，以取得客源市场资料信息的方法。一般来说，调研者不会与被调研者直接接触，而是通过某些设备或仪器，记录和考察被调研者的行为、态度和表现，其调研取得的是第一手资料。

观察调研法的优点是：可以比较客观、真实地收集第一手资料；被调研者的行为是一种自然的表现，不会影响调研精度；简便易行，随时随地可以进行调研。观察法的缺点是：只能观察现象，不能了解内在原因；受时间和空间的限制，只能用于小范围的调研；费用支出较大。

对旅游企业来讲，观察调研法常用于旅游客流量调研、旅游消费者需求调研、旅游企业经营状况调研、广告和市场营销效果调研等。

3. 访问调研法

访问调研法是调研人员以询问为手段，从调研对象的回答中获得信息资料的一种方法。

它是市场调研中最常用的方法。其主要调研手段是调研问卷。按照调研人员与被调研者接触方式区分，访问调研法可分为面谈调研法、电话调研法、邮寄调研法、留置调研法和网络调研法等。

1) 面谈调研法

面谈调研法是指调研人员与被调研者面对面接触，询问或观察被调研者以获取信息资料的方法，通常包括个人面谈、小组访谈和集体访谈。在对旅游消费者进行调研时，调研人员会面对面地与旅游消费者互动，有利于沟通，能够控制调研进程，得到比较准确的结果。但是其成本高、时间长，调研范围有限，而且在调研中，被调研者容易受到调研人员的影响。

2) 电话调研法

电话调研法是指通过电话询问被调研者有关问题以获取信息资料的方法。电话调研法速度快、费用低，容易控制，调研范围较广，又由于调研人员不在现场，被调研者可以比较自由地回答问题。但是，电话调研法只能针对有电话的群体，而且受时间限制，调研时了解问题不够深入，也不能调研较为复杂的问题。

3) 邮寄调研法

邮寄调研法是指用邮寄的方法将事先设计好的调研问卷寄给选定的被调研者，要求被调研者在填写完毕后再寄回旅游企业，从而收集信息的调研方法。通常，旅游企业会用这种方法调研旅游消费者的满意度。邮寄调研法的优点是调研成本低、调研范围广泛，被调研者有充足的时间来回答问题；但是回收率很低、花费时间较长。

4) 留置调研法

留置调研法是指将事先设计好的调研问卷当面交给被调研者，并说明填写要求后留下问卷，过一段时间后再去回收，以获得信息资料的调研方法。与邮寄法相比，由于问卷是调研人员当面提交，并告知了填写要求，所以回收率较高，且问题回答也较为准确；但调研时要受到地域的限制。

5) 网络调研法

网络调研法是一种新型的调研方法，是借助网络，如通过电子邮件、网页等方式获得调研资料的方法。随着网络技术的进一步发展，网络调研法已经被越来越多的旅游企业在各种各样的调研领域所采用。网络调研法具有自愿性、定向性、及时性、互动性、经济性与匿名性等优点，且不受空间地域的限制。但是网络调研的目标只能是可以熟练使用网络的一小部分消费群体，其调研得到的结果往往不太全面，而且受技术限制，网络调研的真实性和安全性往往难以保证。

4. 实验调研法

实验调研法是指调研中在一定条件下，有意识地改变某些影响调研目标的变量，而保持其他变量不变，以此来检验这些变量对旅游消费者消费行为的影响效果，从而取得第一手资料的调研方法。实验调研法获得的资料客观、具体，能直接、真实地反映情况。但是，实验调研法花费时间长、费用高，而且当有多种可变动的影响因素时，难以准确分析。

小案例

迪士尼的市场营销调研

迪士尼致力于研究“游客学”，了解谁是游客、他们的起初需求是什么。在这一理念指导下，迪士尼站在游客的角度，审视自身每一项经营决策。为了准确把握游客需求的动态，公司设立了调查统计部、信访部、营销部、工程部、财务部和信息中心等部门分工合作。

调查统计部每年要开展200余项市场调查和咨询项目。财务部根据调查中发现的问题和可供选择的方案，找出结论性意见，以确定新的预算和投资。

营销部重点研究游客们对未来娱乐项目的期望、游玩热点和兴趣转移。

信息中心存储了大量关于游客需求和偏好的信息，具体有人口统计、当前市场策略评估、乐园引力分析、游客支付偏好、价格敏感分析和宏观经济走势等。其中，最重要的信息是游客离园时进行的“价格/价值”随机调查。正如华特·迪士尼(Walter Disney)先生所强调的：游园时光决不能虚度，游园必须物有所值，因为游客只愿为高质量的服务付钱。

信访部每年要收到数以万计的游客来信。信访部的工作是尽快把有关信件送到责任人手中；此外，每周汇总游客意见，及时报告管理上层，保证顾客投诉得到及时处理。

工程部的责任是设计和开发新的游玩项目，并确保园区的技术服务质量。例如：顾客等待游乐节目的排队长度、设施质量状况、维修记录、设备使用率和新型娱乐项目的安装等，其核心问题是游客的安全性和效率。

现场走访是了解游客需求最重要的工作。迪士尼的管理层经常到各娱乐项目点，直接同游客和员工交谈，以期获取第一手资料，体验游客的真实需求。同时，一旦发现系统运作有误，及时加以纠正。

3.2.4 撰写调研报告

旅游市场调研的最后一项工作，是将搜集到的资料和数据分析的结果转化成与调研问题有关的调研成果。这个调研成果的一般形式就是调研报告。

对于调研报告，通常包括以下内容：

1. 呈送函件

呈送函件指出该报告直接呈交给谁，进行本项调研工作的原因以及本项调研的批示和批准事项等。

2. 扉页

扉页上一般包括调研报告标题、调研者姓名、完成日期等。

3. 目录

目录是指正文前所载的目次，揭示报告的内容等情况。

4. 摘要

摘要是对调研报告基本内容的概括，包括主要调研结果、主要结论以及后续建议等。

5. 导言

通常包括调研原因、工作范围、研究的问题以及调研所依据的一些假设。

6. 研究方法

研究方法包括搜集、检验和使用各种资料的方法，抽样方式和样本选择方法，调研问卷分析和解释的方法，确定调研人员数量及类型的方法等。

7. 调研成果

这是整份调研报告的核心内容。它包括对原始资料的分析结果及其解释和说明，各种定性和定量分析得到的结果及解释，综合概括和结论等。

8. 限制条件

限制条件包括调研可能的误差及产生原因，时间限制，调研成果的局限性、使用范围等。

9. 结论和建议

3.3　旅游市场调研技巧

旅游市场调研的方法很多，其中访问法的应用最为广泛，也最能得到准确的调查结果。访问法具体包括入户调查、街头拦截等多种方式。在调研执行过程中，调查员需要将问卷通过各种方式发放给调查对象，并指导调查对象正确填写，最后得到准确的反馈信息。在这一过程中，调查员的服饰穿着、语气表情、询问方式等都会影响到调查能否成功进行。要想获得成功的访问，就必须掌握一定的技巧。

3.3.1　获得合作

调查员的首要任务是获得被访者的合作，而调查员面对的是不同阶层、不同年龄的被访者，他们一般并不认识访问员，往往根据调查员的服饰、发型、性格、年龄、声调、口音等来决定是否采取合作态度。因此，调查员必须保持本身端正的仪容、用语得体、口齿伶俐、态度谦和礼貌，给人以亲切感，使被访人员较易放心地接受访问。

自我介绍是访问开始时的重要步骤之一，调查员的自我介绍要求简明扼要、意图明确、重点突出、亲和力强，具体应该包括以下 5 个方面：

(1) 我是什么人(即说明调查者的身份)；

(2) 我想干什么(即来访目的，调查的性质和大致内容)；

(3) 需要表明不会占用对方太多时间；

(4) 承诺对调查的数据保密；

(5) 诚恳希望得到对方的支持。

访问员应使被访者感到他(她)是可信的，以下是自我介绍的一个例子：

“您好！我叫×××，是××大学的学生，我们正在进行一项有关游客满意度的研究。我需要占用您一些时间，向您了解您对本旅游企业一些问题的看法，希望给予合作。谢谢!”

通过给出姓名，访问显得更具私人性；访问人员也可出示介绍信或证件表明研究是真实的，而不是推销产品；使用大学(或市场调研公司)的名字，对被访者来讲，也意味着访问是可信的。

调查员在要求进行访谈时，应尽量避免提出请求性的问题，如“我可以进来么？”“我可以问您几个问题么？”等，因为人们对于请求性的问题通常是拒绝的。如果调查员一开始提出的访谈要求被拒绝，不应该就此放弃，而是要充分考虑到调查对象拒绝的原因和理由。如果调查对象拒绝的原因是因为没空，则可以询问是否可以改时间再来；如果拒绝的原因是因为对调查的目的不了解，则可以进行进一步的解释。在请求访谈时，做出保密承诺也是非常重要的一个步骤。

为了使被调查者愿意接受调查，可以提供一些小礼品，在访谈开始的时候提示“我们将耽误您一点时间，届时备有小礼品或纪念品以示谢意，希望得到您的配合。”但切不可过分渲染礼品，以免让他(她)觉得难堪，有贪小便宜之嫌，反而拒绝接受访问；或者为了获取礼品，来迎合访问，尽说好话，从而影响到访问的实际效果。

在提出要求时，为了使调查对象能够愿意接受访谈，可以采取“得寸进尺”和“进尺得寸”的技巧。前者是指如果访谈对象能够接受一些小的要求，就可能会接受更进一步的要求。例如，一般人对一个短时间的仅仅包括一些简单的事实性问题的问卷不会拒绝，则调查员可以在其完成第一步的问卷后再尝试使其同意回答后续的更复杂和耗时的开放性问题。后者则是指为了使调查对象能够答应我们的要求，可以先提出一个很大的基本不可能被接受的要求，被拒绝后再提出一些小的请求，则更容易被接受。这两个技巧对实际的访谈工作是很有帮助的。

有些情况下，我们的调查对象确实不肯配合调查，这种情况下，调查人员仍应不失礼貌，因为你的行为在此时还代表了委托旅游企业的形象。

3.3.2 询问问题

访谈中，向调查对象询问问题是必不可少的，而访问人员掌握表达问题的艺术是非常重要的。为了能使被访问人真实地提供有关调查信息，调查员询问问题时，要讲究方式方法，并应根据被访问人的差异和回答问题的难易程度，适当运用一些询问技巧，主要包括以下几个方面。

1. 态度友善

访问中，普查员应始终面带微笑，保持和蔼亲切、热情诚恳的谈话语气。态度要不卑不亢，语气要轻松。提问时要尽量注意不要用生僻、难以理解的专业术语，而应用受访者熟悉的语言来描述问题。

2. 紧扣主题

访问时普查员要时刻记住自己的工作目的，专心听取对方意见。如果遇到健谈的被访问人答非所问，或者讨论一些与此次访问无关的问题时，调查员可以选择合适的时机，礼貌地将对方引向正题，从而节省工作时间。

3. 表述清楚

普查员应清楚地说出调查表中各个问题，说话时切勿太慢或太快，确保被访问人清楚听到提问内容。

4. 内容要全

如果普查员没有按照调查表的顺序提问，或访问中途遇到拒答的问题，应在访问过程中记录下来，在访问结束前要进行核查，看看调查内容是否已全部完成。

5. 适当解释

如果遇到被访问人误解了问题或是对问题理解不太清楚，普查员应该用通俗的语言，帮助被访问人准确理解问题。

6. 循序渐进

对于戒备心理和抵触情绪较强的被访问人，普查员可用打招呼、拉家常开头，给被访问人耐心解释，再逐渐转入正题。询问中，先易后难：先问基本情况，如年龄、出发地等；后问敏感问题，如经济状况、家庭情况等。在调查过程中，碰到一时难以回答或找不到资料的，应该先跳过，不要强硬逼问，以避免僵局。将容易的先填报好，最后再追问难题。

7. 选择时间

进行调查时，一定要根据调查对象的具体情况选择合适的入户时间和电话时间，尽量选择调查对象合适的时间段进行调查。比如在游客刚下飞机急于休息时，你前去要求访谈是极不明智的。一般，对于耗时较短的游客调查，选择旅游活动结束时进行访谈是一个比较好的时间。

8. 注意保密

询问一些涉及被访问人隐私的数据时，普查员应主动创造条件为他保密，如尽可能选择一个无其他人在场的环境，或者礼貌地请无关人员回避，从而使被访问人回答时能够畅所欲言。

在具体提出问题时，要注意以下几条原则：尽量用问卷中的用词来询问；慢慢地读出每个问题以使调查对象能够充分理解；按照问卷中问题的次序详细询问每个问题，以免错漏；重复被误解的问题。

调查员应保持中立，在语调和措辞等方面不能表现出明显的好恶，或给调查对象以暗示。在提出问题的时候如果被访者不理解问题中的一些概念，他们通常会要求做出澄清。此时，如果访问指导上没有要求做出特别的解释，访问人员不得随意解释。因为访问人员如果用他(她)自己的定义或随便作番解释，每个访问人员的解释可能并不一样，并且有些解释可能是错误的，这些个人性的解释可能成为访问偏差的一个来源。建议的方法是重复问题或回答“正如您想的那样好了。”

3.3.3 适当追问

追问是进行开放性问题调查的一种常用技术，开放性问题对调查员来讲具有更大的难度，但开放性问题可以让被访者充分发表意见，使调查获取更多的信息。

追问可以分为两类：一类是勘探性追问，另一类是明确性追问(即澄清)。前者是在被访者已经回答的基础上，进一步挖掘、询问问题的方法，目的在于引出被访者对有关问题的进一步阐述；后者是让被访者对已回答的内容作进一步详细的解释，目的在于进一步明确被访者给出的答案。下面是两个进行追问的例子。

(1) 先进行明确性追问以澄清不完整的回答，再进行勘探性追问。

问题：对我们旅游企业的这个广告，你有什么地方不喜欢？

回答：不行，很差(回答太一般化，回答中没有任何确切的内容)。

追问：您所谓的“很差”是指什么呢？

回答：档次低了一点(此回答比上一回答有进步，但仍不够详细)。

追问：哪些方面档次低呢？

回答：女模特身穿睡衣坐在床上。

追问：您还有什么不喜欢的吗(在原来回答基础上追问更多的内容)？

回答：没有了(停止追问，因为被访者已说出了更多的内容)。

(2) 先进行勘探性追问进一步挖掘问题，再进行澄清和明确。

问题：对这个电视广告，您有什么地方不喜欢吗？

回答：不行，很差。

追问：对这个电视广告，您还有什么地方不喜欢的吗？

回答：没有了。

追问：您说的很差是指什么呢(回到原来回答不完整的问题，加以澄清)？

回答：档次低。

追问：哪些方面档次低呢？

回答：女模特穿着睡衣坐在床上。

进行追问的时候，需要调查员积极鼓励调查对象能够主动和深入地回答问题，但是调查员的追问必须是中立的。例如：

错误的问题：你不喜欢我们公司提供的食物，是因为太辣吗？

正确的问题：你为什么不喜欢我们公司提供的食物呢？

进行追问时，调查者可以采用以下的技巧。

(1) 重复问题。当应答者保持完全沉默时，他(她)也许没有理解问题，或还没有决定怎样来回答，重复问题有助于被访者理解问题，并会鼓励其应答。

(2) 观望性停顿。调查人员认为被访者有更多的内容要说，沉默性追问，伴随着观望性注视，也许会鼓励应答者收集他(她)的思想并给出完整的回答。当然访问人员对应答者必须是敏感的，以避免沉默性追问成为冷场。

(3) 重复应答者的回答。随着访问人员记录回答，他或她也许会逐字重复应答者的回答，这也许会刺激应答者扩展他(她)的回答。

(4) 问中性的问题。问一个中性的问题也许会具体向应答者指明要寻找的信息类型，例如：如果访问人员认为应答者的动机应当澄清，他(她)也许会问："为什么您这样认为呢？"如果访问人员感到需要澄清一个词或短语，他(她)也许会说："您的意思是……？"

3.3.4　记录回答

记录回答看起来非常简单，但错误经常在记录阶段发生，每一个访问人员应当使用同样的记录技巧。例如，对访问人员来说是使用钢笔还是铅笔这似乎没有多大意义，但对必须擦去并重写模糊字的编辑人员而言，用铅笔就非常重要。记录封闭式问题的应答规则随具体问卷变化而变化，一般是在反映应答者回答的代码前打钩或画圈。访问人员经常会省略记录过滤性问题的答案，因为他们认为随后的回答使得这些答案很明显，但编辑和编码人员并不知道应答者对问题的实际回答。访问人员应当知道些记录开放式问题的规则：①在访问期间记录回答；②使用应答者的语言；③不要摘录或释义应答者的回答；④记录包括与问题的目标有关的一切事物；⑤记录包括你的所有追问。

3.3.5　结束访问

访谈的结束阶段是整个访问过程的最后一个环节，离开以前调查人员必须迅速重温一下访谈结果或迅速检查一遍访谈提纲，避免遗漏重要项目。在结束时还应再次征询调查对象的意见，了解他们还有什么想法、要求等。分手时，要真诚感谢对方对本次调查工作的支持。如在开始访谈时承诺有礼品相赠，则应将礼品赠送给调查对象。

友好地离开应答者是极其重要的，因为他们的合作值得我们尊敬，他们也应当为他们的时间和合作得到感谢。在未来的一段时间里也许会再次访问被访者。

3.4　做好旅游市场预测

旅游企业通过市场调研收集市场活动历史和现实的事实材料，这仅是第一步，接下来还需要对这些材料进行分析研究，完成市场预测，才能为决策者提供有用信息。

3.4.1　旅游市场预测的内容

对旅游企业来说，其客源市场的变化受社会经济环境、需求、供给、政治形势、消费心理、社会风尚等各个方面的影响。因此，旅游市场预测涉及的范围十分广泛，主要包括以下内容。

1. 市场行情变化的预测

市场行情变化包括全部旅游行业的市场行情、全国范围内市场行情、某城市旅游业市场行情变化。对旅游企业来说，影响市场行情的因素主要包括宏观经济环境变化以及大型会展活动。例如，2010 年第 41 届世界博览会(Expo 2010)在上海举行，此次世博会前后，上海市以至全中国的旅游业都经历了一个快速发展的时期。

2. 消费结构变化的预测

消费结构变化的预测主要指预测旅游市场上各种产品构成及相应的比例关系的变化。当某个城市定位为区域性的经济和金融中心时，则高端商务旅客的数量将会出现增长。

3. 产品销售预测

产品销售预测指对旅游企业自身产品销售前景的判断，包括品种、规格、价格、销量、销售额以及销售利润等。

4. 产品价格预测

产品价格预测主要是指根据整个市场上同类产品的价格变化来预测本旅游企业产品未来的市场价格。影响产品价格的主要因素包括市场供求和竞争状况，以及产品价值。

5. 产品生命周期预测

对旅游产品在生命周期中所处阶段进行预测，即准确判断产品投入期、成长期、成熟期和衰退期。

6. 市场占有率预测

旅游企业不仅需要预测本身产品的市场占有率及其变化趋势，还需要对竞争产品和替代产品的市场占有率进行预测。

7. 技术变化的预测

生产技术的变化对旅游企业的市场营销策略有着重要的影响。互联网的出现颠覆性地改变了传统的市场营销模式，值得所有的旅游企业注意。

8. 经济效果的预测

旅游企业的所有市场营销活动都需要付出一定的成本，以最小的成本获得最大的经济收益是每一家旅游企业的期望。对经济效果的预测，就是旅游企业对未来一定时期内旅游企业各类市场营销活动(包括投资、管理改革、新技术的采用以及促销等活动)，所获得的收益和付出的成本进行预测和比较。它对旅游企业改善经营管理、扩大经营业务有重要作用。

3.4.2 市场预测的种类

1. 按照市场预测的性质，一般可以分为定性预测和定量预测

(1) 定性预测是研究和探讨预测对象在未来市场上表现出来的性质。凭借预测者的主观经验、业务水平和逻辑推理能力，来判断市场未来质的变化情况。定性预测简单易行，在对预测精度要求不高时使用。

(2) 定量预测是以准确、系统、全面、及时的资料为基础，建立数学模型，对市场变化趋势做出数量分析。

2. 依据预测时间，一般可以分为短期、近期、中期和长期预测

(1) 短期预测：时间在一周到半年之间，帮助旅游企业制定短期市场营销策略。

(2) 近期预测：时间在半年到一年之间，帮助旅游企业制定当年或年内的市场营销策略及战略。

(3) 中期预测：时间在二到五年之间，帮助旅游企业确定中长期的市场营销战略。

(4) 长期预测：时间在五年以上，为旅游企业制定总体发展规划和重大长期市场营销决策提供依据。

3.4.3 市场预测的原则

1. 连续性原则

进行市场预测需要收集过去和现在的资料，然后推测出未来的市场变化趋势。常用的预测技术包括回归分析法和时间序列模型都是以连续性原则为前提的。

应用连续性原则，需要注意以下两点。

第一，必须确定规律是存在的，要求预测目标历史数据显示的变化趋势具有一定的规律性，并且可以被辨别出来。

第二，必须确定规律是可用的，要求预测目标在未来仍旧能够满足规律发生作用的客观条件。

一般情况下，只要认为市场和旅游企业处于稳定发展阶段，就可以应用连续性原则进行预测。

2. 类比原则

进行市场预测时要判断并利用预测目标与其他事物之间的类似之处，类比其以后的发展状况，即“举一反三”。

3. 相关原则

各种事物之间都存在着直接或间接的联系，它们相互依存、相互制约。在进行市场预测时需要依靠事物之间的相关性。常用的一元和多元线性回归法就是利用了相关性原理。但是在应用时要注意，事物之间有相关性，并不一定存在因果关系；而且因和果的具体判

断也需要进行具体的、多方面的分析。

4. 定性与定量分析相结合的原则

在进行市场预测时，要结合使用定性分析与定量分析的方法，才能取得良好的预测效果。

5. 可控性原则

可控性指旅游企业对所预测到的客观社会经济环境的变化或经济事件，在一定程度上是可以控制的。对旅游企业来说，要求利用可控性因素，尽量避免不可控因素对预测目标可能产生的影响。具体地说，一般的宏观因素，如政治法律制度、经济发展状况以及竞争与其他旅游企业的发展等外部状况，都不是旅游企业可以控制的；但是旅游企业可以通过调整自身的生产经营与市场营销策略等，来适应外界环境的变化。

3.4.4 市场预测的程序

(1) 确定预测目标。预测目标的确定，应该包括预测的对象、预测的目的、预测的时间范围和空间范围等。其目标应该具体、详尽、准确、清楚，不能含混、抽象。

(2) 收集分析资料。根据预测目标，确定应收集的文件数据等资料，通过市场调查去广泛、系统地收集所需的资料。其中既包括历史资料，也包括现实数据；既包括旅游企业外部环境资料，也包括旅游企业内部经营状况。

(3) 选定预测方法，建立预测模型。资料经过归类、整理后，对其进行初步分析，通过绘制散点图等方法，以发现预测对象的结构特征和变化趋势。再根据预测的内容和掌握的资料，选定合理的预测方法，并建立预测数学模型。

市场预测模型有 3 类：一是表示预测对象与时间关系的时间序列模型；二是表示预测对象与影响因素之间关系的相关关系模型；三是表示预测对象与另外的预测对象之间关系的结构关系模型。对建立的各种数学模型，还应对有关数据进行必要的修正，剔除由于偶然原因产生的某些异常数据。

(4) 分析、评价并确定预测值。根据选定的预测方法和模型，对市场变化进行预测，并估计初步预测结果的误差。如果误差过大，还需要修改预测模型或改变预测方法。但是，预测不是预言，总是存在一定的误差的。

(5) 提出预测报告。市场预测的最终目的是为决策服务的。在预测报告中，应概括预测目标、预测对象与预测方法和模型，并提出分析结论，对预测结果进行分析和评价，根据预测结果提出意见和建议等。

3.4.5 定性预测法

定性预测法可以对预测对象做出变动方向和性质上的判断，它依赖于预测者丰富的经验和知识，以及综合分析能力，其结果通常具有不确定性。

1. 定性预测的优点

(1) 操作简单，成本低。

(2) 可以用于了解游客的动机和感觉等很难量化的因素。

(3) 是定量调查和预测的前提。

2. 常用的定性预测法

在旅游市场营销活动中，通常选用的定性预测法包括对比类推法、集合意见法和专家预测法。

1) 对比类推法

对比类推法是利用事物之间具有共性的特点把已经发生事物的表现过程类推到将要发生的事物上去，从而提出预测的一种方法。具体包括以下一些具体的方法：

(1) 地区类推法。依据其他国家或地区曾经发生过的事件进行类推。例如上海举办 2010 年第 41 届世界博览会为上海市的旅游企业带来了巨大的经济效益，那么 2014 年青岛世界园艺博览会也为青岛旅游产业发展提供了新动力，带来了巨大的商机和利润。

(2) 产品类推法。不同的产品在功能、市场营销渠道等方面可能具有相似性，因此这些产品的市场发展规律具有相似性，可以进行类推。例如可以用高尔夫度假饭店的发展来类推其他类型(如滑雪度假饭店)的发展趋势。

(3) 行业类推法。以相近行业的相近产品的发展变化情况来进行类比。例如类比旅游业和航空业。

2) 集合意见法

集合意见法是利用集体的经验、智慧，共同分析思考、判断综合，对事物未来的发展变化趋势做出估计。通常，进行预测的集体由旅游企业内部的经营管理人员和市场营销人员组成。它能够集思广益，相互启发，避免单个人进行预测的主观性，提高预测的精度。通常是对每个预测者的预测结果进行加权平均，以得到最后的结果。集合意见法通常用于短期的预测。

3) 专家预测法

专家预测法，又叫德尔菲法。它是 20 世纪 60 年代由美国兰德公司最早应用的一种预测方法，利用匿名专家的主观判断，通过信息沟通和不断地反馈，使预测结果趋于一致。一般的预测步骤为：①拟定意见征询表；②选定征询专家；③反复征询专家意见；④做出预测结论。

3. 其他定性预测法

下面是几种可以应用于预测游客的消费倾向的定性预测法。

1) 购买意见预测法

通过一定的调查方法直接向旅游企业的潜在客户征询购买意向，并在此基础上对需求或销量做出预测的方法。

2) 订购预测法

根据游客的中期或长期订单，以及预购合同来预估未来的市场营销额的预测方法。在进行预测时要考虑到履约率。

3) 消费水平预测法

利用对本地消费水平和消费人数这两个基本量的直观判断，进行简单推理以预测旅游企业的营业额。

3.4.6 定量预测法

定量预测法是根据比较完备的统计资料，运用数学模型对资料进行分析和计算，找出预测目标与其他因素之间的规律性联系，从而推算出未来的发展变化。定量预测法一般包括两大类：时间序列预测法和回归预测法。

1. 时间序列预测法

时间序列是指同一个经济变量的观测值按时间顺序排列得到的数列。时间序列分析法是运用数学模型找出时间数列发展的趋势和变化规律，并向外延伸，以预测市场未来的变化趋势。其中时间可以是周、月、季度、年等。

时间序列预测法可以用来预测销售量和销售额的增长趋势、季节性产品的供求趋势、产品生命周期等。具体的预测方法包括平均预测法、移动平均法、指数平滑法、趋势延伸法和季节指数预测法。

1) 平均预测法

平均预测法包括算术平均法、增长量平均法和发展速度平均法。

(1) 算术平均法。适用于市场呈稳定状态，每期变化不大的情况。可分为简单算术平均法和加权算术平均法。

简单算术平均法的公式为：

$$\hat{y}_{n+1}=(y_n+y_{n-1}+\cdots+y_1)/n \tag{2.1}$$

式中：y_n 为时间序列的第 n 期的实际值；$\hat{y}_{n+1}$ 为第 n+1 期的预测值；n 为期数。

加权算术平均法的公式为：

$$\hat{y}_{n+1}=\sum_{i=1}^{n}a_i y_n \tag{2.2}$$

式中：y_n 为时间序列的第 n 期的实际值；$\hat{y}_{n+1}$ 为第 n+1 期的预测值；α_i 为第 i 期预测值的权重；$\sum_{1}^{n}\alpha_i=1$。

在时间序列预测中，一般地讲，近期的状态值对预测结果的影响较大，因此近期的预测值的权重也较大。

(2) 增长量平均法。适合于市场现象呈直线上升或下降的情况，即各期的增长量保持稳定的情况。用增长量平均法可以纠正滞后值。其公式为：

$$\hat{y}_{n+1}=\hat{y}_n+\overline{\Delta Y} \tag{2.3}$$

$$\overline{\Delta Y}=\sum_{i=2}^{n}\Delta Y_i/(n-1)$$

其中，$\overline{\Delta Y}$ 为各期增长量的平均值。

(3) 发展速度平均法。适用于市场呈指数曲线变化趋势的情况，也称为几何平均法。

时间序列各期的发展水平为 Y_1，Y_2，…，Y_n；

观察期各期的环比发展速度为：$G_t = \frac{Y_t}{Y_{t-1}} \times 100\%$；

则观察期各期环比发展速度的平均数为：$\overline{G_t} = \sqrt[n-1]{G_2 \times G_3 \times \cdots \times G_n}$，

亦即：$\overline{G_t} = \sqrt[n-1]{Y_t / Y_1}$。

则下一期的预测值为：

$$\hat{y}_{n+1} = Y_n \times \overline{G_t} \tag{2.4}$$

2) 移动平均法

移动平均法是将观察期内的数据由远及近按一定跨越期进行平均，随着观察期的逐期推移，观察期内的数据也随之向前移动，在移动时要保证跨越期不变，然后逐个求出其算术平均数，并将预测期最近的那一个平均数作为预测值。

该方法适用于没有明显的升降趋势和循环变动的时间序列，它的一系列平均值能够显示出市场的长期趋势。

移动平均法的公式为：

$$Y_{t+1} = \frac{Y_t + Y_{t-1} + Y_{t-2} + \cdots + Y_{t-(n-1)}}{n} \tag{2.5}$$

其中，Y_{t+1} 为下一期的预测值；Y_t 为第 t 期的观察值；n 为期数。

与简单平均法类似，为各期观察值加上权重，就是加权移动平均法。

例题一：下表第二列是某旅游景区 2005—2014 年的游客数，请用简单移动平均法预测 2015 年的游客人数(已填入表中)。(设 n =3，4，5)

单位：千人

年　份	游客人数	三期移动平均	四期移动平均	五期移动平均
2005	68			
2006	84			
2007	76			
2008	92	76		
2009	72	84	80.0	
2010	64	80	81.0	78.4
2011	83	76	76.0	77.6
2012	72	73	77.8	77.4
2013	88	73	72.8	76.6
2014	80	81	76.8	75.8
2015 预测值		80	80.8	77.4

先预测 2008 年的值，则

设 n =3，A_{2007} =76，A_{2006} =84，A_{2005} =68

所以 2008 年预测值

F_{2008} = $(A_{2007} + A_{2006} + A_{2005})/3$ = (76 + 84 + 68)/3 =76

同理，得

F_{2009}=84；F_{2010}=80；F_{2011}=76；F_{2012}=73；F_{2013}=73；F_{2014}=81；F_{2015}=80

同理，设 n=4；设 n=5。得 2015 年预测值见上表。

例题二：利用上题的资料，设 n=3，权重 $W1$ = 0.2，$W2$ = 0.3，$W3$ = 0.5，用加权移动平均法求 2015 年游客人数的预测值(已填入表中)。

单位：千人

年份	游客人数	三期加权移动平均
2005	68	
2006	84	
2007	76	
2008	92	68×0.2+84×0.3+76×0.5=76.8
2009	72	84×0.2+76×0.3+92×0.5=85.6
2010	64	76×0.2+92×0.3+72×0.5=78.8
2011	83	92×0.2+72×0.3+64×0.5=72.0
2012	72	72×0.2+64×0.3+83×0.5=75.1
2013	88	64×0.2+83×0.3+72×0.5=73.7
2014	80	83×0.2+72×0.3+88×0.5=82.2
2015 预测值		72×0.2+88×0.3+80×0.5=80.8

加权移动平均法中权数的确定是依据预测人员的个人经验，但是应该注意的是各权数之和为 1。

3) 指数平滑法

指数平滑法是用预测目标历史数据的加权平均数作为预测值的一种方法，是加权移动平均法的一种特殊情况。其公式为：

$$\hat{y}_{n+1} = ay_n + (1-a)\hat{y}_n \tag{2.6}$$

其中，y_n 为第 n 期的实际值；$\hat{y}_n$ 为第 n 期的预测值；$\hat{y}_{n+1}$ 为第 n+1 期的预测值；a 称为平滑系数。

在应用指数平滑法时，平滑系数 a 的选择是十分重要的。具体选择时，应先分析时间序列的变化趋势：

当时间序列呈稳定的水平趋势时，a 应取较小值，如 0.1—0.3；

当时间序列呈较大的波动趋势时，a 应取居中值，如 0.4—0.5；

当时间序列呈明显的上升或下降的斜坡时，a 应取较大值，如 0.6—0.8。

在实际应用时，可以取多个 a 值进行比较，选择预测误差最小的 a 值。

关于初始预测值 $\hat{y}_1$，当资料项数很多时，可以取第一期的实际值作为初始预测值；当资料项数较少时，可以选择前一段时间的平均值作为初始值。

例题三：某旅游景区 2006—2014 年销售额见下表，利用指数平滑法预测 2015 年的销售额。

单位：万元

年份	销售额	平滑系数 a=0.1	平滑系数 a=0.6	平滑系数 a=0.9
2006	4000	4566.70	4566.70	4566.70
2007	4700	4510.03	4226.68	4686.67
2008	5000	4529.03	4804.27	4956.67
2009	4900	4576.12	4921.71	4866.67
2010	5200	4608.51	4908.68	5136.67
2011	6600	4667.66	5083.47	6932.67
2012	6200	4860.89	5993.39	6036.67
2013	5800	4994.80	6117.36	5676.67
2014	6000	5075.32	5926.94	5856.67

表中初始值 $S1$ 是用的前三年销售额的平均值$(X1+X2+X3)/3$ =4566.70。

当平滑系数取 0.1 时，2015 年的销售额为 S=0.1 × 6000 + 0.9 × 5075.32 =5167.79(万元)。

当平滑系数取 0.6 时，2015 年的销售额为 S=0.6 × 6000 + 0.4 × 5075.32 =5630.13(万元)。

当平滑系数取 0.9 时，2015 年的销售额为 S=0.9 × 6000 + 0.1 × 5075.32 =5907.53(万元)。

一次指数平滑法适用于时间序列有一定波动但没有明显的长期递增或递减趋势的短期预测。若进行中长期预测，则会造成显著的时间滞后，产生较大的误差。若数据变化具有线性变化趋势，可以采用二次指数平滑法。若具有非线性变化趋势，则需采用三次指数平滑法。

4) 趋势延伸法

当时间序列的每期数据呈直线增加或减少，即每期的增长量大体相同时，可利用直线趋势延伸法。其预测模型为：

$$Y_t = a + bt \tag{2.7}$$

其中，a、b 为直线方程的参数，可以由最小二乘法得出。公式为：

$$a = \frac{1}{n}\left(\sum y_i - b\sum x_i\right)$$

$$b = \frac{n\sum t_i y_i - (\sum t_i)(\sum y_i)}{n\sum x_i^2 - (\sum x_i)^2} \tag{2.8}$$

t_i 是时间序列的序号，为了简化计算，通常按 $\sum t_i = 0$ 的原则进行编号。这样原公式可以简化为：

$$a = \frac{\sum y_i}{n}$$

$$b = \frac{\sum t_i y_i}{\sum t_i^2} \tag{2.9}$$

当 n 为奇数时，可令时间序列的中间一项为 0，其他各期为…，-2，-1，0，1，2，…，这样即可满足时间序列各项序号之和为 0。

当 n 为偶数时，则可令各期序号为…，−5，−3，−1，1，3，5，…，以使得时间序列各项序号之和为0。

例题四：某旅游景区2008—2014年的营业收入见下表第二列，试利用直线趋势法预测2015年该公司的营收情况。

年份	营收 y_i /百万元	t_i	y_it_i	t_i^2	y_t
2008	2428	−3	−7284	9	2559.82
2009	2951	−2	−5902	4	2904.07
2010	3533	−1	−3533	1	3248.32
2011	3618	0	0	0	3592.57
2012	3616	1	3616	1	3936.82
2013	4264	2	8528	4	4281.07
2014	4738	3	14214	9	4625.32
合计	25148	0	9639	0	

$$a=\frac{\sum y_i}{n}=25148/7=3592.57$$

$$b=\frac{\sum t_iy_i}{\sum t_i^2}=9639/28=344.25$$

则直线趋势方程为　$y_t=3592.57+344.25t$

带入 $t=4$，求得2015年的总收入为4969.57(百万元)。

如果时间序列呈非线性变化，如呈二次曲线趋势时，则可利用最小二乘法求出相应的二次曲线方程，再进行预测。

5) 季节指数预测法

对旅游企业来说，其客流量有淡旺季之分，会随着季节的不同呈周期性变化，每年都会出现相似的周期性曲线。例如，在北方某些滨海城市，如大连金石滩国家旅游度假区、青岛石老人国家旅游度假区，每年的客流量绝大部分出现在夏天短短几个月中。在进行市场预测时，应考虑到某些经济变量的季节变化，这时就要用到季节指数预测法。

季节指数预测的一般步骤为：

(1) 搜集3年以上每年的各月或各季度的旅游企业客流数据。

(2) 计算各年同月或同季的平均值　$\overline{Y_i}=\sum_{i=1}^{n}Y_i/n$。

式中，Y_i 为各年同月或同季的实际值，n 为年数。

(3) 计算所有年度所有月或季的平均值　$\overline{Y_i}=\sum_{i=1}^{N}Y_i/N$。

式中，N 为一年的月数或季数。

(4) 计算各月或各季的季节指数　$f_i=\overline{Y_i}/\overline{Y}$。

(5) 计算预测期趋势值 X_t。

趋势值是没有考虑季节变动情况下的预测值，可以用以下的方法计算：

① 以观察年平均值除以一年的月数或季数；

② 以观察年末年的实际值乘以发展速度；

③ 直接以观察年末年的实际值作为预测值。

(6) 计算各季预测值　$Y_t = X_t \times f_i$。

例题五：南方某海滨度假村 2011—2014 年各季营业收入见下表，试预测 2015 年各季度销售额。

季度	2011—2014 年各季度销售额/万元				季均收入/万元	季节比率/%	2015 年各季度预测值/万元
	2011	2012	2013	2014			
一季度	148	138	150	145	145.25	127.27	147.00
二季度	62	64	58	66	62.50	54.76	63.25
三季度	76	80	72	78	76.50	67.03	77.42
四季度	164	172	180	173	172.25	150.93	174.32

(1) 计算各年同季度平均销售额，见上表第 6 栏。如第一季度为

$$(148 + 138 + 150 + 145)/4 = 145.25(\text{万元})$$

(2) 计算所有年所有季的季平均销售额，为

$$(145.25 + 62.5 + 76.5 + 172.25)/4 = 114.125(\text{万元})$$

(3) 计算各季节比率，见上表第 7 栏。如第一季度为

$$145.25/114.125 = 127.27\%$$

(4) 预测年的季趋势值，使用末年的季平均销售额，为

$$(145 + 66 + 78 + 173)/4 = 115.5(\text{万元})$$

(5) 季趋势值乘以季节比率即可得 2015 年各季预测值。

一季度：$115.5 \times 127.27\% = 147.00$(万元)

二季度：$115.5 \times 54.76\% = 63.25$(万元)

三季度：$115.5 \times 67.03\% = 77.42$(万元)

四季度：$115.5 \times 150.93\% = 174.32$(万元)

需要注意的是，因为引起季节变化的可变因素较多，季节指数预测法并不适用于短期预测。

2. 回归预测法

回归预测法是在分析因变量与自变量的相互关系，建立变量间的数量关系近似表达的函数方程，并进行参数估计和显著性检验之后，运用回归方程预测因变量数值变化的方法。其中，表达经济变量间关系的数学表达式称为回归方程。

回归分析法的预测步骤为如下所述。

(1) 确定预测目标和影响因素。

通常情况下，预测目标是因变量，自变量就是影响预测目标的主要因素。

(2) 进行相关分析。

通常通过相关系数来判断自变量与因变量之间的相关性。相关系数计算公式为：

$$r = \frac{\sum (X-\overline{X})(Y-\overline{Y})}{\sqrt{\sum (X-\overline{X})^2 (Y-\overline{Y})^2}} \tag{2.10}$$

相关系数的值范围为$-1 \leqslant r \leqslant 1$。当变量 Y 与 X 线性相关时，r 的绝对值越接近 1，则其相关性越大；r 的绝对值越接近 0，则其相关性越小。

(3) 建立回归预测模型。

线性回归方程的一般形式为：

$$Y = a + b_1x_1 + b_2x_2 + \cdots + b_nx_n$$

方程的系数通常用最小二乘法求得。

当线性回归方程的自变量只有一个时，称为一元线性回归，方程可以简写为：

$$Y = a + bx。$$

当变量间不呈现线性关系时，则需根据曲线的形状建立相应的非线性回归方程。一般的非线性回归方程包括指数曲线、幂函数曲线、双曲线和多项式曲线方程。

(4) 对回归预测模型进行假设检验。

将方程用于预测之前，需要进行假设检验，以检查回归方程的拟合优度和回归参数的显著性。常用的检验方法有相关系数检验、F 检验、t 检验和 D-W 检验。

(5) 进行实际预测。

将需要计算的自变量 x 代入预测方程，即可求得预测值。

【本 章 小 结】

旅游市场营销信息系统是一个由人、机器和程序组成的连续的和相互影响的机构。它具有目标指向性、系统整体性、信息资源性、应用方便性等特征。一个有效的旅游市场营销信息系统一般是由内部报告系统、市场营销情报系统、市场营销调研系统和市场营销分析系统 4 个子系统组成。

旅游市场调研分为市场调研的准备阶段、实施阶段、分析处理阶段和追踪反馈阶段 4 个阶段。旅游市场调研的主要方法包括文献调研法、观察调研法、访问调研法和实验调研法等。

市场预测的基本原则包括连续性原则、类比原则、相关原则、定性与定量分析相结合的原则、可控性原则。

市场预测的程序一般可分为 5 个步骤，即确定预测目标，收集分析资料，选定预测方法，分析、评价并确定预测值，提出预测报告。

定性预测方法可以对预测对象作出变动方向和性质上的判断，它依赖于预测者丰富的经验和知识，以及综合分析能力，其结果通常具有不确定性。通常选用的定性预测方法包括对比类推法、集合意见法和专家预测法。

定量预测法是根据比较完备的统计资料，运用数学模型对资料进行分析和计算，找出预测目标与其他因素之间的规律性联系，从而推算出未来的发展变化。定量预测法一般包括两大类：时间序列预测法和回归预测法。

【习　题】

一、填空题

1. 一个有效的旅游市场营销信息系统一般是由内部报告系统、__________、市场营销调研系统和__________4 个子系统组成。

2. __________通过内部信息传递途径为旅游企业决策层提供一些情报，是市场营销信息系统中最基本的子系统。

3. 访问调研法可分为面谈调研法、电话调研法、邮寄调研法、留置调研法和__________等。

二、选择题

1. (　　)的主要任务是收集、分析与评估，提供决策层制定决策所必需的各种信息。

A. 内部报告系统　　B. 市场营销情报系统　　C. 市场营销调研系统　　D. 市场营销分析系统

2. (　　)是一组统计分析方法，用来从所收集的各种数据资料中抽取有意义的信息，以供市场营销决策的需要。

A. 数据库　　B. 统计工具库　　C. 模型库　　D. 分析系统

3. (　　)经常用于调研宏观市场环境，而对于旅游消费者行为和动机等微观因素方面通常是不可用的。

A. 文献调研法　　B. 观察调研法　　C. 访问调研法　　D. 实验调研法

4. (　　)是将事先设计好的调研问卷当面交给被调研者，并说明填写要求后留下问卷，过一段时间后再去回收，以获得信息资料的调研方法。

A. 面谈调研法　　B. 电话调研法　　C. 邮寄调研法　　D. 留置调研法

三、名词解释

1. 旅游市场营销信息系统
2. 旅游市场调研
3. 观察调研法

四、简答题

1. 简述旅游市场营销信息系统的特征。
2. 简述旅游市场调研的程序。
3. 简述调研报告的主要内容。

【实际操作训练】

一、实训名称

搜集旅游目的地旅游信息

二、实训目的

加强对旅游信息搜集的方法的理解，培养学生分析实际问题的能力以及口头表达能力。

三、实训步骤

1. 分小组(5～8 人)分工合作完成以下工作：
(1) 以小组合作形式先从网上尽可能搜集某旅游目的地的旅游信息；
(2) 根据各自的主题和特点进行旅游信息整合；
(3) 文案创作，融入文字与艺术包装；
(4) 制作成 PPT 课件上交。
2. 以小组为单位在课堂上进行陈述和答辩。
3. 教师点评。

四、实训评价

根据方案内容、陈述和答辩的情况评价打分，纳入学生实训课考核之中。

延伸阅读

陕西围绕 4 大主题开展旅游调研活动

陕西省旅游局局长在中国旅游报陕西记者站、西北旅游文化研究院进行调研与座谈，“创意为灵魂、策划出亮点”成为主要话题。此次调研也是陕西省旅游局马年调研行动的第一站。

继 2013 年对陕西各市县旅游及大秦岭人文生态旅游圈的大规模调研之后，2014 年陕西省旅游局在新年伊始再掀调研之风。今年调研将围绕温泉度假、丝绸之路旅游线、全省 31 个旅游名镇、旅游质量提升年 4 大主题展开。

杨局长说，旅游与文化融合发展是新时期中国旅游业转变发展方式的时代潮流，要将旅游策划、创意、传播、推广、研究相结合，加强旅游品牌的策划包装；要支持旅游创意和旅游文化传播项目，强化活动策划创意，用专业支撑活动影响力；要整合新媒体资源，使新媒体成为旅游宣传的强力推手。

在市场营销策略上，杨局长表示，政府主要负责“形象市场营销”，通过投放品牌公益广告、举办旅游推介会、策划文化旅游活动等方式，提升陕西旅游的美誉度和知名度；媒体负责“内容市场营销”，加强旅游线路推广、旅游特色宣传，让大众熟知陕西有什么、玩儿什么，做陕西旅游形象的宣传者、传播者；企业负责“服务市场营销”，把产品做好，解决好如何来、怎样游、住哪里等问题。

延伸思考:

1. 结合上述案例谈谈旅游市场调研的内容。
2. 在旅游市场调研活动中，经常使用的调研方法有哪些?
3. 如果安排你负责丝绸之路旅游线主题调研，你的市场营销调研程序怎么安排?

第4章 旅游消费者购买行为

学习目标

- 了解旅游消费者消费需要与购买动机及其对购买行为的影响；
- 了解旅游消费者购买行为的类型与特点，掌握影响旅游消费者购买行为的各类因素及其主要影响；
- 认识旅游消费者购买决策的内容、过程及购买决策过程中的参与者；
- 掌握组织机构消费者购买行为的类型、特点、过程及其主要影响因素。

导入案例

东航牵手迪士尼 启动全球联合市场营销

2014 年 1 月 24 日，中国东方航空股份有限公司与迪士尼目的地国际部在上海正式签署合作谅解备忘录，标志着东航与迪士尼目的地正式牵手合作。作为上海的基地航空公司，东航将有望受益于上海迪士尼建成带来的客流量增加，双方签署合作谅解备忘录，希望通过更广泛的合作品牌推广(包括迪士尼主题乐园、迪士尼邮轮和迪士尼全球度假区)，以吸引全球更多潜在旅游消费者。

迪士尼目的地国际部是销售迪士尼乐园及度假区的主要部门，负责推广迪士尼主题乐园、迪士尼游轮和迪士尼全球度假区的旅游产品。

这个合作谅解备忘录将为双方提供合作的架构，双方将在亚太地区广泛合作进行品牌推广、产品渠道拓展，特别是推广在美国的每一个迪士尼目的地。据记者了解，迪士尼目前在加州、佛罗里达州以及巴黎、东京、中国香港有五家主题乐园，其中香港的主题乐园 2012 年的游客量达到 670 万人，而大陆客就占据了 45%。预计上海迪士尼建成后，国内游客也将是重要的游客来源，此外也会吸引东南亚等周边国家游客，而这些目的地也都是东航主要的航线网络。

中国旅游业正快速进入黄金发展期和高速增长期，中国已经成为世界第三大出境客源国和第三大旅游目的地国，中国航空市场日益成为推动全球民航业增长的动力源泉。东航作为中国三大航空运输集团之一，目前机队规模近 500 架，每年运送旅客近 8000 万人，每天直飞逾 2000 个航班，航线网络通达全球 178 个国家、1024 个目的地。

东航与迪士尼目的地牵手合作，将推动高品质的综合旅游度假产品开发。据了解，东航官网已推出迪士尼乐园专区，过去几个月已经在试行香港迪士尼航线加机票、酒店产品，提供吃、住、行、游、购、娱等各环节上的专属旅游产品及增值服务体验，并获得了不错的市场效果，之后会将产品扩大到美国、法国巴黎以及上海迪士尼度假区等。随着专区功能内容的逐步丰富，旅客将能通过东航官网预定到东航与迪士尼的专属服务产品。

案例思考：

结合案例分析东航与迪士尼是如何依据旅游消费者的需求及购买行为来制定企业市场营销战略的。

4.1　旅游消费者消费需要与购买动机

4.1.1　旅游消费者消费需要

人类的一般需要是人类个体为延续和发展生命，并以一定方式适应环境时对所缺事物的渴求心理。这种反映通常以欲望、意愿的形式表现出来。旅游者消费需要包含在人类一般需要之中，它反映了旅游消费者某种生理或心理体验的缺乏状态，并直接表现为旅游消费者对获取以产品或劳务形式存在的消费对象的要求和欲望。

消费需要是旅游消费者购买行为的原动力，它对购买行为的主要影响可以总结为以下几个方面。

1. 消费需要决定购买行为

无论旅游消费者最终购买什么样的产品或选择什么样的服务，其目标只有一个，即满足需要。尽管旅游消费者购买行为的过程十分复杂，但其产生的起点和实现的终点都是建立在需要的基础之上的。需要、动机与行为的关系如图 4.1 所示。

图 4.1　需要、动机与行为的关系

2. 消费需要强度决定购买行为实现的强度

消费需要是具有伸缩性的，不同强度的需要对旅游消费者购买行为的影响也有所不同。当需要的愿望变得强烈和迫切时，购买行为实现的可能性越大；反之，需要则可能被轻易地抑制、转化、降级，最终导致购买行为的放弃。

3. 消费需要的水平差异影响购买行为

旅游消费者受文化、知识、收入和品位等各种因素的影响，处于不同的消费水平层面上，而受消费水平制约所导致的旅游消费者需要的水平差异又影响着旅游消费者的购买行为。

4.1.2　旅游消费者购买动机

动机(Motivation)是引起个体活动，维持并促使活动朝向某一目标进行的内部动力。它是一种升华到足够强度的需要，在需要被满足前，人们会持续处于某种心理或生理上的紧张状态之下。购买动机(Purchase Motivation)是旅游消费者为了减少和消除这种紧张状态而产生的购买和消费行为的愿望和意念。购买动机直接驱动着旅游消费者进行购买和消费活动，它与旅游消费者的购买及消费行为有着直接的因果关系。旅游消费者需要达到一定的强度就会激发其购买动机，购买动机直接导致其购买和消费行为，而行为一旦成功就满足了需要，则动机过程随即结束，同时新的需要又产生，如此循环往复，如图 4.2 所示。

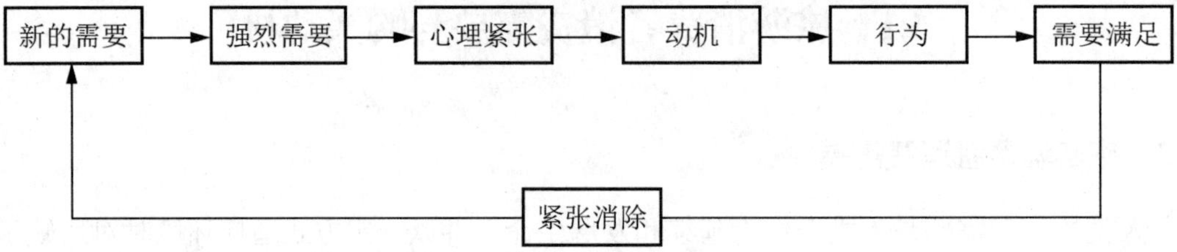

图 4.2　动机的产生过程

4.1.3　购买动机对购买行为的影响

旅游消费者的购买动机与旅游消费者的需要一样，也是复杂多样的。选择团队旅游的消费者一般是为了追求低廉的价格；选择邮轮旅游的消费者通常收入颇丰，社会地位较高，以显示其成就感；选择度假旅游的消费者可能是为了追求更加安静、较少打扰的休息和放松环境。购买动机是旅游消费者购买行为的直接原因，它对购买行为的影响主要表现在以下 5 个方面：

1. 驱动购买行为

购买动机是旅游消费者购买行为的根本动力，它具有引发旅游消费者购买行为的作用。旅游消费者购买行为受其购买动机的驱使。

2. 引导购买行为

购买动机能为购买行为指出一定的消费方向，使旅游消费者的购买行为具有一定的方向和目标，并且促使旅游消费者在购买动机的冲突中做出选择。

3. 实现购买行为

购买行为的实现需要一定的时间过程。在这个过程中，购买动机可以贯穿于某一具体购买行为的始末，不断激励旅游消费者，直至购买行为得以实现，购买动机得到满足。

4. 强化购买行为

由某种购买动机引发的购买行为结果可以加强或减弱该行为的再生可能性。满足购买动机的结果如能保持和巩固购买行为叫作正强化；如减弱或消退购买行为，叫作负强化。

5. 中止购买行为

当某种购买动机得到满意的结果，旅游消费者便会中止有关购买行为。但在通常情况下，一个购买动机被满足之后，新的购买动机又会产生，从而引发新的购买行为。

4.2　旅游消费者购买行为分析

旅游消费者购买行为(Purchasing Behavior)是指旅游消费者受到外界刺激之后，在旅游动机的支配下，为满足较高层次的心理需要而选择购买旅游产品的活动。

4.2.1　购买行为的类型与特点

旅游消费者购买行为多样而复杂，不仅在不同旅游消费者之间其购买行为存在着差异，而且同一个旅游消费者在不同条件下其购买行为也存在着差异。面对各种类型的旅游消费者和潜在旅游消费者，了解旅游消费者类型的划分以及各类型旅游消费者的购买行为特点，有助于旅游企业合理进行市场营销与提供优质的服务。按照不同的标准，可对旅游消费者的购买行为进行分类，具体的类型与特点详见表 4-1。

表 4-1 旅游消费者购买行为的类型与特点

划分依据	行为类型	行为特点
旅游购买者购买目标的确定程度与决策行为	全确定型	购买发生前已有目标和要求，不会花太多时间选择
	半确定型	有意向的目标要求不明确，对消费对象认知不足，犹豫购买
	不确定型	购买与否是随意不确定的
旅游消费者在购买现场的情感反应	沉着型	购买时寡言少语，情感不外露，态度持重，对与产品和服务无关的话题或事物没有兴趣
	温和型	购买时尊重市场营销人员的介绍和建议，注重服务质量
	反抗型	购买时警觉、敏感，不接受他人建议，不信任市场营销人员的推荐和介绍
	激动型	购买时言语和表情傲气十足，挑剔产品品质和服务质量，对其不满时易怒
	活泼型	购买时主动与市场营销人员或其他旅游消费者交流，话题宽泛、健谈
旅游消费者性格特点	习惯型	凭借消费经验，信任消费对象，有固定消费习惯和偏好
	理智型	善于观察、分析和比较，鉴别能力强，购买行为谨慎、理智，不易受他人和广告宣传影响
	经济型	注重性价比，收支计划性强，购买过程中保持着高度自主性
	冲动型	个性心理反应强烈，情绪变化快，购买行为无计划性，易受他人评价、广告宣传和推销活动等因素影响
	想象型(感情型)	想象力丰富，审美感觉灵敏，购买行为易受情感或宣传因素影响
	不定型	购买行为随意，无主见，易受他人和环境影响
	疑虑型	观察细致，优柔寡断，犹豫购买，购后仍不放心
旅游消费者购买行为的复杂程度	复杂的购买行为	购买代价和风险决定了旅游消费者对购买行为的重视程度，从而决定旅游消费者是否会经历复杂的购买决策过程中的所有环节
	减少失调的购买行为	当旅游消费者因某种原因对其先前的购买行为感到不满或后悔时，会采取一系列的查询、征询行动，以证明其购买决策的正确性，从而弥补和修复其失调心理
	寻求变化的购买行为	当旅游消费者对其购买行为重视程度低，且选择余地大时，其品牌忠诚度低，依赖性弱

4.2.2 影响旅游消费者购买行为的因素

1. 旅游消费者的购买行为模式

要了解影响旅游消费者购买行为的因素，可以从认识心理学的“刺激-反应”模式开始，因为任何旅游消费者的购买决策都是在一定的内在因素的促动和外在因素的激励之下形成的。市场营销和环境因素的刺激进入了消费的意识，融入了旅游消费者的个性特征，通过旅游消费者不同的决策方式，最终形成一定的购买决定。所以，旅游市场营销人员需要了解在外部刺激和购买决策之间，旅游消费者的意识发生了怎样的变化，研究其如何做出将自己可以支配的有限资源用于相关消费对象上的决策。在“刺激-反应”模式的基础上，可以建立旅游消费者的购买行为模式，如图 4.3 所示。

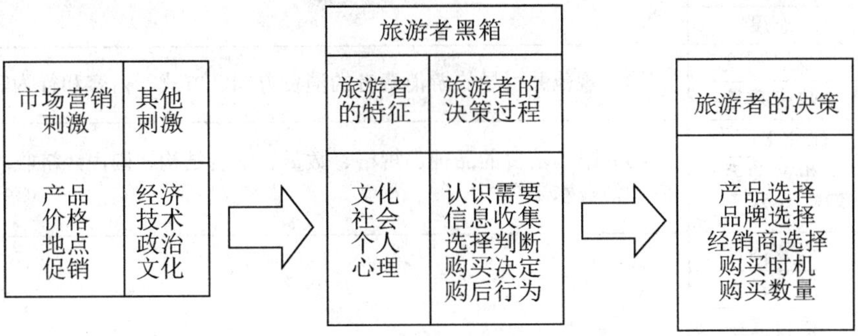

图 4.3　旅游消费者的购买行为模式

旅游消费者购买行为模式反映出，具有一定潜在需要的旅游消费者在受到企业的市场营销活动刺激和各种外部环境因素的影响下产生了购买意向，但旅游消费者在对外界各种刺激和影响做出反应时，会因其特定的内在因素和决策方式有所差异，从而形成不同的购买意向和购买行为。在这一模式中，市场营销和其他因素的刺激以及旅游消费者最后的决策是可见的，但其购买决策和回应刺激的过程却是难以捕捉的，这就是心理学上所谓的“黑箱”效应。要研究旅游消费者的购买行为就不得不揭开“黑箱”的面纱，剖析旅游消费者的购买决策过程和影响其购买行为的各种因素。

2. 旅游消费者购买行为的影响因素

影响旅游消费者购买行为的因素可以分为两大类：一类是内部因素，即个人和心理因素；另一类是外部因素，即政治、经济、文化、社会和市场营销因素。为了更好地研究旅游消费者的购买行为，旅游市场营销人员有必要了解各种因素所涵盖的范围和具体内容及其对购买行为的主要影响。旅游消费者购买行为的影响因素详见表 4-2。

表 4-2　旅游消费者购买行为的影响因素

因素分类		具体变数	主 要 影 响
内部	个人	收入	制约且影响旅游消费者的消费层次、品位、经费支出、时间与精力的投入以及消费倾向、技巧、能力和购买内容等
		性别	
		年龄	
		受教育水平	
		职业	
		个性	
		生活方式	

续表

因素分类		具体变数	主 要 影 响
内部	心理	动机	影响旅游消费者的辨别能力、消费倾向、购买欲望、情感倾向、行为模式和消费经验等
		认知	
		学习	
		信念	
		态度	
外部	政治	政治制度	制约、规范并引导旅游消费者的消费方向、方式、内容和行为等
		政府政策	
	经济	社会生产力	制约并影响消费的品种、规格、数量、消费结构、国民经济收入、收入来源和消费水平等
		生产关系	
		物价	
	文化	宗教信仰	影响旅游消费者的消费观念、行为习惯、审美标准、兴趣喜好，以及对是非优劣的评判原则和标准等
		风俗习惯	
		语言文字	
		道德传统	
		价值体系	
		文学艺术	
		体育运动	
	社会	社会阶层	影响着市场的划分和旅游消费者的消费观念、态度、行为方式、生活方式、购买决策，以及是非评价的参考对象和标准等
		社会组织	
		参考群体	
		家庭	
		角色地位	
	市场营销	产品或服务	影响市场和消费环境，唤醒旅游消费者的潜在需要，强化刺激消费需求，激励购买并引导消费
		价格	
		渠道	
		促销	
		广告	

4.3 旅游消费者购买决策分析

旅游消费是一种非日常性的高层次消费，旅游消费者在购买活动中表现出较为复杂的购买决策分析过程。

4.3.1 旅游消费者购买决策的内容

旅游消费者购买决策的内容因旅游消费者个体、所处环境以及相关条件因素的不同而有所差异，但大部分旅游消费者在做购买决策的过程中都离不开6个方面的内容，即5W1H，如图4.4所示。

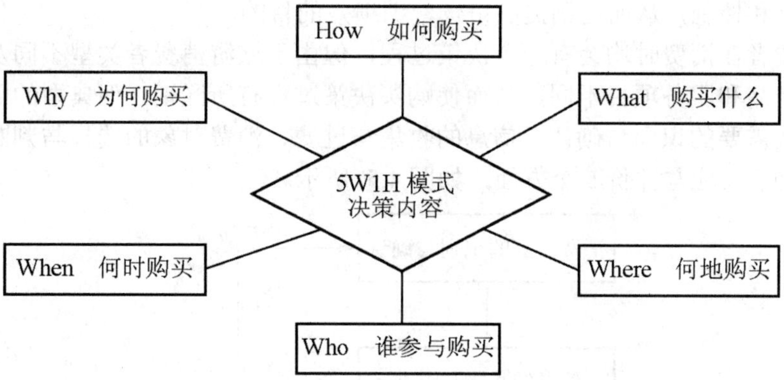

图 4.4　购买决策的内容

1. 为何购买

识别了消费需要以后，旅游消费者会确认购买背后的动机即购买的理由。

2. 购买什么

购买动机具有引导购买行为的作用，能为购买行为指出一定的消费方向，帮助旅游消费者确定购买的目标和对象。

3. 何地购买

在确认了购买目标和对象之后，旅游消费者将选择和确定能够提供满足其消费需要的消费地点和场所。

4. 何时购买

购买时间或时机的差异受旅游消费者自身条件(如购买能力、健康状况等因素)的制约，同时还受价格、气候、交通状况等各种外在因素的影响。

5. 谁参与购买

旅游消费者的购买决策受其决策过程中的扮演着不同角色的参与者的影响。

6. 如何购买

随着科学技术的发展和消费理念的转变，旅游消费者的购买方式呈现出多样化的趋势，网购、电购、代购，使用现金、支票、刷卡等各类购买方式层出不穷。

4.3.2　旅游消费者购买决策的过程

旅游消费者的购买行为由一系列心理活动和行为环节组成，购买行为既来源于系统的购买决策过程，又受到内外部多种因素的影响。旅游消费者的购买行为复杂多样，旅游市场营销人员可以通过研究旅游消费者的购买决策过程了解其消费心理活动与购买行为，并对其加以影响和控制，从而达到提高市场营销绩效的目的。

旅游消费者在消费时均会有一个决策过程，但由于旅游消费者类型不同及其所选择的旅游类型、产品和服务项目不同，从而使购买决策过程有所区别。但典型的购买决策过程一般包括消费需要的识别与确认、信息的收集与过滤、消费对象的选择与判断、购买决定与评价以及购后反应与评价5个方面，如图4.5所示。

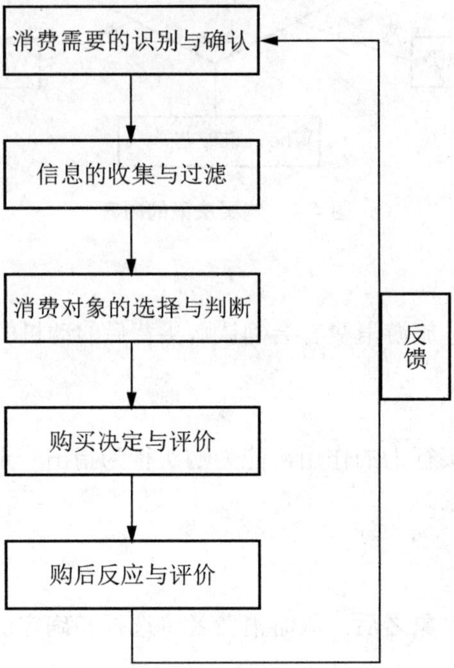

图4.5 购买决策过程

1. 消费需要的识别与确认

旅游消费者因在生理或心理上出现某种缺乏状态，且令其不适时，便产生了消除不适状态的需要，而消除不适状态具体需要什么样的产品和服务则需要旅游消费者进行认识和确认。所以，消费需要的识别与确认是旅游消费者购买决策的起点。

2. 信息的收集与过滤

当旅游消费者认识到某种需要，并确立了满足需要的购买目标后，就开始着手了解和收集各种有关信息。在掌握了一定数量的信息资料后，旅游消费者便开始对这些信息资料进行过滤和筛选，并保留最有价值的供自己参考。旅游消费者一般会通过多种途径去获取所需信息。获取信息的途径见表4-3。

表4-3 获取信息的途径

途　径	信 息 来 源
通过人际关系	家庭、亲友、邻居、同事、熟人等

续表

途　　径	信 息 来 源
通过商业活动	广告、市场营销活动、展会等
通过公共信息	大众传播媒体、旅游消费者评价机构等
通过自身经验	消费经验与经历

3. 消费对象的选择与判断

旅游消费者通过各种途径获取所需信息，在对信息进行筛选过后会仔细分析剩余的、具有一定参考价值的信息资料。这个分析的过程就是旅游消费者对消费对象进行选择和判断的过程。

4. 购买决定与评价

旅游消费者在对消费对象进行选择和判断过后，便可从中选择最适合自己的产品和服务，进而实施购买行为。需要注意的是，购买决定与实际购买行为是有区别的，在旅游消费者即将采取购买行动时，很有可能会受某种突发因素的影响而改变其购买意图。导致旅游消费者突然改变购买决定的主要因素通常有两个，即他人的态度和意外情况。当出现上述状况时，旅游消费者可能会放弃或改变其购买决定。同时，旅游消费者也可能会对其先前的购买决定加以评价，诸如惋惜、庆幸等。

5. 购后反应与评价

当旅游消费者采取了实际的购买行动之后，便与其选择的消费对象有了最为直接的接触和最为直观的认识，从而产生各种因消费体验带来的感受。此时，旅游消费者会根据自身的感受和期望对消费对象进行评价。而在加入他人的评价之后，旅游消费者会对其购买行为产生最终的、某种程度的满意或不满意感受。

4.3.3　旅游消费购买决策的参与者

尽管购买决策可以由单一的消费个体自行完成，但通常情况下旅游消费者的购买决策会有其他人的参与，并受他人意见和建议的影响。因此，了解哪些人参与了购买决策，以及他们各自在购买决策过程中扮演怎样的角色，对旅游企业的市场营销活动非常重要。购买决策的参与者见表 4-4。

表 4-4　购买决策的参与者

参与者角色	角 色 内 容
发起者	购买行为的建议人，即首先提出购买某种产品和服务的人
影响者	其意见与建议对发起者的提议或最终决策具有直接或间接影响的人
决定者	对是否购买和购买的内容、方式、时间、地点、数量等进行最终或主要决策的人
购买者	执行购买任务的人
使用者	产品或服务的直接使用人

需要注意的是，购买决策的参与者在不同的购买决策过程中扮演着不同的角色。然而，购买行为的复杂性和多样性可能导致购买决策的参与者在一个购买决策过程中同时扮演着几种不同的角色。如执行购买任务的人既是购买者，又可能是发起者和决定者，但不一定是影响者和使用者。

例如，某企业的销售经理知道某位大客户非常喜欢去某旅游度假村度假，于是他以对方的名义购买了该旅游度假村的贵宾卡，并将其赠送给那位客户以增进感情。在这样一个购买决策过程中，这位销售经理是购买者，而且他决定了购买的内容、时间和地点等关键因素，所以他也是决定者。购买贵宾卡的主意是他自己想到的，所以他还是购买决策的发起者。但是，这个贵宾卡是以对方名义购买且被其当作礼物赠予了对方，所以他并不是贵宾卡的使用者。之所以说他不是影响者，是因为其购买决定是为了迎合客户的喜好，客户的偏爱直接影响了他的最终购买决策。所以，购买决策的影响者应该是那位客户。

4.4 组织机构消费者购买行为

4.4.1 组织机构消费者定义

组织机构消费者的消费目的、性质和规模与零散旅游消费者有所不同。组织机构消费者是通过投入资金或提供等价劳务的形式获取产品、劳务、经营场地等需求要素并加以利用，以便生产其他产品或服务以供销售、出租或供应给他人的各类正式组织或投资者。

组织机构消费者类型的划分方式很多，如果按照用户的购买目的和行为性质划分，可以将组织机构消费者划分为营利型和非营利型。

1. 营利型组织机构消费者

此类用户的购买行为带有经营性质，其最终目的是为了通过获取旅游企业提供的资源并加以利用，从而获取某种经济价值和利益。如长期租赁旅游景区物业作为其经营场地的企业；承包经营旅游企业内餐厅、酒吧等部门的投资者；购买旅游企业产品和服务使用权，并对外加以销售以赚取差价的旅游经销商；通过为旅游企业提供宣传和销售等形式的服务，以换取旅游企业资源的优先和优惠使用权，从而满足其自身经营需要的旅行社等。

2. 非营利型组织机构消费者

非营利型组织机构消费者的购买行为不具有经营性质，其最终目的不是为了生产经营和获取经济价值与利益，而是为了满足组织内部的各种非经营性活动需要，购买旅游产品或服务使用权。此类用户的范围很广，既包括以营利为目的组建的各类组织机构，如各种公司和企业等，也包括各种非营利性的组织和团体，如政府机构、机关单位、公立的学校和医院等。此类用户可能会购买旅游企业的产品以满足其福利活动需要。此外，该用户群还可能会为了增进其内部成员或与其他组织和群体间的业务交流、情感沟通等，而选择在旅游企业聚会、举办各类联欢联谊活动以及购买旅游产品或服务作为礼物赠予他人。

4.4.2 组织机构消费者的购买行为特点

组织机构消费者的购买行为不同于零散旅游消费者的购买行为，与之相比，前者的购买行为更加复杂。总结起来，组织机构消费者的购买行为有以下几个特点。

1. 购买规模大

组织机构消费者的需求时间周期较长，用户在购买时对资金、人力和物力的投入较大，其所购产品或服务的受众人数也较多。这些要素决定了其购买规模要远远大于个人或家庭旅游消费者。

2. 购买决策复杂

由于购买规模大、影响面广，组织机构消费者的购买行为涉及更大的成本投入和更为复杂的技术质量要求等，通常需要花费更多的时间，投入更多的精力来考察消费对象，并反复论证其购买决策。此外，组织机构消费者购买的过程也比零散旅游消费者更为正式和规范。

3. 购买者专业化

与个人和家庭旅游消费者不同，组织机构消费者的购买通常是由专业人员完成。此类人员可能是组织内部专门负责采购或外联的人员，也可能是有着相当丰富的消费经验或具有相关知识背景，且议价和谈判能力较强的人员。

4. 供求双方关系紧密

受购买规模的影响，供求双方通常会就已达成一致的购买形式、内容、价格、期限等签订正式的书面协议或合同，以便保障和维护双方自身的利益。此外，组织机构消费者通常希望与旅游企业达成长期稳定的供求关系，以便获得更大的价格优惠、完善的服务、产品质量保证以及其他便利条件。另一方面，旅游企业为维持稳定的客源，解决长期收入来源，也愿意为各类组织机构消费者提供更加便利、优惠的高质量产品和服务。由此可见，供求双方并不仅仅停留在简单的买卖关系层面上，而是一种更为密切的、互惠互利的合作关系。

4.4.3 组织机构消费者的购买行为类型

按照购买决策过程的复杂程度划分，组织机构消费者的购买行为类型主要有三种：新购、修正重购和直接重购。

1. 新购

新购是指组织机构消费者首次购买旅游产品或服务的购买行为。由于是初次购买，旅游消费者对旅游企业的服务水平、硬件设施和产品质量等没有十足的把握，因此在购买决策前，旅游消费者会从各种渠道收集相关信息甚至是实地考察。此外，新购的成本投入越大，其购买的风险就越大，其购买决策的参与者就可能会越多。所以，新购通常是购买行为中最复杂和最困难的一种。

2. 修正重购

修正重购是指组织机构消费者希望改变其购买内容、价格、形式和数量等购买要素，从而需要调整其购买方案的购买行为。此类购买行为具有一定的复杂性和突然性，对备选供应者提出了很大的挑战。

3. 直接重购

直接重购是指组织机构消费者按惯例进行购买的购买行为。相比新购和修正重购而言，旅游消费者无须寻找新的供应者、收集相关信息或调整购买方案，且参与购买决策的人员范围较小、数量也较少。因此，此类购买行为是三种购买行为中最为简单的一种。

旅游市场营销人员在面对不同购买行为类型的组织机构消费者时，其市场营销方式和方法也要做出相应的调整。

4.4.4 组织机构消费者的购买过程

组织机构消费者的购买过程可以被分解成几个阶段，尽管受组织的规模、性质以及购买的目的、内容、数量和购买类型等多种因素的影响，各类组织机构的购买过程会有所不同，但在分解组织机构消费者的购买过程时，可以参考美国学者罗宾逊(Robinson)和其同事共同提出的“购买过程的 8 个阶段”理论。这 8 个阶段包括识别需要、确定总需要、产品规格说明、寻找供应商、征求供应信息、选择供应商、签约订单和履约评价。此外，在该理论的基础之上，美国学者菲利普 • 科特勒(Philip Kotler)和凯文 • 莱恩 • 凯勒(Kevin Lane Keller)在他们合著的《市场营销管理》(*Marketing Management*)一书中提出了“Buygrid Framework”，即购买方格结构理论。该结构将组织购买的主要类型和组织购买的 8 个阶段结合在了一起，并显示出购买过程的 8 个阶段并非适用于所有购买类型。新购通常需要经过完整的 8 个阶段。对修正重购而言，也许说明修正后的产品规格与最终的绩效评估才是组织最为关心的，也是必经阶段，而其他阶段可能需要经过也可能不需要。直接重购则无须经过前面 7 个阶段，组织机构消费者只需对此次购买行为做出绩效评估。购买方格结构理论分析见表 4-5。

表 4-5 购买方格结构理论分析表

购 买 阶 段	购 买 类 型		
	新购	修正重购	直接重购
1. 问题的提出	需要	可能需要	不需要
2. 确定总需要	需要	可能需要	不需要
3. 产品规格说明	需要	需要	不需要
4. 寻找供应商	需要	可能需要	不需要
5. 征求供应方案	需要	可能需要	不需要
6. 选择供应商	需要	可能需要	不需要
7. 签订合约	需要	可能需要	不需要
8. 绩效评估	需要	需要	需要

1. 问题的提出

受到内外部刺激时，组织机构中有人意识到通过获取某种产品和服务能够解决某些问题和满足其需要，购买过程就开始了。

2. 确定总需要

确定总需要是指组织机构消费者初步确定所需产品和服务的种类与数量，以便估算其需要总量。

3. 产品规格说明

产品规格说明是指由买方专门人员对购买内容进行详细的说明，为执行购买任务的人员提供参考。

4. 寻找供应商

寻找供应商是指组织机构消费者通过各种渠道和途径，物色符合其要求的产品或服务供应者。

5. 征求供应方案

征求供应方案是指组织机构消费者要求备选供应者提供详细的购买建议书，以便其进行对比参考。

6. 选择供应商

在收到各备选供应者提供的供应方案后，组织机构消费者将根据方案评估的结果，选择符合其要求、令其满意的供应者。

7. 签订合约

签订合约是指组织机构消费者与选定的供应者就产品或服务的具体内容、安全保障、质量保证、购买价格、付款方式等进行谈判，并在双方意见达成一致后签订合约。

8. 绩效评估

绩效评估是指组织机构消费者评估供应者的合约履行情况以及其自身购买行为所产生的效用等。

4.4.5　组织机构消费者购买行为的影响因素

1. 购买决策的参与者

与零散旅游消费者购买决策参与者不同的是，组织机构消费者的购买行为属于专业性购买，其购买决策通常是由组织内部的“采购中心”来完成，而处于决策中心的人员发挥其不同的作用，从而对购买行为产生不同的影响。旅游企业市场营销人员有必要了解组织机构消费者中购买决策参与者的身份及其在决策中所扮演的角色和发挥的作用，从而有针对性地开展市场营销公关活动。组织机构购买决策的参与者介绍见表4-6。

表 4-6　组织机构购买决策的参与者

参与者身份	参与者角色	参与者作用
部分或全体组织成员	使用者	具体使用所购产品和服务
外部咨询机构或内部专业技术人员	影响者	在组织内部或外部直接或间接影响购买决策
采购员或管理人员	采购者	具体执行购买决定
管理人员	决定者	决定或批准购买计划
采购旅游代理商、内部专业技术人员或办公室工作人员	信息控制者	在组织内部或外部控制组织与外界进行相关信息沟通

2. 影响组织机构消费者购买行为的主要因素

同零散旅游消费者购买行为一样，组织机构消费者的购买行为也同样受到内外部各种因素的影响，通常可以把影响组织机构消费者购买行为的主要因素归为4类：环境因素、组织因素、人际因素和个人因素(如图4.6所示)。

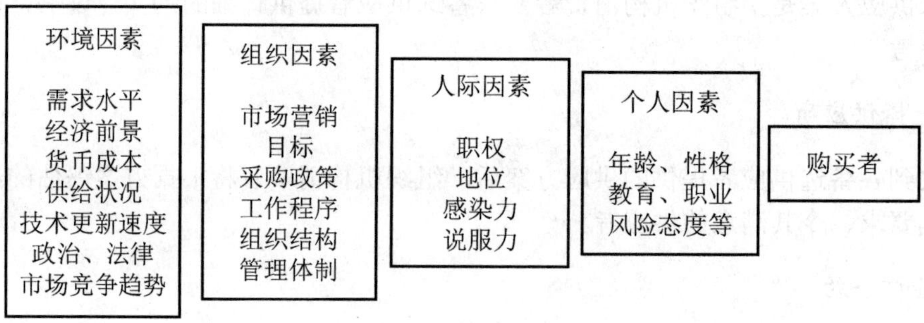

图 4.6　影响组织机构消费者购买行为的主要因素

1) 环境因素

环境因素是指影响组织机构消费者制订和实施购买计划的一切外部因素，主要包括政治、法律、经济、文化、技术、竞争和自然环境等。

2) 组织因素

组织因素是指组织机构消费者内部的各种因素，主要包括组织的目标、政策、业务流程、组织结构和制度等。这些因素从组织内部的利益、营运和发展战略等方面影响其购买行为。

3) 人际因素

人际因素是指组织内部的人际关系。组织机构消费者的购买决策过程复杂，处于决策中心地位的人员相互关联且互相影响，因其在企业中的地位、职权、志趣、说服力及他们之间相互关系的不同而对购买决策和行为产生不同程度的影响。

4) 个人因素

个人因素是指购买参与者的个人的动机、感知、偏好以及购买习惯和风格等，这些因素又受制于参与者本人的年龄、收入、受教育程度、性格、职业认同感以及对待风险的态度等。因此，个人因素必然会影响各个参与者对消费对象或供应者的感知、认知、态度和评价，从而影响购买决策和购买行动。

【本章小结】

旅游消费者购买动机直接驱动着旅游消费者进行购买和消费活动，它与旅游消费者的购买及消费行为有着直接的因果关系。它能驱动购买行为、引导购买行为、实现购买行为、强化购买行为或者中止购买行为。影响旅游消费者购买行为的因素有：内部的个人和心理因素，外部的政治、经济、文化、社会和市场营销因素。

旅游消费是一种非日常性的高层次消费，旅游消费者在购买活动中表现出较为复杂的购买决策分析过程。旅游消费者购买决策过程一般包括消费需要的识别与确认、信息的收集与过滤、消费对象的选择与判断、购买决定与评价以及购后反应与评价 5 个方面。购买决策的的内容包括 5W1H，即为何购买，购买什么，何地购买，何时购买，谁参与购买，如何购买。

组织机构消费者可划分为营利型组织机构消费者、非营利型组织机构消费者。组织机构消费者的购买行为有购买规模大、购买决策复杂、购买者专业化、供求双方关系紧密等特点。组织机构消费者的购买行为主要有新购、修正重购和直接重购三种类型。组织机构消费者的购买通常需要经过问题的提出、确定总需要、产品规格说明、寻找供应商、征求供应方案、选择供应商、签订合约、绩效评估 8 个阶段。直接重购则无须经过前面 7 个阶段，组织机构消费者只需对此次购买行为做出绩效评估。组织机构消费者购买行为的影响因素包括环境因素、组织因素、人际因素、个人因素。

【习　题】

一、填空题

1. 无论旅游消费者最终购买什么样的产品或选择什么样的服务，其目标只有一个，即__________。

2. 影响旅游消费者购买行为的因素可以分为两大类，一类是__________，即个人和心理因素；另一类是__________，即政治、经济、文化、社会和市场营销因素。

3．按照用户的购买目的和行为性质划分，可以将组织机构消费者划分为__________和__________。

二、选择题

1. (　　)是引起个体活动，维持并促使活动朝向某一目标进行的内部动力。

A. 需要　　B. 倾向　　C. 动机　　D. 意志

2. 购买决策的(　　)是购买行为的建议人，即首先提出购买某种产品和服务的人。

A. 影响者　　B. 决定者　　C. 购买者　　D. 发起者

3. (　　)影响旅游消费者的辨别能力、消费倾向、购买欲望、情感倾向、行为模式和消费经验等。

A. 个人因素　　B. 社会因素　　C. 心理因素　　D. 文化因素

4. 影响组织机构消费者购买行为的(　　)是指组织机构消费者内部的各种因素，主要包括组织的目标、政策、业务流程、组织结构和制度等。

A. 组织因素　　B. 个人因素　　C. 环境因素　　D. 人际因素

5. (　　)是指组织机构消费者希望改变其购买内容、价格、形式和数量等购买要素，从而需要调整其购买方案的购买行为。

A. 新购　　B. 修正重购　　C. 直接重购　　D. 停购

三、名词解释

1. 购买动机
2. “黑箱”效应
3. 旅游消费者购买行为

四、简答题

1. 简述旅游消费者购买决策过程。
2. 简述购买决策的内容。
3. 简述组织机构消费者的购买过程。

【实际操作训练】

一、实训名称

旅游消费者购买行为分析

二、实训目的

掌握影响旅游消费者购买行为的各种因素及其主要影响。

三、实训步骤

1. 分小组(5～8 人)分工合作完成以下工作：
(1) 收集目标旅游地的相关资料和市场信息；

(2) 结合旅行社的报价，小组商讨购买；

(3) 针对上述购买过程，思考作为旅游企业市场营销人员如何介入整个过程，促进消费者购买；

(4) 对上述思考进行总结，制作成 PPT 课件。

2. 以小组为单位在课堂上进行陈述和答辩。

3. 教师点评。

四、实训评价

根据方案内容、陈述和答辩的情况评价打分，纳入学生实训课考核之中。

延伸阅读

旅游消费者购买行为案例

王先生：35 岁，重庆某船运公司部门经理，月薪 4000 元，从小在北方长大。

王太太：32 岁，某中学历史老师，月薪 1800 元，在重庆长大。

儿子：8 岁，上小学二年级。

爷爷：60 岁，爱好书画，参加过中越战争。

一个周末的夜晚，王先生一家在客厅里看电视，王先生拿着遥控器毫无目的地按动着，寻找着好看的电视节目，儿子安安静静坐在他旁边，屏幕翻到旅游卫视，电视画面为迪士尼乐园儿童游乐的场景。顿时，儿子大叫了起来："我要去那儿玩，妈妈，我要去那儿玩。"妈妈平静地回答他说："儿子，我跟你说，那是在日本，一个很远很远的地方，怎么去玩啊？"儿子来劲了，大声叫道："不行，不行，我要去日本，我要去那儿玩。"

"行，放假了爸爸带你去玩。"爸爸敷衍道。

10 点钟过后，孩子睡着了。先前儿子大闹的场面还在妻子脑海中浮现。

妻子对丈夫说："你不是每年有一次带薪假期吗？"

"咋啦？"丈夫不解地反问道。

"咱们家房子也买了，儿子现在还小，爸爸有退休工资，日子还算稳定。你看人家老李家，每年都出去玩一次，咱们还是在结婚前出去过几次，现在我们是不是也该出去看看，同时让咱儿子也长长见识？"妻子问道。

"嗯。"丈夫做出了回应，但没有说什么。

"暑假快到了，你看能不能把你的带薪假期移到暑假内，咱们暑假也出去玩一次。"妻子把想说的话说了出来。

"好吧，不过到哪里去玩呢？"丈夫表示赞同。

"这样吧，你查看一些资料，看哪里比较好玩。"妻子对丈夫回答道。

接下来，王先生在平时上班的同时，特别留意了一些旅游消息，偶尔也在网上查一些资料。

王先生开始查了一些国内著名旅游线路的资料，如九寨沟—黄龙、昆明—大理—丽江—香格里拉、丝绸之路等，这些旅游线路对他有相当强的吸引力。他在电视里看过九寨沟的一些画面，那里的水美得可以让人忘记一切；他想去丽江，丽江的水、丽江的桥以及纳西族人安逸祥和的生活方式远离了城市的喧嚣；他还想到丝绸之路去看看，去追寻张骞的足迹，去领略中华古老而灿烂的文化。他想去的地方太多了，王先生一时拿不定主意。他想到了妻子，妻子是中学历史老师，喜欢看人文景区，特别是一些历史遗迹。他想，能不能找到一条自然资源和人文资源并重的旅游线路。

一天，王先生下班回家，看见爷爷和儿子坐在一起，爷爷正给儿子讲越南的一些情况。爷爷参加过中越战争，对越南那边的情况比较熟悉。王先生的思维一下子打开了，他想，他们一家人从来没有到国外去旅游过，为什么不到国外去旅游呢？自己刚升迁不久，原计划打算庆祝一下，但苦于工作忙的缘故，一直抽不出时间。现在自己的工作已经进入了正轨，假期一家人就到国外去旅游吧。

睡觉前，王先生把自己的想法给妻子说了一下，妻子表示赞同丈夫的想法。同时，妻子表达了两点想法：一是对国外的情况不熟悉，不知道能否适应那里的环境，他们都不会英文；二是她听同事说，目前中国已开通了多条出境旅游线路，包括欧洲、日本、韩国、澳大利亚、新马泰等，如果要出国的话，到底该选择哪一条旅游线路呢？

王先生表示他到旅行社去了解一下情况。

王先生去了重庆中国旅行社，接待他的是一位姓李的年轻女士。王先生首先说明了自己的来意，他说他们全家想在这个暑假到国外去旅游，但不知道选择哪条旅游线路比较好。

李小姐首先从总体上给他介绍了一些情况。她说，新马泰这条旅游线路开发时间比较早，现在成熟一些，价格相对便宜，而且这几国的文化背景和中国有相似之处；欧洲旅游线路这两年才得到开发，现在的旅游产品形式是把多个国家捆绑在一起，没有把一个或两个国家作为一条旅游线路的，因此一般说来价格高一些，出游时间也长一些。另外，他们还开通了到韩国、日本、澳大利亚和马尔代夫等的旅游线路。非洲也开通了一些国家，如南非、毛里求斯等，美洲现在主要集中在商务旅游。

王先生思索了一会儿，决定把欧洲游和新马泰旅游作为重点考虑和选择的对象。爷爷一直有反日情绪，平时都不用日货肯定不会去日本；韩国他觉得太小了，没有什么可看的；澳大利亚和我们季节相反，爷爷身体一直不太好，去那里害怕引起他身体的不适。

李小姐给王先生看了欧洲游和新马泰旅游的一些资料。

回到家后，王先生把在旅行社了解的情况和自己的想法给妻子说了一下。妻子把丈夫拿回来的资料看了一下，她特别留意了价格、游览景区和住宿条件。

“我想我们去新马泰吧，欧洲游的价格太贵了，每人 10000 元，快是我一年的工资了。尽管在妻子的心目中，欧洲对她的吸引力更大，她想去看法国的凯旋门、卢浮宫和埃菲尔铁塔，想去看看古罗马的斗兽场，想泛舟在威尼斯的城中，但是，她还是做出了这样的决定。

“好吧！”丈夫勉强地赞同了。

丈夫接着说道：“咱们这是第一次到国外去旅游，先去近的地方吧，近的地方我们比较熟悉，下次我们出去旅游再走远点。这样吧，我查一下新马泰这些国家的一些资料，到时候我们去旅游心里才有底。我有个同学去新马泰玩过，还比较满意。在马来西亚的吉隆坡可以看世界第四高塔——凤梨塔；可以目睹好莱坞影片《偷天陷阱》中的那两幢联体摩天大楼，它们是目前世界上最高的大楼；可以去目前世界最大的海洋公园——巴雅岛玩，咱们的儿子肯定特别喜欢。到新加坡我们到马六甲海峡拍照，让咱们家的历史也在那里凝固，我们还要到著名的圣淘沙岛游玩。在泰国我们领略浓郁的泰国水乡风情，去“东方夏威夷”之称的海滨度假胜地芭堤雅。”

妻子打断了丈夫的话，说：“我听我的同事说到新马泰去旅游如果是报价低的团购物特别多，让人特别扫兴，你再到旅行社去问一下，如果是那样，我们就报标准高一些的团。”

最后，王先生报了一个价格稍高的团。但是爷爷没有去，爷爷说他身体不好，出去怕身体吃不消。

在暑假，他们一家三口度过了一次愉快的旅行。

延伸思考：

1. 哪些因素影响了王先生一家对旅游产品的选择和购买？是怎么影响的？

2. 案例中，哪些是主要影响因素？哪些是次要影响因素？

3. 如果你是李女士，试说服王先生去欧洲旅游。

第5章 旅游目标市场策略

学习目标

- 掌握旅游市场细分的概念、作用及其标准;
- 熟悉旅游目标市场选择的原则、策略及影响因素;
- 熟悉旅游市场定位的作用、过程;
- 能够运用旅游市场定位方法和策略。

导入案例

细分酒店，“小荷才露尖尖角”

2014 年，对我国许多高星级酒店而言，是一个黯淡忧愁之年，但对一些勇于创新的酒店来说，却是一个大展拳脚之年。一些市场目标清晰、设计有特色、服务有卖点的新型细分酒店，犹如一阵新风，吹皱了略显沉闷的一池春水，向业界和投资者崭露了生机勃勃的“小荷之角”。

1. 社区风：迈家

大大的“M”，是去年冒起的迈家社区酒店的徽标，其首席运营官陈刚，在酒店业摸爬滚打 20 年，眼见酒店同质化现象日趋严重，便与朋友共同创建了“迈家”酒店投资管理公司。他们响亮地提出了“不做经典做绝对，不做传统做新锐”的口号，立志运用互联网思维为 18—35 岁的年轻群体打造一个社区“基站”式酒店。

在陈刚眼中，一个面向年轻群体的社区酒店，需要具备下列要素：第一，价格便宜，百来元就有得住；第二，床和枕头要好，因此，迈家的卧具均按五星级标准配备，床宽 1.8 到 2 米；第三，淋浴设施要先进，迈家一律配置品牌整体浴室；第四，上网要快，迈家一律 100 兆光纤入室；第五，配置社交空间，建设色彩斑斓的“迈家客厅”，提供免费咖啡，方便客人交友和商务会谈；第六，方圆 3 公里的社区商家都是住客的供应商，要什么有什么，只要上到迈家主页或 APP，手指戳戳就可搞定。

“迈家对酒店原有的要素做了加减法，一些不太需要的功能做了弱化处理，而青年群体很看重的要素进行了强化。作为社区酒店，迈家要做的是平台，让住店客和酒店四周所有供应商和服务商进行对接，做成集成基站。”陈刚对《中国旅游报》记者表示。

与会一些专家对迈家的百元卖价和成本之间是否能保持平衡持怀疑态度。对此，陈刚表示，迈家打算客房收入只占到 70%，其他服务收入 30%，未来后者的收入应该更高。“做互联网生意，关键是人气。”陈刚说。

在陈刚的眼中，迈家要做的是资源集成、客户集成、产品集成，功夫在住宿产品之外。周遭的娱乐场所、理发洗浴、景区、超市、旅游纪念品商店等，都是住店客可能光顾的场所，也是社区酒店的“大金矿”。只要客人愿意到哪里消费，迈家的盈利点就在哪里。

“我们未来要发出有打折功能的迈家会员卡，全国这么多迈家会员去重复消费，商家不欢迎才怪。”

据悉，迈家去年开出了 3 家店，今年将达到 10 家。

2. 历史风：哲人酒店

哲人酒店管理集团的首席运营官徐期宏，是一个 30 岁出头的小伙。他带着不同类型酒店的经历与思考，与人合伙在沈阳成立了一个名字带点哲学神秘的酒店企业——哲人酒店管理公司，并打出“哲人无忧、智者所选”的旗号，希望在多维融合中，缔造出独树一帜，融艺术、文化与时尚于一体的主题酒店。

徐期宏的理想之一，是为一批热衷中国传统思想文化的“哲人”提供一个修身反省的空间。“哲人精品酒店，沿袭博大精深的国学文化，传承历代精品国粹，融合现代流行审美趋势，将精心打造出唐、宋、元、明、清、民国至现代等不同风格、有历史脉络的中国文化艺术系列标杆酒店。”“目前已经开出两家门店，分别是宋朝和清朝的风格设计。”徐期宏所指的屏幕上的设计图片，的确让人耳目一新。

徐期宏表示，哲人酒店目前设计了三个品牌系列，分别是面向年轻时尚旅游群体的“棠枫艺术酒店”“哲人精品酒店”和“棠荷·雅舍”。据悉，他们今年 5 月将在云南丽江推出“棠荷·雅舍”的旗舰店，主打“解构西方文化艺术和交融现代互联网基因”的新古典主义酒店，很让人期待。

3. 文创风：隐居世界

浙江隐居集团副总裁杨诗兵在演讲中开宗明义：“隐居不是做酒店的公司，而是做文创文旅的运营服务商，是以酒店为载体，以生活方式为本。”

作为一家备受风投关注的新型度假酒店公司，隐居世界每开到一个地方，就会引发当地舆论的关注。

事实上，在商品经济发达、工作和生活节奏日益加快的当下，不少人希望能在休闲度假时返璞归真、放空自己。因此，隐居就推出了满足这种需求的新型休闲度假方式。

例如，“隐居西湖”是这么招徕客人的：“大隐隐于市，小隐隐于野。在喧嚣的都市生活让大家疲惫不堪的时候，隐居便是我们最好的逃脱方法。隐居西湖可以为您提供最贴心的休闲假日时光，让您感受一次文人雅士的生活方式，进行一次心灵放逐三体的情感体验。”

杨诗兵说，隐居酒店的目标与客户非常明确，是“四高二有”：即高标准、高素质、高声望、高收入，与有品位和有情怀的消费人群。这些年来，隐居一直坚持在酒店中打造四大板块，即精品服务、养生食疗、生活美学和养生医疗板块。“在体验经济下，我们建立了感动体系，想打造出一种符合中国人消费习惯的全新度假生活方式。因此，我们选址和建造都很讲究，其中一条，就是推开窗，一定要有风景。”杨诗兵表示。

案例思考：

结合案例分析旅游企业应该如何选择目标市场。

5.1　旅游市场细分

旅游市场细分(Segmentation)指旅游企业根据一种或几种因素把一个整体市场分成若干个具有一个或几个相似特征的亚市场，从而确定目标市场的活动过程。

5.1.1　旅游市场细分的作用

(1) 市场细分有利于旅游企业制定和调整市场营销战略。市场细分是旅游企业制定市场营销战略的关键环节。市场营销战略包括选定目标市场和决定适当的市场营销组合两个基本观念。在实际应用上，有两种途径：一是从市场细分到市场营销组合，即先将一个异质市场细分为若干个“子市场”，然后从若干子市场中选定目标市场，采取与企业内部条件和外部环境相适应的目标市场策略，并针对目标市场设计有效的市场营销组合；二是从市场营销组合到市场细分，即在建立了市场营销组合后，对产品组合、分销、促销及价格等作出多种安排，将产品投入市场试销，再依据市场反馈的信息，研究消费者对不同市场营销组合的反应有何差异，进行市场细分，选定目标市场，最后按照目标市场的需求特点，调整市场营销组合。

(2) 有利于旅游企业识别和发掘市场机会、开发新产品、开拓新市场。市场营销机会是已出现于市场但尚未加以满足的需求。这种需求往往是潜在的，一般不易发现。运用市场细分的手段便于发现这类需求，并从中寻找适合本企业开发的需求，从而抓住市场机会，使企业赢得市场主动权。

(3) 有利于旅游企业制定灵活的竞争策略。在企业之间竞争日益激烈的情况下，通过市场细分，有利于发现目标消费者群的需求特性，进行准确的市场定位和制定灵活的竞争策略。

(4) 有利于满足消费者需求、有效地拓展新市场、扩大市场占有率。企业对市场的占有不是轻易就能拓展开来的，必须从小到大逐步拓展。通过市场细分，企业可先选择最适合自己占领的某些子市场作为目标市场。当占领这些子市场后再逐渐向外推进、拓展，从而扩大市场占有率。

(5) 有利于旅游企业优化资源配置和取得良好的经济效益。每一个企业的市场营销能力对于整体市场来说，都是有限的。所以，企业必须将整体市场细分，确定自己的目标市场，优化自身的资源配置，把优势集中到目标市场上。否则，企业就会丧失优势，从而在激烈的市场竞争中遭受失败。特别是有些小企业，更应该注意利用市场细分原理，选择自己的市场。

5.1.2 旅游市场细分的原则

市场细分的最终目的是使旅游企业现有的生产能力、产品供应特征能够最大限度地满足消费者的需求。因此，有效的细分市场必须符合以下原则：

1. 可测量原则

各细分市场的需求特征、购买行为等要能被明显地区分开来，并且各细分市场的规模、购买力和基本情况是可以测量的。要做到这一点，就要保证所选择的细分标准清楚明确，能被定量地测定，这样才能确定划分各细分市场的界限。另外，所选择的标准要与旅游消费者的某种或某些旅游购买行为有必然的联系，这样才能使各细分市场的特征明显，且范围比较清晰。

2. 可赢利原则

细分出的市场在消费者人数和购买力上足以保证企业取得良好的经济效益。首先必须保证细分市场的规模足够大，值得企业设计专门的市场营销策略去占领。其次，细分市场必须具有相对稳定性，也就是说，不仅要保证企业的短期利润，还必须有一定的发展潜力，保持较长时期的经济效益，从而不断提高企业竞争能力。

3. 可进入原则

经过细分后所确定的目标市场要能使旅游产品有条件进入并能占有一定的市场份额。旅游企业必须从实际出发，以保证细分出的市场是企业的人力、物力、财力等资源所能达到的，是企业经营力所能及的，否则不能贸然去开拓。此外，企业市场营销人员要有与客源市场进行有效信息沟通的可能，具有畅通的分销渠道，这对于具有异地性特征的旅游市场尤其重要。

4. 稳定性原则

细分后的目标市场要在相当长的一段时间能保证企业经营上的稳定，避免目标市场变化过快给企业带来的风险和损失，保证企业长期稳定的利润。如果细分市场相对稳定，企业市场营销策略、方案、效益也相对稳定，有利于企业节约人力、物力、财力资源；否则，细分市场变化快，企业市场营销活动也就难以适应市场需求变化，就会出现经营风险，影响预期利润。

5.1.3　旅游市场细分的主要标准

市场细分标准(Market Segmentation Criteria)指的是以旅游消费者所具有的明显不同的特征为分类的依据。市场细分是建立在市场需求差异性基础上的，因而形成需求差异性的因素就可以作为市场细分的依据。概括起来，常用市场细分标准包括地理、人口、心理、行为等。

1. 地理细分

地理细分(Geographic Segmentation)就是按旅游消费者所在的不同地理位置将市场加以划分，如国家、地区、省、县、城市或者街区。一个企业可能只在一个或几个地理区域发展，或者在所有的区域发展。地理细分是大多数企业采取的主要标准之一，这是因为这一因素相对其他因素表现得较为稳定，也比较容易分析。地理环境主要包括区域、地形、气候、城镇大小、交通条件等。一般而言，同一地区内的旅游消费者需求具有一定的相似性，不同地区的消费需求则具有明显的差异。

2. 人口细分

人口细分(Demographic Segmentation)是将市场按人口因素分为多个群体。人口特征变量包括年龄、性别、家庭生活周期、收入、职业、教育、宗教、种族和国籍等。人口细分是市场细分惯用的和最主要的标准，它与旅游消费需求有着密切联系，而且这些因素又往往更容易被辨认和测量。

3. 心理细分

心理细分(Psychographic Segmentation)是根据社会阶层、生活方式或个性特点，将购买者分为不同的群体。消费者心理特征和生活方式上的差异，会导致对价值内涵和生活信息需求的差异。在地理环境和人口状态相同的条件下，消费者之间存在着截然不同的消费习惯和特点，这往往是消费者的不同消费心理的差异所导致的。尤其是在比较富裕的社会中，消费者消费心理对市场需求的影响更大。

4. 行为细分

行为细分(Behavioral Segmentation) 是从消费者购买行为方面的特性进行分析，根据人们的知识、态度以及对产品的反应和使用情况，将购买者分为不同的群体。许多市场营销人员认为根据行为因素细分是进行市场细分的最佳起点。消费行为包括购买动机、购买频率、使用时间、偏爱程度、及敏感因素(质量、价格、服务、广告、促销方式、包装)、忠诚度等。例如，根据消费者使用量以及其所代表的价值等因素，可把消费者分为重度用户、中度用户和轻度用户，也可分为忠诚用户和摇摆用户等。

在具体的旅游市场营销活动中，市场营销人员一般不会把其市场细分研究局限于一个或者几个因素，而是越来越多地使用多种细分因素，以识别更小、更好定义的目标群体。具体操作时，通常首先使用一种因素对市场进行细分，然后再扩展到其他因素。

5.1.4 旅游市场细分的方法

旅游市场细分的方法主要有单一变量法、主导因素细分法、综合因素细分法、系列因素细分法等。

1. 单一变量法

单一变量法(Simple Variable Method)是指根据影响旅游消费需求的某一种因素进行市场细分的方法。这种细分法以企业的经营实践、行业经验和对组织旅游消费者的了解为基础，在宏观变量或微观变量间，找到一种能有效区分旅游消费者，并使企业的市场营销组合产生有效对应的变量而进行的细分。

2. 主导因素细分法

主导因素细分法是指一个细分市场的选择存在多因素时，可以从消费者的特征中寻找和确定主导因素，然后与其他因素有机结合，确定细分的目标市场。如按性别细分化妆品市场，按年龄细分服装市场等。这种方法简便易行，但难以反映复杂多变的消费者需求。

3. 综合因素细分法

综合因素细分法(Multiple Variable Method)又称为多变量细分法，是指按影响旅游消费需求的两种或两种以上的因素进行市场细分，以达到更为准确地细分市场的目的。这是一种弥补单一变量法的不足而采用的市场细分方法。例如，用性格类别、可支配收入和年龄这三个因素可将某旅游市场划分为不同的细分市场，如图 5.1 所示。综合因素细分法适用于市场对某一产品需求的差异性是由多个因素综合影响所致的情况。

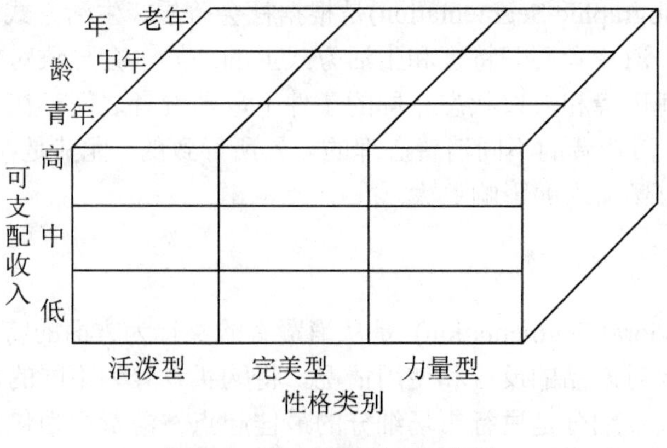

图 5.1 综合因素细分法应用

4. 系列因素细分法

系列因素细分法是按照影响旅游消费需求的各种因素进行系列划分。当细分市场所涉及的因素是多项时，可按一定的顺序由粗到细、由浅入深，逐步进行细分，如图 5.2 所示。这种方法可使目标市场更加明确而具体，有利于企业更好地制定相应的市场营销策略。系列因素细分法适用于影响市场需求的因素较多，企业需要逐层逐级辨析来寻找适宜目标市场的情况。

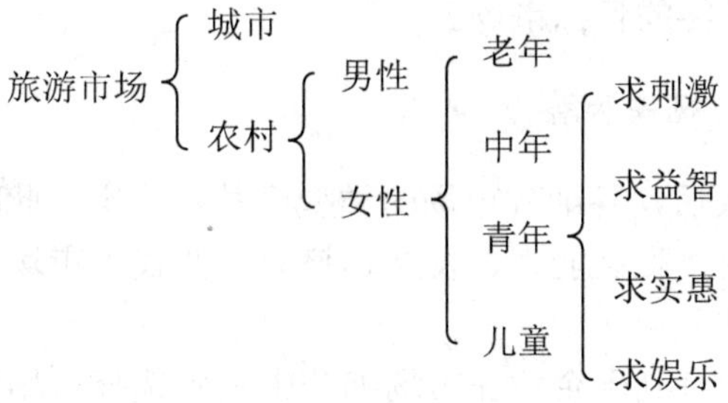

图 5.2　系列因素细分法应用

5.1.5　旅游市场细分的步骤

美国的市场营销专家麦卡锡(Mccarthy)提出细分市场的一整套程序，主要包括 7 个步骤：

1. 选定旅游市场营销产品市场范围，确定经营方向

旅游企业在确定了总体经营方向和经营目标之后，就必须确定其经营的市场范围，这项工作是企业市场细分的基础。市场范围是以旅游消费者需求为着眼点确定的，因此通过调查工作分析市场需求动态是必要的。同时，企业应充分结合自己的经营目标和资源，从广泛的市场需求中选择自己有能力服务的市场范围，不宜过窄或过宽。

2. 确定潜在消费者的基本需求

在确定适当的市场范围后，根据市场细分的标准和方法，了解市场范围内所有现实和潜在消费者的需求，并尽可能详细归类，以便针对旅游消费者需求的差异性，决定采用何种市场细分变量，为市场细分提供依据。

3. 分析潜在消费者的不同需求

通过分析不同旅游消费者的需求，同时找出旅游消费者需求类型的地区分布、人口特征、购买行为等方面的情况，做出分析和判断，构成可能存在的细分市场。

4. 确定主要的市场细分标准

企业应分析哪些需求因素是重要的，通过与企业实际情况和各细分市场的特征进行比较，寻找主要的细分因素，筛选出最能发挥本企业优势和特点的细分市场。

5. 划分相应的市场群

旅游企业可以根据各个细分市场的主要特征，为各个可能存在的细分市场划分相应的市场群。

6. 进一步分析各细分市场的具体特点

通过深入分析各细分市场的需求，了解旅游市场上消费者的购买心理、购买行为等，对各细分市场进行必要的分解或合并，进一步了解各细分市场的消费需求和购买行为，帮助旅游企业寻找并发现最终的目标市场。

7. 评估各细分市场的规模和潜力

在前面 6 个步骤完成后，各细分市场的类型已基本确定，此时企业应估算各细分市场的潜在销售量、竞争状况、赢利能力、发展趋势等，并找出市场的主攻方向，进而确定目标市场。

市场细分的以上步骤有利于企业在市场细分中正确选择市场营销目标市场，但无须完全拘泥于某一种模式，可以根据实际情况进行简化、合并或扩展。

5.2 旅游目标市场选择

目标市场(Target Market)是指通过市场细分后，旅游企业准备以相应的产品和服务满足其需要的一个或几个子市场。旅游企业根据自己的条件，从评估划分好的细分市场中选择出一个或几个作为自己的目标市场，这一过程就是目标市场选择。

5.2.1 旅游目标市场选择的标准

1. 目标市场必须具有一定的规模和发展潜力

企业进入某一市场是期望能够有利可图，如果市场规模狭小或者趋于萎缩状态，企业进入后难以获得发展，此时，应审慎考虑，不宜轻易进入。当然，企业也不宜以市场吸引力作为唯一取舍标准。如果大家共同争夺同一个消费群，其结果必将造成过度竞争和社会资源的无端浪费，同时使消费者的一些本应得到满足的需求遭受冷落和忽视。

2. 目标市场必须符合旅游企业的经营目标

目标市场的选择应根据企业市场营销战略目标的发展方向来确定。某些细分市场虽然有较大吸引力，但不能推动企业实现发展目标，甚至分散企业的精力，使之无法完成其主要目标，这样的市场应考虑放弃。

3. 目标市场必须与旅游企业所拥有的资源相匹配

企业所选择的目标市场，应考虑自身的资源条件是否适合经营。只有选择那些企业有条件进入、能充分发挥其资源优势的市场作为目标市场，才能充分发挥企业的特长，生产符合目标市场需求的产品。这样才能发挥企业的相对竞争优势，在竞争中立于不败之地。

4. 目标市场必须具备结构性吸引力

新确定的目标市场不能对企业原有的产品带来消极的影响。新老产品要能互相促进，实现同时扩大销售量和提高市场占有率的目的，从而使企业所拥有的人才、技术、资金等资源都能有效地加以利用，使企业获得更好的经济效益。

5.2.2　旅游目标市场选择的模式

旅游企业在对不同的细分市场进行评估后，就必须对进入哪些细分市场做出决策。通过分析消费者的需求程度和需求迫切性，确定进入细分市场的优先顺序。对于目标市场的选择，通常有 5 种模式，如图 5.3 所示。

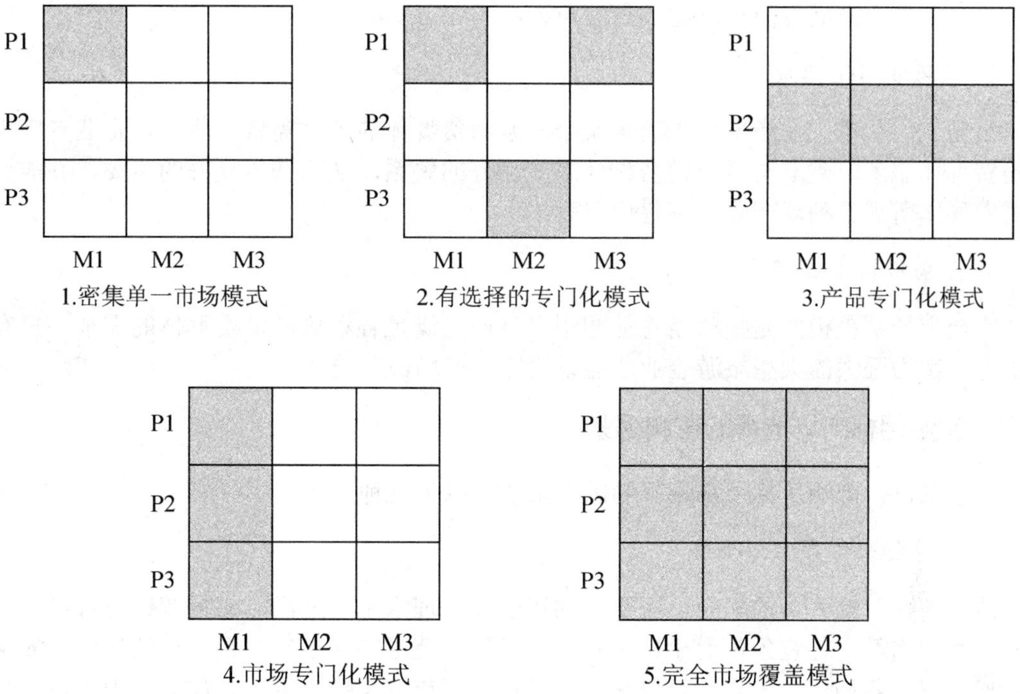

(P：Product 产品；M：Market 市场)

图 5.3　旅游目标市场选择的 5 种模式

1. 密集单一市场模式

最简单的方式是旅游企业选择一个细分市场集中市场营销。通过密集市场营销，旅游企业更加了解该细分市场的需要，并树立了特别的声誉，因此便可在该细分市场建立巩固的市场地位。另外，通过生产、销售和促销的专业化分工，旅游企业也获得了许多经济效益。如果细分市场补缺得当，投资便可获得高报酬。但是，由于旅游企业的目标市场过度集中在一个市场面上，所以风险较大。

2. 有选择的专门化模式

旅游企业在对市场进行细分的基础上，有计划地选择并进入几个不同的细分市场，对不同的旅游消费群体提供不同的产品。采用此法选择若干个细分市场，其中每个细分市场在客观上都有吸引力，并且符合旅游企业的目标和资源，且每个细分市场都有可能赢利。但在各细分市场之间很少有或者根本没有任何联系。这种多细分市场目标优于单细分市场目标，因为这样可以分散企业的风险，即使某个细分市场失去吸引力，旅游企业仍可继续在其他细分市场获取利润。

3. 产品专门化模式

用此法集中生产一种产品，旅游企业向各类旅游消费群体销售这种产品。企业通过这种战略，在某个产品方面树立起很高的声誉。

4. 市场专门化模式

市场专门化模式是指专门为满足某个旅游消费群体的各种需要而服务。企业专门为这个消费群体服务，建立与这个消费群体之间良好的关系，从而获得良好的声誉，并成为这个消费群体所需各种新产品的销售代理商。

5. 完全市场覆盖模式

完全市场覆盖模式是指旅游企业想用多种产品满足各种旅游消费群体的需求。只有资金雄厚、实力强大的大型旅游企业才能采用完全市场覆盖模式。

5.2.3 旅游目标市场选择的影响因素

一般来讲，影响目标市场选择的因素主要有以下几种：

1. 旅游企业自身实力条件

这一条件包括人员的素质、可支配的资金、管理水平、产品、市场营销组合设计能力以及关系网络等，这些条件对于确定目标市场经营范围的大小起到决定性的作用。如果经营者实力强，各种资源丰富，可以采取差异性目标市场策略；反之，如果实力不足，且规模不大，则应采取集中性目标市场策略。

2. 旅游产品特点

不同的旅游产品在满足旅游消费者需求方面有很大的差异。对于特色旅游产品、旅游餐饮服务等性质差别较大的旅游产品，可能需要很多档次来满足不同旅游消费者的需求；而有些则是以单一的产品就能满足所有旅游消费者的需要，比如像航空客运服务、标准间客房服务这些性质接近、替代性强的旅游产品。

3. 旅游市场特点

当旅游产品市场需求异质程度很低，旅游消费者的兴趣爱好及其他特点很相近时，可采用无差异目标市场策略。如一些名胜古迹、风土人情项目等可以采用此策略；相反，对于需求异质程度很高的旅游产品市场，则采用差异性或集中性目标市场策略。

4. 旅游产品生命周期

应根据旅游产品生命周期的不同阶段采取相应的目标市场策略。对处在投入期或成长期的旅游产品，应采用无差异目标市场策略，因为此时对市场需求不甚了解，并且没有竞争者或竞争者很少。当产品进入成熟期或衰退期后，应采用差异性目标市场策略，以利于开拓新的目标细分市场，尽力延长产品生命周期；或者采用集中性目标市场策略，使企业集中力量对少数有利可图的细分市场进行市场营销推广。

5. 旅游市场竞争特点

如果企业的产品垄断性强，竞争者数量少或势力弱，可以采用无差异目标市场策略；反之则采用差异性或集中性目标市场策略。企业采取何种策略，往往视竞争对手的策略而定。比如，竞争者采用无差异目标市场策略，企业就应当针对细分市场采用差异性或集中性目标市场策略，争取占领几个有利市场。

目标市场的选择是一个系统性的工作，不但需要旅游企业做好充分的市场调查，还要全面考虑各种影响因素。只有这样才能选择一个准确有效的目标市场。

5.2.4　旅游目标市场选择策略

目标市场选择策略(Target Market Segment Strategy)是指企业决定选择哪些细分市场为目标市场，然后据以制定企业市场营销策略。它实际上是决定企业能进入哪些目标市场的策略问题。根据所选择的细分市场数目和范围，目标市场选择策略可以分为无差异目标市场策略、差异性目标市场策略和集中性目标市场策略三种方式，如图 5.4 所示。

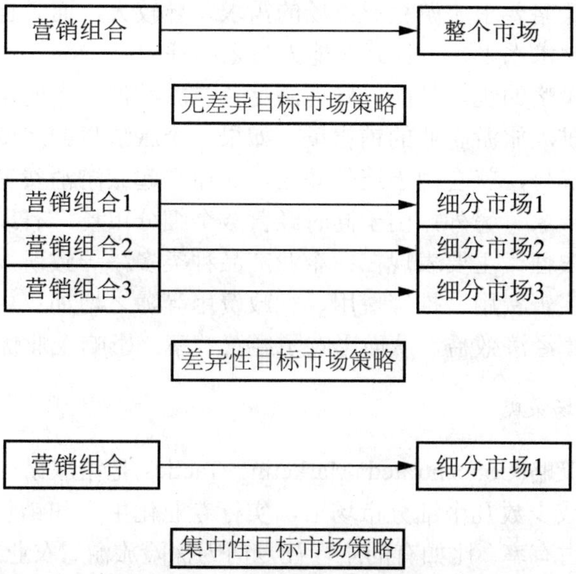

图 5.4　目标市场选择策略图

1. 无差异目标市场策略

无差异目标市场策略(Undifferentiated Marketing Tactics)是指旅游企业无视整体市场内部旅游消费者需求的差异性，而将所有细分出的子市场都作为自己的目标市场，只推出一种旅游产品，制定一种价格，运用一种统一的旅游市场营销组合，为满足旅游消费者共同的需求服务。这种策略不考虑市场内消费者的潜在差异，将整个市场视为一个同质的目标市场，不进行市场细分，只以单一的产品，运用单一的市场营销组合，力求适应尽可能多的消费者的需求。其突出的优点在于，企业可以大规模销售，简化分销渠道，相应地节省市场调研和广告宣传的经费开支，使平均成本降低。另外，对于垄断性、吸引力大的旅游产品容易形成名牌产品的强大声势，创造规模效应。这种策略的缺点是不能完全满足旅游消费者的差异性需求。

随着旅游消费者的社会经济情况、生活方式以及个人兴趣的不断变化，对旅游多样化的需求日益增长，单一的市场策略不易吸引旅游消费者。因此，无差异目标市场策略主要适用于那些有广泛的分销渠道、市场上供不应求、少数垄断性较强以及初上市的旅游产品市场，随着旅游市场竞争的加剧，旅游企业采用这一策略的机会越来越少。

2. 差异性目标市场策略

差异性目标市场策略(Differentiated Marketing Tactics)是指根据消费者的不同需求特点，对整体市场进行细分。企业在此基础上针对不同细分市场的需求特点设计不同的产品，并实施相应的市场营销组合策略。例如，将旅游市场细分为观光、度假、会议、体育等不同的细分旅游市场，而观光旅游市场又可细分为名胜古迹、田园生活、山水风光等不同的市场。旅游企业针对不同的需求，设计各种旅游路线，提供不同的服务设施和服务项目。

差异性目标市场策略要求旅游企业市场的需求差异较大，而各自的细分市场吸引力均衡，同时旅游企业的技术水平、设计开发能力与之相呼应。

差异性目标市场策略的优点是能更好地满足各类旅游消费者的不同需求，有利于提高旅游产品的竞争力和扩大旅游企业的销售量。如果一个旅游目的地或旅游企业能够同时在几个细分市场上占有优势，就会由于连带效应，而树立起旅游消费者所信赖的、声誉很高的目的地形象或企业形象。另外，由于同时经营数个细分市场，有助于企业降低风险。这种策略也有一定的局限性，主要表现在：企业产品种类多，导致研发费用增多；要求具有多种分销渠道，会使广告费用、推销费用、行政费用等随之增加；由于经营分散，在某一种产品中难以实现规模经济效益，从而影响了经营效率，影响企业优势的发挥。

3. 集中性目标市场策略

集中性目标市场策略(Concentrated Marketing Tactics)是指旅游企业将自身的资源和市场营销集中在某一个或少数几个细分市场上，实行专业化生产和销售，使旅游企业在目标市场上有较大的市场占有率。比如有的旅行社专门为探险旅游、农业旅游等特色旅游服务。这种策略往往适合资源能力有限的中小型旅游企业以及旅游资源独特的旅游目的地。它们在较大的市场上难以取得竞争优势，因而力图在较小的市场范围内取得较高的市场占有率。

集中性目标市场策略的突出优点在于能充分发挥企业的优势，使企业在特定市场上具有很强的竞争力。由于企业经营范围针对性强，容易形成产品与经营特色，因此有利于扩大企业在特定细分市场上的知名度以及由此带来销售额的增加。这种策略的不利之处是企业过分依赖小部分市场，具有较大的风险性。由于市场面窄，一旦需求发生变化，企业就会出现危机。

上述三种目标市场策略各有利弊，企业到底应采取哪一种策略，应综合考虑企业资源或实力、产品的同质性、市场同质性、产品所处生命周期的不同阶段、竞争者的市场营销策略、竞争者的数目等多方面因素予以决定。

5.3　旅游市场定位

旅游市场定位(Market Positioning)是指旅游企业根据竞争者现有产品在市场上所处的位置，针对消费者对该类产品某些特征或属性的重视程度，为本企业产品塑造与众不同的形象，并将这种印象鲜明的形象生动地传递给消费者，从而使该产品在市场上确定适当的位置。

5.3.1　旅游市场定位的作用

旅游企业进行准确的市场定位，其作用主要体现在以下几个方面。

1. 有利于企业建立竞争优势

所谓竞争优势，按照有“竞争战略之父”之称的战略管理大师迈克尔·波特(Michael Porter)的描述，是产生能为消费者创造的价值，而这个价值量大于企业本身创造这个价值时所花费的成本。消费者愿意花钱购买的就是价值，花费低于竞争对手的价格而获得等值的利益，或者得到足以抵消较高价格的独特利益，消费者均会感到满意。而旅游企业要建立竞争优势，在市场上为本企业创造出某种竞争优势，最大限度地让旅游消费者满意，就必须事先明确企业在哪些方面与竞争对手不一样，在消费者心中处于什么位置，即定好位。

2. 有利于企业市场营销组合的精确执行

解决旅游企业市场定位问题的好处在于，它能够帮助企业解决好市场营销组合问题，并保证市场营销组合的精确执行。市场营销组合——产品、价格、渠道和促销——是执行定位战略的战术细节的基本手段。如果说，确定目标市场是让市场营销人员知道为什么要制订相应的市场营销组合的话，那么，准确的定位战略则是告诉市场营销人员如何设计市场营销组合的内容。例如，一个定位于“优质产品和服务”位置的企业知道，它必须提供优质的产品和服务；相应地，制订一个较高的价格，通过高档的分销渠道进行分销，以及在品味高的杂志上登广告，这是塑造一种始终如一的、令人信服的高质量形象的主要途径。

3. 避免企业间的恶性竞争

旅游企业如果不能突出自身优势，让企业与竞争对手区别开来，在争夺同样的目标旅游消费者时，由于客源的有限性，必然会进一步加剧市场竞争，甚至会出现恶性竞争的局面。由于没有进行有效的市场定位，企业产品雷同，在产品品种、服务、人员、形象等方面没有明显的差异，企业间的竞争就会更多地反映在价格上。价格竞争又会进一步降低企业的利润，使企业缺乏技术改造和提高服务质量的资金，最终影响到企业和整个行业的发展。

5.3.2 旅游市场定位的过程

旅游市场定位的关键是企业设法在自己的产品上找出比竞争者更具有竞争优势的特性，根据竞争者现有产品在细分市场上所处的地位和旅游消费者对产品某些特性的重视程度，塑造出本企业产品的市场定位。旅游企业市场定位可以通过以下 3 个步骤来完成。

1. 识别企业的竞争优势

旅游消费者一般都会选择那些给自己带来最大价值的产品和服务。因此，赢得和留住消费者的关键是要比竞争对手更好地理解消费者的需要，并向他们提供更多的价值。竞争优势有两种类型：成本优势和产品差别化。据此，可以明确，旅游企业的竞争优势取决于旅游产品开发设计和经营管理方面的成本优势及旅游产品的创意设计能力。

要想确定企业的竞争优势，需要具体了解以下问题：竞争对手的产品定位是怎样的？目标市场上旅游消费者的需要和欲望的满足程度如何，哪些需要和欲望是尚未得到满足的？针对竞争对手的市场定位和目标市场上旅游消费者需要的利益，企业可以做什么？通过回答以上 3 个问题，旅游企业就可以从中找出与竞争对手的差异所在，并由此确定自己的竞争优势。

2. 选择有价值的竞争优势

并不是所有的差异都能成为竞争优势，旅游企业要做的就是区分哪些差异能够成为有价值的竞争优势。通常，企业要通过以下几点来评价判断：

(1) 重要性。要能够给相当数量的旅游消费者带来实惠。

(2) 独特型。既没有其他企业使用，也不能再以更独特的方式被竞争对手使用。

(3) 可沟通性。易于被旅游消费者见到并理解。

(4) 可负担性。旅游消费者能够负担得起由于差异带来的费用。

(5) 获利性。旅游企业能够从中获得利益。

大多数旅游消费者对各个旅游企业之间的细微差异并不十分感兴趣，旅游企业也没有必要费时费力去深入探求每一处的不同。一般来说，旅游企业只需要对那些最能体现企业风格、最适合目标市场需要之处进行必要宣传即可。这就要求企业确定需要突出多少种差异和需要突出哪些差异。

3. 沟通及传播企业的市场定位

在确定了市场定位后，旅游企业就必须要把它准确无误地传递给目标旅游消费者，使其独特的竞争优势在旅游消费者心目中留下深刻印象。旅游企业要通过市场营销活动使目标旅游消费者了解、熟悉、认同本企业的市场定位，并在旅游消费者心目中建立与其定位相一致的形象。如一家旅游企业定位于“质量上乘”，那么它就必须努力地把这种信息传播出去。优质产品的信息可以通过市场营销的其他要素表达出来，如高价格，因为在人们的观念中，高价格往往意味着高质量。高品质的旅游产品设计、高质量的广告媒体选择、高素质经销商的合作等，这一切必须与企业“质量上乘”的定位相一致。

此外，旅游企业还要不断强化其市场形象并保持与目标旅游消费者的沟通，以巩固其市场地位。如果目标旅游消费者对企业的市场定位理解出现偏差，或者由于企业宣传上的失误而造成目标旅游消费者的误会，企业要及时纠正与其市场定位不一致的形象。

5.3.3　旅游市场定位的方法

旅游市场定位的常用方法有以下几种。

1. 初次定位

初次定位是指新成立的旅游企业初入市场、旅游新产品投入市场，或者旅游产品进入新市场时，企业为满足某一特定目标旅游消费者的需要，采用所有的市场营销组合而使其竞争优势与特色为目标旅游消费群体接受的过程。

2. 避强定位

避强定位是一种避开强有力的竞争对手进行市场定位的模式。当企业意识到自己无力与强大的竞争者抗衡时，则远离竞争者，根据自己的条件及相对优势，突出宣传自己与众不同的特色，满足市场上尚未被竞争对手发掘的需求，这就是避强定位。这种定位的优点是能够迅速地在市场上站稳脚跟，并在旅游消费者心中尽快树立起一定形象。由于这种定位方式市场风险较小，成功率较高，常常为多数旅游企业所采用。

3. 迎头定位

迎头定位是一种以强对强的市场定位方法。即将本企业形象或产品形象定在与竞争者相似的位置上，与竞争者争夺同一目标市场。实行迎头定位的旅游企业应具备的条件是能比竞争对手设计出质量更好或成本更低的旅游产品；市场容量大，能容纳两个或两个以上的竞争者；拥有比竞争者更多的资源和能力。这种定位存在一定风险，但能够激励企业以较高的目标要求自己奋发向上。

4. 重新定位

重新定位是指旅游企业通过改变产品特色等手段，改变目标旅游消费者对产品的认识，塑造新的形象。即使旅游产品原有定位很恰当，但当出现下列情况时，也需要考虑重新定位。

(1) 竞争者推出的市场定位侵占了本企业品牌的部分市场，使本企业产品市场占有率下降。

(2) 旅游消费者偏好发生了变化，从喜爱本企业品牌转移到喜爱竞争对手的品牌。

重新定位是企业为了摆脱经营困境，寻求重新获得竞争力的手段。当然，重新定位也可作为一种战术手段，并不一定是因为陷入了困境；相反，可能是由于发现了新的产品市场范围引起的。

5.3.4 旅游市场营销定位战略

1. 市场领先战略

市场领导者(Market Leader)也称市场主导者，是指在相关产品的市场上占有率最高的市场营销者。市场主导者如果没有获得法定的垄断地位，必然会面临竞争者无情的挑战。因此，必须保持高度的警惕并采取适当的战略和策略，否则就很可能会失去主导地位。

处于主导地位的企业想要维持其第一的竞争地位，可以采取 3 方面的行动：

(1) 寻找扩大市场需求量的方法。市场主导者是市场需求量扩大后直接的也是最大的受益者，一般来说，市场主导者可从 3 个方面扩大需求量：

① 发掘新的购买者。每种产品都有吸引新的购买者、增加购买者数量的潜力。因为可能有些消费者对某种产品还不甚了解，或产品定价不合理，或产品性能有缺陷。

② 开辟产品的新体验。为产品开辟新的体验，可扩大需求量并使产品销路久畅不衰。

③ 扩大产品的销售量。说服旅游消费者购买更多的产品。

(2) 保护市场占有率。市场主导者任何时候也不能满足于现状，必须在产品的创新、服务水平的提高、分销渠道的有效性和降低成本等方面真正处于该行业的领先地位。主导者必须凭借良好的攻击与防卫策略来维持其现有的市场占有率。主导地位的企业常采用以下 6 种防卫策略：

① 地位防御。在其领域周围构筑堡垒。这是最基本的防御方式，但也决不能将所有的力量都投入这种防御，而且对市场营销者来说，只保卫自己目前的市场和产品，属于“市场营销近视症”。

② 侧翼防卫。市场主导者除了保卫自己的阵地外，还应建立某些辅助性的基地作为防御阵地，或必要时作为反攻基地。特别要注意保卫自己较弱的侧翼，防止对手乘虚而入。

③ 先发防卫。“先发制人”式的防御，即在竞争者尚未进攻之前，先主动攻击竞争对手。具体做法是：当竞争者的市场占有率达到某一危险的高度时，就对它发动攻击；或是对市场上的所有竞争者全面攻击，造成全方位的威胁。

④ 反攻防卫。当市场主导者受到攻击时，一种有效的防御就是同时反攻入侵者的主要阵地。当然，企业应当要注意找到一个进行有效攻击的最佳攻击点。

⑤ 机动防卫。企业不仅要防御目前的阵地，而且还要扩展到新的市场阵地，作为未来防御和进攻的中心。其中市场扩展可通过两种方式实现：市场扩大化和市场多角化。市场扩大化就是将企业注意力从目前的产品上转移到有关该产品的更广泛的消费者需求，并就该需求开展全面技术研究与开发；市场多角化则是指企业向无关的其他市场扩展，实行多角化经营。

⑥ 收缩防御。在所有市场上全面防御有时候会得不偿失，在这种情况下，最好是实行战略收缩，即放弃疲软的市场，把力量集中到更重要的市场上去。

(3) 扩张市场占有率。即使市场规模不变，企业可以设法进一步扩张其市场占有率。企业希望提高市场占有率时应考虑以下 3 个因素：

① 该决策引起反垄断的可能性。

② 为提高市场占有率所付出的代价。有时候为了保持市场主导地位，甚至要在较疲软的市场上主动放弃一些份额。

③ 在夺取市场份额时所采用的市场营销组合策略是否正确。

有些市场营销手段对提高市场占有率很有效，却不一定能增加利润。只有在以下两种情况下市场占有率才同收益成正比：一是单位成本随市场占有率的提高而下降；二是产品价格的提高大大超过了为提高产品质量所投入的成本。

总之，对于市场主导者而言，获利能力提高的关键在于设法提高对其所服务市场的相对占有率。这样，才能持久地占据市场主导地位。

2. 市场挑战战略

市场挑战者(Market Challenger)是指那些相对于市场领导者来说，在行业中处于第二、第三和以后位次的企业。处于次要地位的企业如果选择“挑战”战略，向市场领导者进行挑战，首先必须确定自己的策略目标和挑战对象，然后选择适当的进攻策略。

(1) 确定战略目标和挑战对象。大多数市场挑战者的战略目标是提高市场占有率，进而达到提高投资收益率和利润率的目标。挑战者在明确战略目标时，必须确定谁是主要竞争对手。一般说来，挑战者可以选择下列几种类型的攻击目标。

① 攻击市场领导者。这是一种既有风险又具潜在价值的战略。一旦成功，挑战者企业的市场地位将会发生根本性的改变，因此颇具吸引力。企业采用这一战略时，应十分谨慎，周密策划以提高成功的可能性。

进攻领先者需要满足的基本条件：

第一，拥有一种持久的竞争优势，比如成本优势或创新优势。以前者之优创造价格之优，继而扩大市场份额；或以后者之优创造高额利润。

第二，在其他方面程度接近。挑战者必须有某种办法部分或全部地抵消领先者的其他固有优势。

第三，具备某些阻挡领先者报复的办法。必须使领先者不愿或不能对挑战者实施旷日持久的报复。如果没有一些阻挡报复的办法，拥有资源和稳固地位的领先者一旦卷入战斗就能用进攻性的报复，迫使挑战者付出无法承受的代价。

② 攻击与自身实力相当的企业。抓住有利时机，向那些势均力敌的企业发动进攻，把竞争对手的消费者吸引过来，夺取它们的市场份额，壮大自己的市场。这种战略风险小，若几番出师大捷或胜多败少的话，可以对市场领导者造成威胁，甚至有可能改变企业的市场地位。

③ 攻击实力较弱的企业。当某些中、小企业出现经营困难时，可以通过兼并、收购等方式，夺取这些企业的市场份额，以壮大自身的实力和扩大市场占有率。

(2) 选择进攻策略。

① 正面进攻。市场挑战者集中优势兵力向竞争对手的主要市场阵地正面发动进攻，即进攻竞争对手的强项而不是它的弱点。采用此战略需要进攻者必须在提供的产品、广告、价格等主要方面大大超过竞争对手，才有可能成功，否则采取这种进攻战略必定失败。为了确保正面进攻的成功，进攻者需要有超过竞争对手的实力优势。

② 侧翼进攻。市场挑战者集中优势力量攻击竞争对手的弱点。此战略进攻者可采取“声东击西”的做法，佯攻正面，实际攻击侧面或背面，使竞争对手措手不及。具体可采取两种策略：一是地理性侧翼进攻。即在某一地理范围内针对竞争者力量薄弱的地区市场发动进攻。二是细分性侧翼进攻。即寻找还未被领先者企业覆盖的产品和服务的细分市场迅速填空补缺。

③ 围堵进攻。市场挑战者开展全方位、大规模的进攻策略。市场挑战者必须拥有优于竞争对手的资源，能向市场提供比竞争对手更多的质量更优、价格更廉的产品，并确信围堵计划足以能成功时，可采用围堵进攻策略。

④ 迂回进攻。市场挑战者完全避开竞争对手现有的市场阵地而迂回进攻。具体做法有3种：

第一，实行产品多角化经营，发展某些与现有产品具有不同关联度的产品；

第二，实行市场多角化经营，把现有产品打入新市场；

第三，发展新产品、取代落后的产品。

⑤ 游击进攻。以小型的、间断性的进攻干扰对方，使竞争对手的士气衰落，不断削弱其力量。向较大竞争对手市场的某些角落发动游击式的促销或价格攻势，逐渐削弱对手的实力。游击进攻战略的特点是不能依仗个别战役的结果决出战局的最终胜负。

(3) 市场挑战者的特殊市场营销战略。

① 价格折扣策略。挑战者可以用较低的价格提供与领导者品质相当的产品。

② 廉价品策略。即提供中等或者质量稍低的但是价格低得多的产品。

③ 名牌产品策略。即努力创造一种名优产品，虽然价格也很高，却更有可能把市场领导者的同类产品和市场份额挤掉一部分。

④ 产品扩张策略。即挑战者紧步市场领导者之后尘，创制出许多不同种类的新产品，此即产品创新策略的变相形式。

⑤ 产品创新策略。前面的产品扩散策略主要是向广度发展的产品发展策略，而这里的产品创新策略主要是向深度发展的产品策略，即企业在新产品方面不断创新，精益求精。

⑥ 降低生产成本的策略。这是一种结合定价策略和成本管理以及技术研究等因素的产品发展策略。挑战者可以靠有效的材料采购、较低的人工成本和更加现代化的生产设备，来求得比竞争对手更低的成本，做出更具进攻性的定价来获取市场份额。

⑦ 改善服务的策略。挑战者可以找到一些新的或者更好的服务方法来为消费者服务。

⑧ 分销渠道创新策略。挑战者可以发现或发展一个新的分销渠道，以增加市场份额。

⑨ 密集广告促销策略。有些挑战者可以依靠他们的广告和促销手段，向市场领导者发动进攻。当然这一策略的成功，必须基于挑战者的产品或者广告信息有着某些能够胜过竞争对手的优越之处。

3. 市场追随战略

市场跟随者(Market Follower)是指安于次要地位，不热衷于挑战的企业。在大多数情况下，企业更愿意采用市场跟随者战略，在“和平共处”的状态下求得尽可能多的收益。

(1) 市场跟随者的基本要求。市场跟随者不是盲目、被动地单纯追随市场领导者，其任务是确定一个不致引起竞争性报复的跟随战略，在不同的情形下有自己的策略组合和实施方案。其战略要求：必须懂得如何稳定自己的目标市场，保持现有消费者，并努力争取新的消费者；必须设法创造独有的优势，给自己的目标市场带来如地点、服务、融资等某些特有的利益；还必须尽力降低成本并提供较高质量的产品和保证较高的服务质量，提防挑战者的攻击，因为市场跟随者的位置是挑战者的首选攻击目标。

(2) 市场跟随者战略的类型。追随战略可以分为 3 类：紧密跟随、保持一段距离的跟随、有选择追随。

① 紧密跟随。紧密跟随战略突出“仿效”和“低调”。追随者在尽可能多的细分市场和市场营销组合领域中模仿领先者。追随者往往几乎以一个市场挑战者的面貌出现，但是如果它并不激进地妨碍领先者，直接冲突不会发生。有些追随者甚至可能被说成是寄生者，他们在刺激市场方面很少动作，只希望靠市场领导者的投资生活。

② 距离跟随。距离跟随战略突出“合适地保持一段距离”。追随者保持某些距离，但又在主要市场和产品创新、一般价格水平和分销上追随领先者。市场领导者十分欢迎这种追随者，因为市场领导者发现他们对它的市场计划很少干预，而且乐意让他们占有了一些市场份额，以便使自己免遭独占市场的指责。采取距离跟随策略的企业，可以通过兼并同行业中的一些小企业而发展自己的实力。

③ 选择跟随。选择跟随战略突出“有选择跟随”。跟随者在某些方面紧跟领先者，而在另一些方面又别出心裁，追随和创新并举。这类企业不是盲目跟随，而是择优跟随，在对自己有明显利益时追随领先者，在跟随的同时还不断地发挥自己的创造性，但一般不与领先者进行直接竞争。采取这类战略的跟随者之中有些可能成长为未来的挑战者。

4. 市场补缺战略

市场补缺者(Market Niche)是指选择某一特定较小之区隔市场为目标，提供专业化的服务，并以此为经营战略的企业。在市场经济发展中，人们非常关注成功的企业，往往忽略每个行业中存在的小企业。但正是这些不起眼的“星星之火”，在大企业的夹缝中求得生存和发展后，成为燎原之势。这些小企业就是所谓的市场补缺者。

(1) 市场补缺者的主要战略是专业化市场营销。

① 最终消费者专业化：专门致力于为某类最终旅游者服务；

② 垂直层面专业化：专门致力于分销渠道中的某些层面；

③ 消费者规模专业化：专门为那些被大企业忽略的小众旅游消费者服务；

④ 特定消费者专业化：只对一个或几个主要旅游消费者服务；

⑤ 地理区域专业化：专为国内外某一地区或地点服务；

⑥ 产品线专业化：只生产一大类产品的某一种产品；

⑦ 旅游消费者订单专业化：专门按旅游消费者订单生产预订的产品；

⑧ 质量和价格专业化：专门生产经营某种质量和价格的产品；

⑨ 服务项目专业化：专门提供某一种或几种其他企业没有的服务项目；

⑩ 分销渠道专业化：专门服务于某一类分销渠道。

(2) 创造补缺市场、扩大补缺市场、保护补缺市场。企业不断开发适合特殊消费者的产品，这样就开辟了无数的补缺市场。每当开辟出这样的特殊市场后，针对产品生命周期阶段的特点扩大产品组合，以扩大市场占有率，达到扩大补缺市场的目的。最后，如果有新的竞争者参与时，应保住其在该市场的领先地位，保护补缺市场。作为补缺者选择市场补缺基点时，多重补缺基点比单一补缺基点更能增加保险系数，分散风险。因此，企业通常选择多个补缺基点，以确保企业的生存和发展。

总之，只要善于经营，随时关注市场上被大企业忽略的细小部分，通过专业化经营，精心服务于消费者，小企业成功的机会也是非常大的。

5.4 旅游市场营销组合

5.4.1 旅游市场营销组合含义

市场营销组合(Marketing Mix)是指企业在规划和实施其营销战略以及实现其营销目标的过程中，对自己可控制的营销变量的优化组合和综合运用。它是 1964 年由美国哈佛大学的鲍敦教授首先提出来的。

市场营销组合提供了一种科学地分析和运用各种营销因素的思路和方法，指导企业经营者把影响营销效果的各种因素有机地结合起来，达到企业整体营销效果最优化。同时，它为企业实现营销战略目标提供了有力的手段。企业不再只有价格竞争，而是可以采用更为合理灵活的营销组合，充分利用非价格因素来形成差别优势，提高企业的竞争能力。

旅游市场营销组合(Tourism Marketing Mix)是指旅游企业针对目标市场需求，对自己可控制的各种营销因素(产品质量、包装、价格、服务、广告、渠道和企业形象等)实行优化组合和综合运用，使之协调配合、扬长避短、发挥优势，以便满足目标市场需要，更好地实现营销目标。

5.4.2 4Ps 营销组合

1964 年，美国市场学家麦卡锡(E.L.Mccarthy) 从市场营销组合理论中概括出易于记忆的 4Ps 营销组合，即产品(Product)、渠道(Place)、价格(Price)与促销(Promotion)策略。它对市场营销理论和实践产生了深刻的影响，被营销经理们奉为营销理论中的经典。此后 4Ps 理论一直受理论界和企业界普遍重视和广为使用，即使在今天，几乎每份营销计划书都是以 4Ps 的理论框架为基础拟订的，而且几乎每位营销经理在策划营销活动时，都自觉或不自觉地从 4Ps 理论出发考虑问题。4Ps 营销组合在旅游领域的阐释如下：

1. 产品(Product)

产品是企业市场营销组合中最重要的因素，因为产品质量的提高及其组合结构的优化是企业提高自身竞争力的基础。旅游企业在制定产品组合决策时，应注意以下 4 点：一是实施旅游产品差异化战略，通过具体设计、宣传促销等行为突出产品特色；二是旅游产品的开发与组合必须针对细分市场的需要进行，这样才能适销对路；三是确保旅游产品或服务质量，以树立良好的市场口碑和吸引回头客；四是不断推出新的旅游产品 (包括改良产品)，从而赢得更多的消费者。

2. 价格(Price)

合理的价格策略可以提高旅游企业的竞争力，并有利于企业凭借现有资源获取更多的利润。旅游企业在制定价格策略时应充分考虑 5 个基本因素，即市场营销目标、产品成本和利润、顾客对产品或服务的认知价值、细分市场差异以及可能的竞争性反应。

常用的定价策略有以下 5 种：一是当旅游企业推出新的产品或服务时，采取撇脂或渗透价格策略，以尽快收回成本或提高市场占有率；二是针对关键细分市场展开价格促销活动，以提高本企业产品在主要细分市场中的份额，并削弱竞争者的地位：三是当企业能将产品成本控制到较低水平时，可采取合理的降价，以扩大销售量和阻止竞争者进入：四是以总额较低的价格提供系列产品或给予一定的折扣，以刺激旅游中间商和旅游消费者的购买积极性；五是对某种产品实行亏本销售，但同时又通过高价售出其他配套产品来收回利润。

3. 渠道(Place)

旅游产品分销渠道，即旅游产品使用权在转移过程中所经过的各个环节连接而成的通道。从狭义上讲，就是旅游中间商的构成体系。旅游中间商具有市场调研、开拓市场、组合加工等功能，因此合理选择分销渠道，有助于旅游企业扩大市场范围、节约营销费用和提高营销效率。旅游市场分销渠道组合主要包括分销渠道的选择，渠道成员的协调、激励与评估以及分销渠道的改进等内容。

4. 促销(Promotion)

旅游促销的实质就是旅游营销者通过合理的方式，将企业理念、产品及服务等相关信息传递给旅游产品的潜在购买者及其他公众。旅游促销方式一般有广告宣传、营业推广、人员推销及公共关系 4 种。

5.4.3 4Cs 营销组合

20 世纪 80 年代，美国市场营销学家劳特朋(Lanterborn)提出了 4Cs 营销组合理论，即顾客(Customer)、成本(Cost)、便利(Convenience)和沟通(Communication)。4Cs 营销组合在旅游领域的阐释如下：

1. 顾客(Customer)

暂时忘记产品，牢记游客的需求。要求企业必须首先了解和研究游客，根据游客的需求来提供产品和服务。同时，旅游企业提供的不仅仅是产品和服务，更重要的是由此产生的游客认同感和满意度。

2. 成本(Cost)

暂时忘记生产成本，记住游客的购买成本。这里的成本包括金钱成本、时间成本、体力成本、精神成本、风险成本。由于游客在购买旅游产品时，总希望把有关成本降到最低限度，以使自己得到最大限度的满足，因此，旅游企业必须考虑游客为满足需求而愿意支付的总成本，努力降低游客购买的总成本。也就是说，产品的理想定价应该是既低于游客的心理价格，又能使企业赢利。

3. 便利(Convenience)

暂时忘记渠道，为游客提供最大的购物和使用便利。所谓便利，就是为游客提供最大的购买和使用便利。强调旅游企业在制定市场营销策略时，要更多地考虑游客的方便，而不仅仅是企业自己的方便。要通过好的售前、售中和售后服务来让游客在旅游的同时，也享受到便利。便利是客户价值不可或缺的一部分。

4. 沟通(Communication)

用与游客的双向沟通取代单向的促销。旅游企业为了创立竞争优势，必须不断与游客进行积极有效的双向沟通，建立基于共同利益的企业与游客之间的新型关系。这不再是旅游企业单向的促销和劝导行为，而是侧重于同游客进行情感交流、思想融通，使游客对旅游企业、旅游产品等能够理解、认同，以寻求旅游企业同游客的认识的契合点。

5.4.4 4Rs 营销组合

21 世纪初，美国西北大学知名教授、营销专家唐·舒尔茨(Don E. Schultz)，在 4Cs 营销组合的基础上提出 4Rs 营销组合，即关联(Relevance)、反应(Reaction)、关系(Relation)和回报(Return)。4Rs 营销组合在旅游领域的阐释如下：

1. 关联(Relevance)

在竞争性市场中，游客具有动态性。游客忠诚度是变化的，他们随时有可能转移到其他旅游企业。要提高游客的忠诚度，赢得长期而稳定的市场，最重要的是把旅游企业与旅游市场联系在一起，达到供给与需求的高度对应，形成一种互动、互求、互需的关系。

2. 反应(Reaction)

在相互影响的旅游市场中，旅游企业需要提高市场反应的速度，以抢占先机。这就需要旅游企业站在游客的角度，及时地倾听游客的需要和需求，并及时对其进行答复和迅速做出反应，满足游客的需求。

3. 关系(Relation)

随着旅游市场竞争日趋激烈，旅游企业争夺旅游市场的关键已转变为谁能与游客建立更加长期而稳固的关系。关系营销是通过不断改进旅游企业与游客的关系，实现游客固定化的一种重要营销手段。

4. 回报(Return)

对旅游企业来说，市场营销的真正价值在于其为企业带来短期和长期利润的能力；而对于游客来说，回报是旅游企业给游客带来的一定的使用价值。一切营销活动都必须以给游客及企业创造价值为目的。

5.4.5　4Ps、4Cs、4Rs 三者之间的关系

4Ps、4Cs、4Rs 三种营销组合理论不是替代关系，而是一种不断完善、发展的关系。由于企业层次不同，情况千差万别，市场、企业营销还处于发展之中，所以至少在一个时期内，4Ps 还是营销的一个基础框架，4Cs 也是很有价值的理论和思路。因而，这两种理论仍具有适用性和可借鉴性。4Rs 不是替代 4Ps、4Cs，而是在 4Ps、4Cs 基础上的创新与发展，所以不可把三者割裂开来甚至对立起来。企业应根据各自实际，把三者结合起来指导营销实践，一定会取得更好的效果。

【本 章 小 结】

旅游市场细分有利于旅游企业制定和调整市场营销战略，有利于旅游企业识别和发掘市场机会、开发新产品、开拓新市场，有利于旅游企业制定灵活的竞争策略，有利于满足消费者需求、有效地拓展新市场、扩大市场占有率，有利于旅游企业优化资源配置和取得良好的经济效益。

有效的细分市场必须符合可测量原则、可赢利原则、可进入原则、稳定性原则。市场细分的主要标准主要包括地理、人口、心理、行为等。市场细分的方法主要有单一变量法、主导因素排列法、综合因素细分法、系列因素细分法等。

旅游市场细分主要包括 7 个步骤：选定旅游市场营销产品市场范围、确定潜在消费者的基本需求、分析潜在消费者的不同需求、确定主要的市场细分标准、划分相应的市场群、进一步分析各细分市场的具体特点、评估各细分市场的规模和潜力。

旅游企业在进行目标市场选择必须遵循以下标准：目标市场必须具有一定的规模和发展潜力、目标市场必须符合旅游企业的经营目标、目标市场必须与旅游企业所拥有的资源相匹配、目标市场必须具备结构性吸引力。旅游目标市场选择策略有三种，即无差异目标市场策略、差异性目标市场策略和集中性目标市场策略。旅游目标市场选择的影响因素有旅游企业自身实力条件、旅游产品特点、旅游市场特点、旅游产品生命周期、旅游市场竞争特点。

旅游企业市场定位可以通过识别企业的竞争优势、选择有价值的竞争优势、沟通及传播企业的市场定位 3 个步骤来完成。旅游市场定位的常用方法有初次定位、避强定位、迎头定位、重新定位等几种。旅游市场营销定位战略包括市场领先战略、市场挑战战略、市场追随战略、市场补缺战略。

4Ps 营销组合是指产品(Product)、渠道(Place)、价格(Price)与促销(Promotion)。4Cs 营销组合是指顾客(Customer)、成本(Cost)、便利(Convenience)和沟通(Communication)。4Rs 营销组合是指关联(Relevance)、速度(Reaction)、关系(Relation)和回报(Return)。

【习 题】

一、填空题

1. 市场领导者也称市场主导者，是指在相关产品的市场上__________的市场营销者。
2. 市场细分的方法主要有单一变量法、__________、__________、系列因素细分法等。
3. __________是指旅游企业将自身的资源和市场营销集中在某一个或少数几个细分市场上，实行专业化生产和销售。

二、选择题

1. (　　)要求经过细分后所确定的目标市场能使旅游产品有条件进入并能占有一定的市场份额。

A. 可测量原则　B. 可赢利原则　C. 可进入原则　D. 稳定性原则

2. (　　)是根据社会阶层、生活方式或个性特点，将购买者分为不同的群体。

A. 地理细分　B. 人口细分　C. 心理细分　D. 行为细分

3. (　　)按影响旅游消费需求的两种或两种以上的因素进行市场细分。

A. 单一变量法　B. 主导因素排列法

C. 系列因素细分法　D. 综合因素细分法

4. (　　)将本企业形象或产品形象定在与竞争者相似的位置上，与竞争者争夺同一目标市场。

A. 初次定位　B. 迎头定位　C. 避强定位　D. 重新定位

5. (　　)战略突出“仿效”和“低调”。

A. 紧密跟随　B. 距离跟随　C. 选择跟随　D. 松散跟随

三、名词解释

1. 旅游市场细分
2. 旅游市场定位
3. 市场补缺者

四、简答题

1. 简述旅游市场细分的作用。
2. 简述旅游市场细分的步骤。
3. 简述影响目标市场选择的客观因素。

【实际操作训练】

一、实训名称

旅游市场定位

二、实训目的

掌握旅游市场定位策划方案的框架构成、具体内容、格式要求；掌握旅游市场定位策划的程序、方法、技巧和重点。

三、实训步骤

1. 分小组(5～8 人)分工合作完成以下工作：
(1) 根据目标旅游企业实际，进行旅游市场分析和 SWOT 分析；
(2) 设计目标旅游市场进入策略和旅游市场定位方案；
(3) 撰写旅游市场定位策划书。
2. 以小组为单位在课堂上进行陈述和答辩。
3. 教师点评。

四、实训评价

根据方案内容、陈述和答辩的情况评价打分，纳入学生实训课考核之中。

延伸阅读

旅游市场不断细分　小包团瞄准高端群体

2013 年“十一”国内长线游价格普涨，云南、海南等热门线路涨幅明显。一个值得注意的现象是，如今旅游市场越来越细分，私密小包团等较为高端的旅游产品开始亮相市场。

国内长线游价格普涨

由于要提前办理出境各项手续，所以目前“十一”出境游基本已经结束报名，随之而来的国内长线游进入报名最为集中的一周。

往年每到黄金周，旅游线路总是涨价，2013 年由于《旅游法》在 10 月 1 日开始实施和黄金周双重因素叠加影响，国内长线游的很多线路价格涨幅更加明显。记者对比多家旅行社推出的“十一”国内长线游产品发现，过去低价游现象严重的云南、海南等热门区域产品，涨幅最大。例如：往昆明、大理、丽江的经典云南双飞6日游产品报价超过4000元，涨幅超过一倍；海南游也从3000元上下涨至5000元。相对来说，国内其他热门长线如北京、厦门、西北等线路的报价涨幅则相对“温和”。

小包团瞄准高端游客

如今的旅游市场，产品细分程度越来越高，而诸如私密小包团这样的高端产品也亮相“十一”市场。

据悉，所谓私密小包团是旅行社专门定制的旅游线路，其和常规的旅游产品不同，一方面在线路设计上有更多的新意，在接待条件上提升不少；另一方面在成团上也有人数限制，不再是动辄几十人的大旅游团，而是不超过15人的小包团。“比如成都的私密小包团，线路就包括常规旅游团中不常有的行程，像康定、亚丁、乃日神山等。”安徽好之旅产品中心总监胡剑岚介绍，由于不属于“流水线”产品，多了些定制的特色在其中，而且成团人数少，所以这些私密小包团的线路报价也较高，例如贵阳黄果树双飞5日私密小包团、成都康定稻城亚丁乃日神山双飞8天小包团报价均超过4000元。

延伸思考：

1. 结合案例，谈谈旅游市场细分的作用。
2. 在旅游市场营销活动中，经常使用的市场细分标准有哪些？
3. 如果您负责某旅游企业的市场细分工作，您的工作步骤是怎样的？

第6章 旅游产品策略

学习目标

- 理解旅游产品的概念及特征;
- 掌握旅游产品的构成;
- 掌握旅游产品的生命周期;
- 熟悉旅游产品开发的内容与程序。

导入案例

陕西积极推广"丝路起点"品牌

——策划推出丝路之旅专项产品

2014 年 2 月，陕西省旅游局召集当地主要旅行社负责人，就如何打造丝绸之路旅游产品、叫响"丝路起点"旅游品牌等问题进行了深入探讨。

据了解，为提高陕西丝绸之路旅游产品的市场竞争力和影响力，加大丝绸之路区域旅游合作，推动丝绸之路旅游经济的全面繁荣，陕西省旅游局于 2 月中下旬开展为期一个月的"丝绸之路旅游产品"调研工作，加快"东方快车"丝路专项产品以及丝路航线的实施论证。

据了解，2014 年，陕西将编制《陕西丝绸之路起点旅游发展规划》，策划实施一批项目，开发一批产品和线路，加快"丝路起点——西安"建设，并将于今年 9 月举办"2014 中国西安丝绸之路国际旅游博览会"，借助丝绸之路申遗，在沿线国家和地区开展主题推广；启动申办"2015 丝绸之路国际旅游大会"，不断整合丝绸之路旅游产品，做强做大丝绸之路旅游品牌。

案例思考：

结合案例，谈谈丝路之旅专项旅游产品的开发程序。

6.1 旅游产品概述

旅游产品(Tourism Product)是指旅游企业凭借一定的旅游资源与旅游设施，向旅游消费者提供的满足其在旅游过程中的综合需要的物质产品和服务。

6.1.1 旅游产品的整体概念

当旅游要素在一定条件下转化为旅游生产力并与现实的旅游需求相结合时，便开始其生产过程并生产出旅游产品。旅游产品与其他产品一样，具有一般产品所具有的基本属性，旅游产品能满足人们的某种需求，并能用于交换以实现它的价值和使用价值。现代市场学认为，产品是一个整体的概念，由内而外呈现出层次性。旅游产品也不例外，它是由核心产品、形式产品和延伸产品三个层次构成，如图 6.1 所示。

1. 核心产品

旅游产品的核心产品(Core Product)，一般是指旅游吸引物和旅游服务。核心产品向旅游消费者提供基本的、直接的使用价值，以满足旅游消费者从事旅游活动最基本的需要，构成旅游产品的基本部分。核心产品也是旅游产品满足旅游消费者需求的基本效用和核心价值所在，是旅游消费者购买和消费的主体部分。

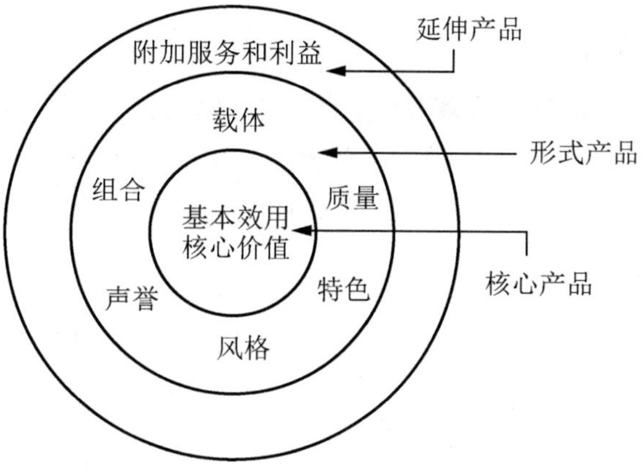

图 6.1　旅游产品构成

2. 形式产品

旅游产品的形式产品(Actual Product)是指核心产品借以实现的形式或目标市场对某一需求的特定满足形式，包括旅游产品的载体、质量、特色、风格、声誉、组合方式等。旅游产品的形式产品是促进旅游产品核心价值满足旅游消费者的生理需求或向心理效应转化的部分，属于旅游产品向市场提供的物质产品和劳务的具体内容。

3. 延伸产品

延伸产品(Augmented Product)是指旅游消费者购买形式产品时，附带获得的各种利益的总和，包括旅游消费者在购买之前、之中和之后所得到的附加服务和利益。延伸产品是旅游产品的延伸部分或辅助部分。旅游消费者购买旅游产品时获得的优惠条件、付款条件及旅游产品的推销方式等，是旅游企业通过额外优惠的方式使旅游消费者产生一种出乎意料的惊喜。

旅游企业通过旅游产品的生产与销售，达到赢利的目的。旅游消费者通过旅游产品的购买与消费，获得心理上与精神上的满足。任何一种旅游产品都是一个整体系统，它不单用于满足某种需求，还能得到与此有关的一切辅助利益，并且产品的形式部分、延伸部分等因素决定了旅游消费者对旅游产品的评价。例如，现在还有一些旅行社忽视旅游产品的整体概念，没有建立起旅游产品的售后服务体系，从而造成旅游客源的流失。

旅游企业在进行旅游产品开发时，应注重旅游产品的整体效能，并在形式部分和延伸部分上形成自身产品的差异化，以赢得竞争优势。质量是旅游产品差异化的基础。目前，许多旅游企业都把提高产品质量和改进产品延伸部分作为吸引旅游消费者、参与竞争的有效手段。延伸部分为旅游消费者提供了许多附加利益，能形成对旅游消费者的独特吸引因素，从而创造旅游消费者对产品和企业的信赖，有助于旅游企业保持和扩大市场。

6.1.2　旅游产品的类型

旅游产品可以从不同的角度做不同的类型划分。具体而言，它有如下几种。

1. 按照旅游产品的特点

按照特点，旅游产品可划分为观光旅游产品(自然风光、名胜古迹、城市风光等)、度假旅游产品(海滨、山地、温泉、乡村、野营等)、专项旅游产品(文化、商务、体育健身、业务等)、生态旅游产品(主旨是保护环境、回归自然，变革以往的旅游发展模式)等。

2. 按照旅游产品的基本功能

按照基本功能，旅游产品可划分为康体旅游、享受旅游、探险旅游、特种旅游等。

3. 按照对旅游产品的开发程度

按照开发程序，旅游产品可划分为全新旅游产品、换代旅游产品、改进旅游产品等。

4. 按照旅游产品的形态

按照形态，旅游产品可划分为团体包价旅游、散客包价旅游、半包价旅游、小包价旅游、零包价旅游、自助旅游和定制旅游等。

6.1.3 旅游产品的特点

1. 生产与消费的同一性

旅游产品的生产过程，即旅游服务的提供过程，是以旅游消费者到达旅游目的地或旅游企业消费为前提的，消费者在消费的同时也参与了消费过程，一旦消费者不再消费，对消费者而言的旅游服务便不再存在，旅游产品的生产过程也即停止。

2. 无形性

无论是整体旅游产品还是单项旅游产品，它们都不是作为实体而存在的。虽然旅游产品中的旅游资源与旅游设施是有形的，但它们只是作为生产旅游服务的条件而存在。

3. 不可储存性

由于旅游产品是通过服务来满足旅游消费者需要的，而服务是一种行为，不存在独立的“生产”过程。因此，只有当旅游消费者购买并现场消费时，旅游资源、设施与服务相结合的产品才得以存在。无论是航空公司飞机上的一个座位，还是旅游饭店的一间客房，一天无人购买，这一天的价值就将自然消失，而且永远不复存在，所造成的损失将永远无法弥补回来。

4. 不可转移性

旅游产品无法运输，只有依赖于旅游消费者到达旅游产品的生产现场才能实现旅游产品的生产与消费，并且旅游消费者购买的仅仅是产品的暂时使用权，所有权并不发生转移。换言之，只是准许买方在某一特定的时间和地点得到或使用有关的服务。

同时，旅游业的固定资产专用性较强，很难进入其他产业，其他产业也难以替代。如果宏观控制不当，旅游产品的供求不平衡时，企图通过存量调整来改善产品结构往往是做不到的。

5. 时间性

时间性是旅游产品价值的形式部分。时间对于旅游消费者而言也是一种支出，因此时间因素成为旅游消费者评价旅游产品质量的另一个重要方面。时间因素包括两个方面的内容：一是在旅游消费者需要的时间服务；二是要提供高效率的服务，即以旅游消费者需要为导向，提供便利快捷的服务。

6. 后效性

旅游消费者只有在消费全部结束之后，才能对旅游产品的质量做出全面的、确切的评价。旅游消费者在消费之后必然对该旅游产品是否让自己满意有一个衡量，而这将影响旅游消费者是否会重复购买或因此而产生什么样的口碑。

7. 综合性

旅游产品是一个综合性概念，这是由旅游活动的综合性所决定的。旅游目的地提供的满足旅游消费者在旅游活动中食、行、住、游、购、娱等方面所需要的产品与服务，都是整体旅游产品的组成部分；各旅游企业所提供的各种单项旅游产品，都是多种无形的服务与有形的产品的组合。任何一个部门或一个环节出现失误，都会导致整个旅游产品的滞销。例如，旅行社组团服务质量很好，旅游目的地风景优美，旅游饭店住宿条件也很好，可就是路上交通堵塞，或者行车误点，这就成为这条旅游线路的缺憾。

综上所述，旅游产品的特性对旅游市场营销有着重要的影响，了解旅游产品的特性是做好旅游市场营销工作的基础。

6.2　旅游产品构成和生命周期

6.2.1　旅游产品构成

旅游产品在整体上是一种综合性的组合型产品，它主要由旅游资源、旅游设施、可进入性、旅游服务和旅游商品等多种要素构成。其中，既有物质的要素，又有非物质的要素；既有有形的要素，又有无形的要素。旅游企业凭借各种旅游经济要素，向旅游消费者提供交通、住宿、餐饮、游览、购物、娱乐等各种服务，以满足旅游消费者的需求。旅游服务把旅游消费者、旅游资源和旅游设施联系在一起，使旅游产品成为一个有机的综合体。也可以说，旅游产品是一种以服务形式存在的消费品。

1. 旅游资源

旅游资源(Tourist Resources)是指在自然和人类社会中一切可以用于发展旅游业的自

然资源和人文资源的总称。自然资源包括气候、地形、动植物、海滩、自然风景等；而人文资源则包括民族、风土、人情、历史古迹、博物馆、餐饮菜肴、工艺美术、文学音乐、舞蹈、电影、电视、娱乐设施等。旅游资源能够吸引旅游消费者进行旅游活动，并为旅游业所利用而产生经济、社会、生态效益，它是旅游市场营销的前提条件，也是旅游消费者选择目的地的决定因素。

2. 旅游设施

旅游设施(Tourist Facilities)是指旅游目的地旅游行业的人员直接或间接向旅游消费者提供服务所凭借的物质条件，如各种设施、设备等。它包括交通运输设施、餐饮住宿设施、游览娱乐设施和旅游购物设施等，同时这些也是构成旅游产品的必备要素。旅游设施一般分为专门设施和基础设施两大类，它们之间紧密依靠，专门设施建立在基础设施之上并有效发挥作用。

3. 可进入性

可进入性(Accessibility)是指旅游消费者进入旅游目的地的难易程度和时效标准。它具体表现为进入目的地参与旅游活动所付出的时间和费用，也包括旅游消费者抵达旅游目的地的便捷程度和旅游中的舒适方便程度。它是连接旅游产品各组成部分的中心线索，是旅游产品能够组合起来的前提条件。

4. 旅游服务

旅游服务(Tourism-Related Service)是旅游产品的核心。旅游企业除向旅游消费者提供餐饮和旅游产品等少量有形物质外，还大量提供各种各样的接待、导游等服务。旅游服务的内容主要包括服务观念、服务态度、服务项目、服务价格、服务技术等无形性产品。

5. 旅游商品

旅游商品(Tourist Commodities)是指旅游消费者在旅游活动中所购买的，对旅游消费者具有实用性、纪念性、礼品性的各种物质形态的商品。它是旅游产品的重要组成部分，是重要的旅游收入来源。

6.2.2 旅游产品的生命周期

旅游产品生命周期(Tourist Production Life Cycle)是指某种旅游产品从投放市场，经过成长期、成熟期，到最后的衰退期被淘汰的整个市场过程。一条旅游线路、一个旅游项目、一个旅游景区等都将遵循一个从无到有、由弱至强，然后衰退、消失的过程。旅游产品生命周期可以划分为导入期、成长期、成熟期、衰退期四个阶段(如图 6.2 所示)。

旅游产品生命周期的各个阶段通常是以旅游产品的销售额和所获利润的变化状态来进行衡量。处于不同生命周期阶段的旅游产品具有以下不同特点。

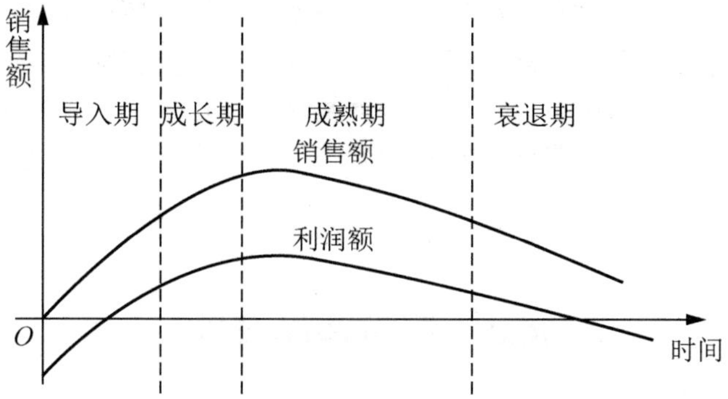

图 6.2　旅游产品生命周期

1. 旅游产品的导入期

由于旅游产品尚未被旅游消费者了解和接受，因此旅游消费者的购买很多是试探性的，几乎没有重复购买，导致销售量缓慢增长。并且为了使旅游消费者认识旅游产品，旅游企业又需要做大量广告和促销工作，使旅游产品的投入和销售费用较大，导致旅游企业往往利润极小，甚至亏损。竞争对手往往还持观望态度，市场还未出现竞争。

2. 旅游产品的成长期

由于前期旅游宣传促销的效果出现，旅游消费者对旅游产品逐渐熟悉，越来越多的人购买旅游产品，重复购买者也逐渐增多，使旅游产品在市场上开始有一定的知名度，旅游产品销售量迅速增加，销售额迅速增长，旅游产品表现出良好的市场前景。在旅游产品利润和良好市场前景的吸引下，竞争对手开始开发类似的替代旅游产品推向市场，市场上出现竞争。

3. 旅游产品的成熟期

在这个阶段，由于很多的旅游产品进入市场，扩大了旅游消费者对旅游产品的选择范围，使旅游市场竞争十分激烈，加上一些新产品对原有旅游产品的替代性，使旅游产品差异化成为市场竞争的核心。但是销售额的增长幅度越来越小，旅游产品的利润在达到最高点后开始下降。竞争者开发了很多同类旅游产品，扩大了旅游消费者对旅游产品的选择范围，竞争十分激烈。更为严重的是，出现了更好的替代性旅游产品，前期旅游消费者已经开始转移到新的替代性旅游产品的消费市场中去。

4. 旅游产品的衰退期

由于新的旅游产品已进入市场并逐步地替代老产品，除少数名牌旅游产品外，大多数旅游产品销售量逐渐减少，旅游产品进入了更新换代的阶段。这时，旅游企业若不迅速采取有效措施，使旅游产品进入再成长期，以延长旅游产品的生命周期，则旅游产品将随着市场的激烈竞争以及销售额和利润额的持续下降而被迫退出旅游市场。

旅游产品生命周期是旅游产品的一般发展规律，但是，不同的旅游产品其生命周期又往往是不同的，其生命周期所经历的阶段也可能不同。一些独特的自然景观、历史文化景观，由于资源的特殊性和文化内涵，以及这些景观的不可复制性，其产品生命周期可能遥遥无期。而有些人造景观由于可以进行大量复制，一旦竞争产品大量出现，其生命周期必然变短，比如很多地方的缩微景观。有些旅游产品、服务项目由于种种原因甚至未进入成长期就夭折了。

6.3 旅游产品开发

旅游产品开发是根据市场需求，对旅游资源、旅游设施、旅游人力资源及旅游景区等进行规划、设计、开发和组合的活动。

6.3.1 旅游产品开发的原则

1. 市场导向原则

旅游产品的开发必须树立市场观念，以市场为导向，以旅游需求作为旅游产品开发的出发点。没有市场需求的旅游产品开发，不仅不能形成有吸引力的旅游目的地和旅游产品，而且还会造成对旅游资源的浪费和对生态环境的破坏。具体而言，市场导向原则要求在旅游产品开发中做好以下几个方面的工作。

首先，要根据经济社会发展及对外开放的实际状况，进行旅游市场定位，确定客源市场的主体和重点，明确旅游产品开发的针对性，提高旅游经济效益。

其次，要根据市场定位，调查和分析市场需求和供给，把握目标市场的需求特点、规模、档次、水平及变化规律和趋势，从而形成适销对路的旅游产品。

再次，要针对市场需求，对各类旅游产品进行筛选、加工或再创造，然后设计、开发和组合成具有竞争力的旅游产品，并推向市场。

总之，树立市场观念，以市场为导向，才能使旅游产品开发有据有序、重点突出，确保旅游产品的生命力经久不衰。

2. 效益观念原则

在产品开发上，既要把经济效益作为旅游产品开发的主要目标，又要考虑社会效益和生态效益，谋求综合效益的提高。树立效益观念，须从以下几方面入手。

第一，要讲求经济效益。无论是旅游目的地的开发，还是某条旅游线路的组合，或是某个旅游项目的投入，都必须先进行项目可行性研究，认真进行投资效益分析，不断提高旅游目的地和旅游线路投资开发的经济效益。

第二，要讲求社会效益。在旅游目的地开发规划和旅游线路产品设计中，要考虑当地经济社会发展水平，要考虑政治、文化及地方习惯，要考虑人民群众的心理承受能力，形成健康文明的旅游活动，并促进地方精神文明的发展。

第三，要讲求生态效益。按照旅游产品开发的规律和自然环境的可承载力，以开发促进环境保护，以环境保护提高开发的综合效益，从而形成“保护—开发—保护”的良性循环，创造出和谐的生存环境。

3. 产品形象原则

根据市场需求，对旅游资源进行开发、加工和再创造，从而组合成特色鲜明、适销对路的旅游产品，树立良好的旅游产品形象。树立良好的旅游产品形象，需要做到以下几点。

第一，以市场为导向，根据客源市场的需求特点及变化，进行旅游产品的设计。

第二，以旅游资源为基础，把旅游产品的各个要素有机结合起来，进行旅游产品的设计和开发，特别是要注意在旅游产品设计中注入文化因素，增强旅游产品的吸引力。

第三，树立旅游产品的形象，充分考虑旅游产品的品位、质量及规模，突出旅游产品的特色，努力开发具有影响力的拳头产品和名牌产品。

第四，随时跟踪分析和预测旅游产品的市场生命周期，根据不同时期旅游市场的变化和旅游需求，及时开发和设计适销对路的旅游新产品，不断改造和完善旅游老产品，从而保持旅游业的持续发展。

6.3.2　旅游产品开发的内容

1. 旅游目的地开发

旅游目的地开发是在旅游经济发展战略指导下，根据旅游市场需求和旅游产品特点，对某一区域内旅游资源进行开发，使之成为旅游消费者集散、停留、游览的目的地。旅游目的地的开发，通常有以下几种形式。

1) 以自然旅游资源为主的开发

这类开发以保持自然风光的原貌为主，主要进行道路、餐饮、住宿、娱乐等配套设施建设，以及环境绿化、景观保护等。如一个地区的特殊的地貌、生物群落、生态特征都是可供开发的旅游资源。自然旅游资源只要有特点就可以，不必非要具备良好的生态环境，比如沙漠、戈壁开发好了都是值得一游的旅游目的地。但是自然景观式景区的开发必须以严格保持自然旅游资源原有风貌为前提，并控制旅游景区的建设量和建设密度，自然景观内的基础设施和人造景区应与自然环境协调一致。

2) 以人文旅游资源为主的开发

这是一种凭借丰富的历史文化古迹或现代建设成就所进行的以人文景观资源为主的开发。它通过对残缺的文化历史古迹进行恢复和整理，如对具有重要历史文化价值的古迹、遗址、园林、建筑等，运用现代建设手段，进行维护、修缮、复原、重建等，使其恢复原貌后，自然就具备了旅游功能，成为旅游吸引物。人文景观的开发一般需要较大的投资和较高的技术。

3) 在原有旅游产品基础上的创新开发

这类开发主要是利用原有资源和开发基础的优势，进一步扩大和新添旅游活动内容和项目，以达到丰富特色、提高吸引力的目的。比如在海滨自然景观旅游中，增添一些水上运动项目，诸如飞行伞、划艇、滑水、冲浪等，不仅未破坏原有景观，还可以和原有的湖光山色相映成趣。

4) 非商品性旅游资源开发

非商品性旅游资源一般是指地方性的民风、民俗、文化艺术等，它们虽然是旅游资源但还不是旅游商品，本身并不是为旅游而产生，也不仅仅为旅游服务。对这类旅游资源的开发，涉及的部门和人员较多，需要进行广泛的横向合作，与有关部门共同挖掘、整理、改造、加工和组织经营，在此基础上开发成各种旅游产品。围绕少数民族风情、风俗、艺术等进行的以民族文化旅游资源为主的开发，会改变原居民的生活方式和习俗，同时旅游消费者带来的外来文化，会对当地的文化生态造成较大的影响。

5) 应用高科技进行的旅游产品开发

这是运用现代科学技术，经过精心构思和设计，再创造出颇具特色的旅游活动项目，如迪士尼乐园就是成功的典型例子。现代科技以其新颖、奇幻的特点，融娱乐、游艺、刺激于一体，大大开拓和丰富了旅游活动的内容与形式。

小案例

迪士尼：我们的产品是营造欢乐

迪士尼乐园不只是游乐场，更是现实的“乌托邦”。通过一系列游戏设施和表演，游客在早已预设的轨迹和效果中，与各类人物一同历险。最后在迪士尼世界固有而唯一的规律下，游客所感受到的是一段既惊险，又安全，却又充满快乐的旅程，这种旅程的欢乐氛围是由员工与游客一起创造的。其中，员工起着主导作用。主导作用具体表现在对游客的服务行为表示上。这种行为包括微笑、眼神交流、令人愉悦的行为、特定角色的表演及与顾客接触的每一细节。

在迪士尼乐园中，员工们得到的不仅是一项工作，而且是一种角色。员工们身着的不是工作制服，而是演出服装。他们仿佛不是为顾客表演，而是在热情招待自己家的客人。他们根据特定角色的要求，扮演真诚友善的家庭主人或主妇。

引导游客参与是营造欢乐氛围的另一重要方式。游客们能同艺术家同台舞蹈，参与电影配音、制作小型电视片，通过计算机影像合成成为动画片中的主角，亲身参与升空、跳楼、攀登绝壁等各种绝技的拍摄制作等。

2. 组合旅游产品开发

组合旅游产品开发是指把旅游资源、旅游设施和旅游服务综合联系起来，根据旅游消费者的期望和消费水平，组合成旅游产品。旅游线路是旅游产品的具体表现方式，也是对单个旅游产品进行组合的具体方式，是旅游目的地向外销售的具体形式。旅游线路开发就是把旅游资源、旅游吸引物、旅游设施和旅游服务按不同目标旅游消费者的需求特点进行特定组合。在旅游线路的组合中，单项旅游产品只是其中的一个组件，开发者并不对单项旅游产品进行实质性的改动，而是考虑不同旅游消费者的需求特点、支付能力来对旅游产品进行组合搭配。

6.3.3 旅游产品开发策略

1. 旅游目的地开发策略

旅游目的地开发最直接的表现形式就是旅游景区的开发建设。一个旅游目的地要进行旅游产品开发，首先必须凭借其旅游资源的优势，或保护环境，或筑亭垒石，或造园修桥，使之成为一个艺术化的游赏空间，让原有风光更加增辉添色，更符合美学欣赏和旅游功能的需要。旅游目的地开发的策略，根据人工开发的强度及参与性质可分为以下几种。

1) 资源保护型开发策略

对于罕见或出色的自然景观或人文景观，要求完整地、绝对地进行保护或维护性开发。有些景观因特殊的位置而不允许直接靠近开发，它们只能作为被观赏点加以欣赏，其开发效用只能在周围景区开发中得以体现，对这类旅游目的地的开发，其要求就是绝对地保护或维持原样。

2) 资源修饰型开发策略

对一些旅游目的地，主要是充分加以保护和展现原有的自然风光，允许通过人工手段，适当加以修饰和点缀，使风景更加突出，起到“画龙点睛”的作用。如在山水风景的某些地段小筑亭台，在天然植被风景中调整部分植物群，在人文古迹中配以环境绿化等，都属于这类开发。

3) 资源强化型开发策略

这类开发指在旅游资源的基础上，采取人工强化手段，烘托优化原有景观景物，以创造一个新的风景环境与景观空间。如在一些自然或人文旅游景区上搞园林造景，修建各种陈列馆和博物馆，以及各种集萃园和仿古园等。

4) 资源再造型开发策略

这类开发不以自然或人文旅游资源为基础，仅是利用旅游资源的环境条件或基础设施条件，打造一些人造景区和景观形象。如在一些交通方便、客流量大的地区兴建民俗文化村、微缩景区公园，在一些人工湖泊上兴建一些亭台楼阁、旅游设施等。

2. 组合旅游产品开发策略

组合旅游产品开发以最有效地利用资源，最大限度地满足旅游消费者需求为目标，它具有以下几种旅游产品的组合策略。

1) 市场型组合策略

市场型组合策略是指针对某一特定旅游市场，根据旅游需求提供旅游产品。如旅行社专门为日本市场提供观光、寻踪、考古、购物等多种旅游产品；针对青年旅游消费者市场开发探险、新婚、修学等适合青年口味的旅游产品；针对老年旅游消费者市场，开发观光、怀旧、度假、养老等旅游产品。这种策略有利于企业集中力量对特定的一个目标市场进行调研，充分了解其各种需求，开发满足这些需求的多样化、多层次的旅游产品；但由于目标市场单一，市场规模有限，企业产品的销售量也受到限制，所以在整个旅游市场中所占份额较少。

2) 产品型组合策略

产品型组合策略是指以某一种类型的旅游产品去满足多个目标旅游市场的同一类需求。如旅行社开发观光旅游产品推向欧美、日本、东南亚等市场。因为产品线单一，所以旅游企业经营成本较少，易于管理，可集中企业资金开发和不断完善某一种产品，进行产品的深度加工，树立鲜明的企业形象；但采取这种策略使企业产品类型单一，增大了旅游企业的经营风险。

3) 市场产品型组合策略

市场产品型组合策略是指旅游企业开发、经营多种旅游产品，并推向多个不同的旅游市场，满足不同旅游市场的需求。如旅行社经营观光旅游、度假旅游、购物旅游、会议旅游等多种产品，并以欧美市场、日本市场、东南亚市场等多个旅游市场为目标市场。企业采取这种组合策略，可以满足不同市场的需要，扩大市场份额；但经营成本较高，需要企业具备较强的实力。

4) 特殊产品专业型组合策略

特殊产品专业型组合策略是指针对不同目标市场的需求提供不同的旅游产品。如对欧美市场提供观光度假旅游产品，对日本市场提供修学旅游产品，对东南亚市场提供探亲访友旅游产品；或者经营探险旅游满足青年市场的需要，经营休闲度假旅游满足老年市场的需要等。这种策略能使旅游企业有针对性地开发不同的目标市场，使产品适销对路；但企业采取此种策略需要进行周密的调查研究，投资较多，成本较高。

6.3.4 旅游产品开发程序

旅游产品开发是一个从搜集产品的各种创意开始，到把这些建议转变为最终投入市场的旅游产品为止的前后连续的，有计划、有目的、有系统的过程。这个过程一般经历如下7个阶段：

1. 产生创意

旅游企业可围绕企业长期的发展战略和市场定位，来确定新产品开发的重点，确定旅游新产品的创意和构思。旅游新产品的创意和构思来源有以下几个方面。

1) 旅游消费者

旅游消费者的需求是旅游新产品开发的原始推动力，企业可以通过对旅游消费者进行调查，收集旅游消费者对旅游新产品的创意建议，然后进行整理和筛选，捕捉有价值的创意。

2) 旅游从业人员

旅游业的从业人员，包括旅游产品的销售人员、导游等。他们处于旅游第一线，与旅游消费者和竞争者接触密切，最了解旅游消费者的需求，最能提出旅游新产品的创意。

3) 竞争者

企业可以通过分析其他竞争企业的产品的成功与不足之处，进行改良和强化。

4) 旅游科研和策划机构

旅游科研和策划机构处于新产品开发第一线，对旅游产品见多识广，加上一定的理论功底和职业素养，对旅游业的发展颇具前瞻性，企业应该重视他们的创意。

5) 旅游企业的高层管理人员

旅游企业的高层管理人员也是旅游新产品开发的重要来源。

2. 创意筛选

收集到若干旅游新产品的创意后，应根据企业自身的战略发展目标和拥有的资源条件对新产品进行评估和选择。

3. 旅游产品概念的发展与测试

用旅游消费者所能理解的具体项目将构思做进一步具体描述，形成具体的旅游产品概念。比如针对大城市中的少年儿童对农作物和农业的陌生，旅游企业确立了“农村、农业、农事”的旅游创意，但是这一创意还待具体开发成旅游景区和旅游线路。例如，针对这一创意，可以开发多种农业旅游产品项目，比如“城郊双休务农游”“秋季果园摘果游”“春种游”等具体的旅游产品概念。然后就可以把这些具体的产品构思，形成形象化的文字资料和设计相应的旅游线路计划，对潜在旅游消费者进行调查和测试，了解他们对产品概念的意见和建议，使新产品概念更加完善，并测试市场接受情况。最后进行具体的旅游新产品的细节设计和制订相应的市场营销计划。

4. 商业分析

在拟订出旅游新产品的概念和市场营销策略方案后，需要企业对此项目进行商业分析。商业分析就是经济的可行性分析，主要从以下几个方面进行。

1) 投资分析

对新产品所需的投资总额进行测算，规划资金的来源，是企业独家投资，还是合资开发，还是引进新的战略投资者，以及投资的回收方式和投资回收年限。

2) 销售量预测

进行销售量的预测，需要确定新产品的旅游目的地，各旅游目的地最乐观的销售量和最悲观的销售量，同时还需进行新产品的生命周期各阶段的预测，尤其是导入期所需的时间。

3) 新产品的量本利分析

在预测出旅游产品各时间段的销售额的基础上，进一步测算新产品的成本和价格，并据此计算出新产品的盈亏平衡点，以及实现盈亏平衡的大致时间，预测在各阶段的盈亏情况。

总而言之，在确保旅游新产品经济上的可行性以后，才能进入具体开发阶段。

5. 产品开发

产品开发阶段是旅游新产品开发计划的实施阶段，大量的资金投入从实质性开发阶段开始。包括旅游产品具体项目设施的建设，基础设施的建设，员工的招聘和培训，与原有旅游项目的利用和整合等。

6. 旅游产品的试销

当旅游新产品的开发已初具规模，具备一定的接待能力时，就可以利用已有的服务项目，组建成一定的旅游产品组合，选择一些典型的目标客源市场进行试销。为减少不完善的负面影响，可以邀请一些专家和业内人士提前试用，收集亲历的感受，整理其意见和建议，适当对旅游新产品进行完善后，再小范围、小规模地向普通旅游消费者试销产品，以进行改进。

7. 正式上市

通过旅游新产品的试销，企业可以获得新产品上市的试销经验，以帮助进行上市的决策。在新产品正式上市之前，企业需要对旅游新产品上市的时间、上市的地点、预期旅游消费者源地和目标旅游消费者以及导入市场的策略进行决策。

1) 上市的时间决策

对于季节性较强的旅游产品，最好选择由淡转旺的季节上市，这样能使新产品的销售量呈上升趋势，但要避免在旅游旺季上市，因为毕竟不完善，如果旅游消费者大量涌入会使企业因经验不足而应接不暇，因此最好是有一个从少到多的适应和完善过程。

2) 上市的地点决策

企业需要确定推出旅游新产品的客源地。是在所有潜在的客源地市场全面推出呢？还是由点到面地逐步扩散？各地的经济收入水平不同，消费特点不同，对新产品的接受也会表现出较大的差异。因此应该对不同市场的吸引力做出客观的评价。企业据此选择主要的市场，并制订新产品的区域扩展计划。

3) 上市的目标旅游消费者决策

在新产品的市场开拓中，企业应将销售和促销的重点集中于最佳的潜在旅游消费者。最佳的潜在旅游消费者群应具备以下特征：愿意最早使用新产品，对新产品持肯定和赞赏态度，乐于传播信息，对周围的旅游消费者有较大的影响，购买量较大。在这样的目标市场上，企业容易较快地获得高销售额，并有利于调动销售人员的积极性，也能较快地渗透市场。

6.4 旅游产品品牌策略

6.4.1 旅游产品品牌的含义及其构成

旅游产品品牌是指表达旅游产品独特性体验感、品质感和形象感的名称、术语、标记、符号或设计，以及它们的组合。其目的是利于识别某个旅游产品，并使其与竞争对手的产品和服务区别开来。

好的旅游产品品牌形象不是天生的，也不是简单的总结与归纳，它是站在旅游产品资源可持续发展的战略高度，对旅游资源进行整体的整合规划和设计，依据设计对旅游资源进行整体的塑造和建设，并加以宣传与推广而树立起来的。

通常来讲，旅游产品的品牌由品牌名称和品牌标志组成，这是品牌的最基本的组成部分。

1. 品牌名称

品牌名称是旅游产品品牌中可以用语言来表达的部分，例如，迪士尼乐园、八达岭长城、泰国风情五日游等。

2. 品牌标志

品牌标志是表示旅游产品品牌中的文字、符号及图案，它包括标志物和标志语。例如，迪士尼乐园的标志物是一只米老鼠，长城饭店的标志物是中国长城的图案等。

但是，现代品牌已经超越了区别的功能，成为企业形象和文化的象征，消费者从形象和文化中能感受到消费该品牌产品或服务带来的心理上的价值利益。因此，品牌最持久的含义是其价值、文化和个性，它们构成了现代品牌的实质，同时蕴藏着巨大的无形资产，集中反映了企业和产品的质量、特色及竞争实力，也具有极大的经济价值。

6.4.2　旅游产品品牌的形成

1. 从需求角度分析

1) 旅游产品的需求具有个性化的特征

旅游消费者在旅游活动中享受的餐饮、住宿、交通、游览、购物、娱乐等服务，往往会和旅游需求者的心理预期存在一定的差距，这就要求旅游企业应树立自身的旅游产品品牌。旅游产品品牌策略必须从消费者的角度出发，充分考虑不同旅游者的心理特征和行为方式，了解他们的特殊需要，开展有针对性的个性化服务，提高服务水平以换取旅游消费者的认可，树立自身的品牌形象。

2) 旅游产品品牌具有获得相对高价的优势

对于一般旅游产品而言，是属于需求价格弹性较大的产品。旅游产品所涉及的行业比较多，因此旅游市场的竞争也就日趋激烈，国内外市场对旅游产品要求的标准也愈来愈高，消费者不仅要求旅游核心产品要具有很强的观赏和旅游价值，尤其注重的是延伸产品中的服务也必须优质。对高质量旅游产品，消费者的需求价格弹性比较小，有利于旅游产品供给者依据优质优价的原则制定高的价格，获取高的附加价值。

3) 旅游产品品牌具有较高的市场渗透能力

旅游产品的需求收入弹性一般都比较大。旅游产品消费是在人们满足基本的温饱问题之后才会形成的一种消费需求。随着人们收入水平的不断提高，人们对于旅游产品的需求将会呈现不断上涨的趋势。许多旅游者注重的不是旅游产品的价格，而是旅游产品本身给旅游者所带来的心理满足程度。另一方面，旅游产品品牌的需求价格弹性较低，这两方面就使旅游产品品牌面临较大的市场机遇。

2. 从供给角度分析

1) 旅游产品的供给具有综合性

旅游产品由旅游资源、设施、服务等多种成分组成，在生产和经营中涉及多个部门和行业，怎样协调好这些部门的关系，为旅游企业旅游产品品牌策略提供了可能。

2) 旅游产品品牌具有相对市场供给垄断优势

旅游产品品牌强调的是产品的品质差异，不同品牌的产品差别化程度越强，消费者就会对某些品牌形成一定的偏爱，使不同旅游产品品牌之间形成稳定的消费群体。旅游产品品牌吸引更多的消费人群，这样，就会排斥非品牌产品供给者的进入，潜在竞争者遇到的进入障碍就更大，从而形成品牌产品的相对垄断优势。

3) 旅游产品的供给具有不可转移性

与一般的产品消费不同，旅游产品本身并不发生运动，发生运动的通常是旅游者。同时在交易过程中，旅游产品的所有权也不发生转移，旅游者只是在消费过程中，在特定的时间、特定地点具有暂时的使用权。由于旅游产品的这个特点，旅游消费者对旅游产品本身的供给质量提出了比一般产品更高的要求，旅游企业可以通过提供旅游产品品牌来吸引更多的旅游者。

显然，随着人们人均收入的提高，社会对同质性强的旅游产品的需求不会随收入的提高而同步增长，而对具有不同质的旅游产品品牌的需求却会高速增长。当前，国内旅游产品市场已经充分开放，旅游业供给经济主体可以通过树立各自的产品品牌，扩大市场份额，在市场上取得相对垄断优势和主要地位，使旅游企业在竞争中获取竞争优势。

6.4.3 旅游产品品牌的作用

在旅游产品的市场营销过程中，品牌策略有着非常重要的作用，主要体现在以下几个方面。

1. 降低旅游者购买旅游产品的风险

品牌的建立有利于降低旅游消费者购买旅游产品的风险，引导旅游消费，巩固和发展旅游产品与旅游消费者之间的关系，从而带来可观的经济效益。

2. 增加旅游产品的附加值

品牌代表着旅游产品的品位、势力和质量，建立品牌有助于旅游产品宣传自己的产品与服务，树立市场形象。从主观上讲，当某一旅游产品成为名牌产品、能够维护旅游者利益的产品时，旅游者就不会在购买价格上过分在意，甚至在价格稍高于其他旅游产品的情况下，旅游者也可以接受，这就是“品牌效应”给旅游产品所带来的价值增值。

3. 潜在保持和吸引旅游市场

旅游品牌是旅游企业的一种无形资产，它是一种超越产品以及有形资产之上的价值。作为强化旅游产品差异化功能的有力手段，品牌是旅游产品获得竞争优势的关键环节。旅游品牌资产源于它对旅游购买者的动员力，能唤起旅游者对旅游品牌的信赖，可以维持和增加旅游者购买品牌产品的数量，从而延长该旅游产品的生命周期，保持旅游产品的市场份额。

4. 有利于实行网络化、集团化经营

网络化、集团化发展道路是当今国际上大多数企业的发展模式。品牌化经营的一个益处就是造就一种连锁经营模式。只要有一个相对有名的旅游品牌，不论是旅行社还是旅游景区，都会在地域上拓展、领域内拓宽，最终实现网络化和集团化的经营模式。

因此，旅游产品要善于发现自身在旅游市场中现实与潜在的特点与优势，围绕市场需要，确定特色，树立品牌，提高旅游产品的生命力。

6.4.4　旅游产品品牌的特征

1. 排他性

旅游产品品牌一旦在市场上建立了良好的信誉，就会在消费者中建立起一定的品牌忠诚，其他企业很难再模仿跟进。不少旅游品牌本身还具有旅游产品与地理名称的双重身份，如桂林、张家界、九寨沟、黄山等，因此旅游产品品牌往往具有非常明显的排他性。

2. 独特性

一般情况下，企业在创造品牌的过程中，都会注意品牌个性的塑造，赋予品牌一定的文化内涵来满足广大消费者内心对品牌文化品位的追求。

由于占据一定面积的地理空间，旅游产品构成要素或构成要素的组合本身就可以成为不可复制的标志性景观，如：纽约的自由女神、开罗的金字塔、黄山的迎客松、八达岭的长城等。这些标志性景观是旅游产品的核心景观吸引物，是品牌的象征和吸引力的源泉，同时也是一个品牌有别于其他品牌的特质所在。有些旅游消费者购买某个旅游产品，主要原因之一是有着亲眼看见那里独特的标志性景观的强烈动机。

3. 综合性

旅游产品品牌名称具有内涵丰富的综合结构，经常以描绘性的前缀或后缀加以表述，如：美丽神奇的九寨沟、不到长城非好汉——八达岭长城、五岳独尊——泰山等。这一特征来源于三个方面：一是适当的表述可巧妙地概括出品牌独特的体验感、品质感、形象感，这是对核心利益点的归纳，同时还具有宣传推广的口号作用；二是区域特征，即可以用诗画般的、易于直观理解的语言来概括自身是一个怎样的地方；三是旅游消费者对于旅游产品的了解首先从其名称开始，而说明性表述不仅利于旅游消费者快速对比旅游产品的特色与自身的旅游需求是否相符，以便做出相应的旅游决策，而且也是在同质化程度越来越高的旅游市场上凸显个性、满足旅游消费者多样化旅游需求的有效方法。

4. 整体性

旅游产品品牌是对整体的一种个性概括，囊括了各个层面的内容。在旅游产品总品牌的涵盖之下，分支品牌既有各自的独立性，同时也密切相关，统一在旅游产品的整体品牌之下。

5. 体验性

旅游产品的服务性要求品牌更应着重突出体验特质，因为旅游消费者将从视觉、听觉、嗅觉、味觉、触觉、动觉等感官角度和需求、情感、态度、文化等心理角度全方位体验和评价产品的特色及品质。品牌的这种体验价值的高低将在很大程度上影响品牌价值的高低。

6.4.5 旅游产品品牌策略的原则

1. 总品牌与分支品牌互动原则

这一原则针对的是旅游产品品牌的“既有整体性又有分化性”特点，强调的是根据总品牌与分支品牌在市场中的影响力，在品牌导入与培育期，或以总品牌为主，或以某个分支品牌为主，集中有限的人力、物力、财力资源，强化所选择的品牌对象，并利用人对事物认知的晕轮效应，以及总分品牌的交互结构与替代特征，最终获取更多的品牌联动效益。

2. 精专为主原则

旅游产品不仅依赖于其所拥有的各种自然或人文的旅游资源，同时也依赖于设备设施和员工的服务行为，服务型产品越专业、越精细，就越能让旅游消费者满意并留下良好印象。因此，在旅游产品品牌建设中，应遵循精专为主的原则，根据品牌定位和旅游资源与旅游活动项目的特征，进行精细化、专业化的品牌塑造，把品牌的体验感做深做透，以创造更优的品牌美誉度和更广阔的市场空间。

3. 多感并举原则

旅游消费者对旅游产品的全方位体验，无论是感官体验，还是心理体验，都是其形成对品牌的知觉印象和评价的基础。因此，要塑造和提升品牌，在品牌建设中就需要采取多感并举的原则，全面挖掘与优化所有的旅游资源与旅游活动项目能够给予旅游消费者的感官与心理体验，并用品牌语言表达出来，以构造差异化的品牌体验特征。

4. 核心吸引物带动原则

旅游产品的核心吸引物不仅是招徕旅游消费者的最大亮点，也是品牌区域特征和市场影响力的主要支撑点。而且通过核心吸引物，可以拓展服务的宽度和深度，丰富旅游消费者体验，增加旅游消费者停留时间，创造更多的经济和社会效益，以丰富的旅游活动内容强化品牌的品质感。因此，遵循利用核心吸引物来带动品牌提升的原则，不仅可抓住品牌宣传推广的要点，而且是提高品牌建设效率与效度的基本原则。

5. 发现与创新原则

旅游消费者的旅游动机具有显著的多元性特点，其根本原因在于旅游消费者旅游需要的多样性。而跟随时代的步伐，不断满足旅游消费者的需要和创造旅游消费者的需求是旅游产品品牌建设的根本任务。为更好地完成这一能够延续品牌生命力的任务，发现与创新是品牌建设必须遵循的重要原则。

6.4.6　旅游产品品牌建设步骤

旅游产品品牌建设可分以下几个阶段。

1. 树立品牌

在旅游产品品牌调查(包括资源评价和客源市场分析等)的基础上，进行品牌定位和品牌形象设计。

2. 推广品牌

整合营销传播计划并执行，确保品牌与旅游消费者的每一个接触点都能传达有效信息。

3. 维护品牌

维护品牌分为保护品牌和延伸品牌两部分，前者侧重于品牌的法律保护，后者侧重于品牌的延伸。

4. 创新品牌

从形象、定位、产品和科技等几个方面实现品牌的创新。

在实际操作中，品牌各个阶段的建设工作并非依次展开，而常常紧密地联结在一起，甚至是一项、多项并存。

小案例

香格里拉盛贸品牌创新

日前，香格里拉酒店集团旗下原“盛贸饭店”将更名重塑为全新品牌 Hotel Jen(今旅) 。Hotel Jen 作为中档酒店品牌，将主打直觉式服务态度和轻松友好的气质，在亚太地区的各个主要城市和目的地为客人服务。

全新品牌 Hotel Jen(今旅)新鲜、友好、无忧无虑的风格令其与众不同。“今旅”品牌的灵感源于虚拟人物 Jen: “她”是一位热爱生活，喜欢旅行、探险和发现的专业酒店经营者，为客人提供高效和贴心的服务。科技也是喜爱社交、心态年轻的旅客最关注的方面之一，“今旅”所有酒店都将提供 24 小时免费无线网络、遍布各处的移动充电站等。

香格里拉酒店集团总裁兼首席执行官凯杜根表示：“我们在对目标市场进行了广泛调研后，决定重塑盛贸品牌，今旅将主打直觉式服务态度和轻松友好的气质，以迎合新一代追求独立的商务和休闲旅客的需求。”

“Hotel Jen(今旅)将满足新世纪宾客的需求——他们重视做好每一件重要的事情；他们更注重客房舒适度、服务的真诚和可信；他们希望保持私密、高效率，追求无忧无虑、无侵扰的享受。”

凯杜根补充道：“盛贸品牌拥有近 25 年的骄人业绩，在竞争激烈的酒店行业里打造出了坚实的市场基础，并建立了精准的忠实客户群。”

“然而，我们着眼于未来，通过与宾客交谈等方式，在对目标市场进行了广泛的调研之后，剥离出了全球旅行新趋势，尤其是新一代旅客的特殊需求，并以此做出应对，从而在未来 20 年中继续保持领先和竞争优势。”

Hotel Jen(今旅)首席运营官 Lothar Nessmann 表示：“推出这一全新品牌令我们无比激动。毫无疑问，我们希望留住现有的忠诚客户，但我们也发现他们的需求已经改变。商务和休闲的界限已经在传统工作时间以外的忙碌之中变得模糊，所以今天的宾客希望随时随地有更多的灵活性。”

“随着盛贸饭店更名重塑为 Hotel Jen(今旅)，我们将拓宽宾客群体，吸引更多寻找当地特色的旅客，同时也能满足追求更加灵活独立且轻松友好的住宿体验的团队和家庭旅客。”

第一家 Hotel Jen(今旅)酒店于 2014 年 9 月 15 日在新加坡 Orchardgateway 开业，成为香格里拉旗下原“盛贸饭店”更名重塑计划实施后的第一家酒店。

6.4.7 旅游产品品牌化战略

1. 品牌目标战略

每一个品牌都应该有一个自己的定位，品牌定位是为了适应消费者心中的某一特定地位而设计的产品和市场的组合行为，可以以产品的特性或消费者的利益定位；以价格定位或文化形象定位；以竞争状况或类别定位等。旅游产品也应该寻找类似的定位，以体现同类产品的不同风格。

2. 品牌形象强化战略

与一般产品不同，旅游产品的品牌形象强化战略分为两级理念：一级理念应将重点放在向旅游者传递一种旅游产品能够带来的氛围和感觉，即旅游者能够得到核心的价值。二级理念则应将旅游产品不同方面的特征(历史、地理、文化、风景、景点等)分别作为主题，与目标市场可接受的特点相结合，进行有针对性的、具体的阐述，将旅游产品系统、完整地展现在旅游者面前，对一级理念进行全方位支撑。

3. 品牌延伸战略

旅游产品的开发也要注意品牌的延伸，特别是将品牌运用于旅游商品开发时。当然，开发新景点时，分析新景点能否帮助现有的品牌拓展，起码不能损害现有品牌声誉时，才能冠名开发。

4. 品牌再活化战略

旅游产品是有自己的生命周期的，旅游产品吸引的旅游人数也在重复着增减的变化。旅游品牌的再活化强调旅游企业如何将旅游低谷时的损失降到最低，如何再度反弹该旅游产品，比如重新定位、改换特色、增设新项目等均可能使旅游产品再度火爆。

需要指出的是，旅游产品不是一经品牌化就可以一劳永逸，维护品牌和创造品牌一样，是一个相当艰难的过程。在这个过程中，不论任何企业都应该学会创造需求和引导需求。

【本 章 小 结】

旅游产品是一个整体的概念，由内而外由核心产品、形式产品和延伸产品三个层次构成。旅游产品的特点主要表现为生产与消费的同一性、无形性、不可储存性、不可转移性、时间性、后效性、综合性。

旅游产品主要由旅游资源、旅游设施、可进入性、旅游服务和旅游产品等多种要素构成。旅游产品生命周期可以划分为导入期、成长期、成熟期、衰退期四个阶段。

旅游产品开发需要遵循市场导向原则、效益观念原则、产品形象原则。旅游目的地开发策略包括资源保护型开发策略、资源修饰型开发策略、资源强化型开发策略、资源再造型开发策略。组合旅游产品开发策略包括市场型组合策略、产品型组合策略、市场产品型组合策略、特殊产品专业型组合策略等。旅游产品开发程序一般经历产生创意、创意筛选、旅游产品概念的发展与测试、商业分析、产品开发、旅游产品的试销、正式上市 7 个阶段。

【习　题】

一、填空题

1. 旅游产品是指旅游企业凭借一定的旅游资源与旅游设施，向旅游消费者提供的满足其在旅游过程中的综合需要的__________和__________。

2. 旅游产品是一个整体的概念，由内而外由__________、__________和__________三个层次构成。

3. 可进入性主要为旅游者进入旅游目的地的难易程度和时效标准，具体表现为进入目的地参与旅游活动所付出的__________和__________。

二、选择题

1. 旅游吸引物和旅游服务构成了旅游产品的(　　)。

　A. 形式部分　　B. 延伸部分　　C. 供求部分　　D. 核心部分

2. 旅游产品的物流和商流是分离的，表现了旅游产品的(　　)。

　A. 无形性　　B. 易折性

　C. 生产、消费不可分割性　　D. 不可转移性

3. 以下(　　)不具有不可储存性的特点。

　A. 飞机上的一个座位　　B. 宾馆的一间客房

　C. 旅游商店的一件纪念品　　D. 歌剧院的一个包厢

4. (　　)是一个地区旅游开发的前提条件，也是旅游者选择目的地的决定因素。

A. 旅游资源　　B. 旅游商品　　C. 旅游服务　　D. 旅游设施

5. (　　)不以自然或人文旅游资源为基础，仅是利用旅游资源的环境条件或基础设施条件，打造一些人造景区和景观形象。

A. 资源保护型开发策略　　B. 资源再造型开发策略

C. 资源修饰型开发策略　　D. 资源强化型开发策略

三、名词解释

1. 旅游产品
2. 旅游产品生命周期
3. 旅游产品开发

四、简答题

1. 简述旅游产品的市场生命周期。
2. 简述旅游产品的特点。
3. 简述旅游产品开发程序。

【实际操作训练】

一、实训名称

旅游产品策划

二、实训目的

了解旅游产品策划的框架构成、具体的内容、格式要求；掌握策划的程序、方法、技巧和重点。

三、实训步骤

1. 分小组(5～8 人)分工合作完成以下工作：

(1) 根据目标旅游企业实际情况，进行旅游市场背景分析；

(2) 竞争者产品策略调查；

(3) 产品描述及核心利益分析；

(4) 产品组合设计；

(5) 撰写产品方案策划书。

2. 以小组为单位在课堂上进行陈述和答辩。

3. 教师点评。

四、实训评价

根据方案内容、陈述和答辩的情况评价打分，纳入学生实训课考核之中。

延伸阅读

"科技、艺术和好玩是我们吸引内地游客的三板斧"

在 2013 年内地 9700 万名出境游客中，香港接待了内地游客高达 4500 万人次，几乎占了近半。因此，香港数百家酒店在中国出境游大潮中扮演的角色相当重要。地处香港九龙半岛中心位置的旺角朗豪酒店总经理甘贝贤自豪地告诉记者，作为一家拥有 665 间客房数量、注重时尚与艺术氛围的奢华酒店，中国内地游客已经占到 85%。在被问到采用何种招数吸引到这么多内地游客时，甘贝贤直言采用了科技、艺术和好玩"三板斧"。

朗豪是朗廷酒店集团旗下的一个高星级品牌，区别于走经典奢华路线的朗廷品牌，朗豪走的是注重时尚与科技路线的"时尚酒店"路线。为了吸引互联网时代的消费者，旺角朗豪投巨资设计了领先的客房科技，包括超过 5 公里长的光纤电缆、4000 个系统接收点、1500 个互联网协议电话、500 个无线切入点，特别是所有客房均采用思科 7970 彩色屏幕互联网协议电话。这种先进的多功能电话机，备有一连串多媒体及互动功能，客人无须接驳网络，即可于"一指间"获取天气情况、实时新闻、股票报价、传送短消息及网上电台频道等多项功能。"每间客房都配备一部全酒店可以自由接听的客房移动电话，你可以随时接起打到客房的每一个电话，确保住店客不错过任何来电。"甘贝贤特别指出：酒店科技是日新月异的，作为朗廷集团下走智能酒店路线的朗豪，未来会进一步加强在客房科技方面的投资，包括为旅游消费者选配更加先进的高清互动电视，配置多功能电器转换工作站等。"现在客人随身行李会愈来愈少，但科技装备会愈来愈多，不同手机品牌的充电插头、不同制式的电源插座、外部音乐的接入和播放系统、手机操控客房设施设备技术等，都是朗豪酒店下一步提升的目标。"甘贝贤坦言，进入互联网时代，年轻一代的商务与休闲旅客，对酒店科技装备水平更加看重。朗豪作为走时尚路线的酒店品牌，一定要满足他们的需求，才能吸引他们选择朗豪。

让甘贝贤更加自豪的是旺角朗豪被人称为"艺术廊"。在这座楼高 42 层的现代摩天大厦中，收藏并陈列着 1500 多件中国现代艺术作品，这些艺术收藏品出自多位蜚声国际的当代中国艺术家，包括王广义、岳敏军及蒋朔的扛鼎之作。这项高达 2000 多万元的投资，在甘贝贤看来非常值得，因为它们凸显出香港朗豪酒店的"艺术个性"。"坦率地讲，高级酒店摆放现代艺术品并不罕见，但我们朗豪清一色摆放中国现代艺术作品，在香港还是第一家，足以证明我们重视与中国内地的文化联系。"甘贝贤称。

如果说，旺角朗豪收藏中国现代艺术家作品是开了全港酒店的先河，那么对其中 21 件珍品进行数码语音解说更是全球之先。甘贝贤介绍说：游客可以通过向朗豪礼品店免费租借 iPod，在普通话、粤语、英文或日文中选择一种，就可以逐一聆听酒店特聘艺术顾问对这些作品所做的精彩介绍，包括艺术家的生平、创作背景、理念以及作品表达的主题等，使住店客接受一次美的艺术熏陶。

"让住店客觉得好玩，同样是旺角朗豪酒店的使命之一，因为我们的入住客中，50%是休闲客、35%是商务客，10%是会议客。"甘贝贤说。

为了让住店客觉得住在旺角朗豪好玩，酒店开出了两条免费的观光游线，一条是"探索旺角之旅"，一条是"文化之旅"，每天一早一晚从大堂礼宾部组团出发，请旅行社专业导游带队，在 90 分钟内"触摸"旺角的独特区域文化。

在谈到为何要贴钱开设这样的文化观光游线时，甘贝贤表示：旺角是九龙区的心脏地带，是现代与传统的完美结合，也是了解香港本土文化的必到之处。沿着旺角著名的上海街漫步至油麻地、女人街、电器街、金鱼街及湿货市场等，游客均可以感受浓厚的地方色彩。从各式各样的百年老店，纵观香港传统文化截面，如琳琅满目的传统中式裙褂店、古典优雅的仿古明代家具店、别具特色的佛教宗教精品店等，都让人回味无穷，乐而忘返，店家主人还不时与客人分享昔日回忆，细诉历史轨迹和香港传统文化的独特魅力。甘贝贤强调指出："朗豪品牌其中一个重要的元素，是与小区融合、热爱本土文化，我们希望让旅客体验真香港的地道文化，让其乐在其中。"

延伸思考：

1. 分析案例中的旅游产品开发体现了怎样的开发策略。

2. 在旅游产品开发过程中，经常使用的开发策略有哪些？

3. 尽管不同的旅游企业所开发的产品特点和所面临的市场特点各有不同，但是其产品开发的基本程序是相通的。请阐述旅游产品开发的基本程序。

第7章 旅游价格策略

学习目标

- 了解旅游价格的含义、构成及其分类;
- 熟悉旅游价格制定的原理、目标及方法;
- 掌握旅游价格制定的策略。

导入案例

66万元“环游世界66天”30秒售罄

30秒售罄！刚刚上线的携程旅游报价66万元的“环游世界66天”旅游团，又一次震动市场，刷新了中国旅游服务顶级程度和售卖速度的历史纪录，证明了中国高端旅游市场的巨大潜力和携程旅游的惊人号召力。据了解，其2011版“环游世界60天”报价50万元，上线后9分钟报满，最后增加名额为两个团出行。

携程旅游宣布，2012年版“环球世界66天”，于6月16日上午10点10分正式售卖，5名环球旅游服务专员登录上线，电话同时接通，10个名额30秒内瞬间售罄。另外后续还有数十名客人来电报名，将列入候选名单。首先抢订的5个电话、10名客人，都是2人一起出行，此前都在网上详细了解了产品情况。从户籍看，客人主要来自北京、上海、浙江、湖北，基本以夫妻、亲友为主，大部分为三四十岁，也有年龄较大的人士。候选名单中的客人除了来自以上省市，还有来自江苏、辽宁、内蒙古等地。记者在携程网上看到，相关的报名页面已经显示，“本次名额已满，感谢您的关注!”不过保留了报名电话，方便有意向进入候选名单或者参加下次环游团的游客。

由于此旅游团涉及许多商业机密，旅游路线的细节部分无法查证。因此，其成本与利润无法计算。

案例思考：

请分析案例中运用了怎样的旅游定价策略。

7.1　旅游价格概述

7.1.1　旅游价格的含义

旅游价格(Tourism Price)是旅游消费者为满足旅游活动的需求而购买单位旅游产品所支付的货币量。它是旅游产品价值、旅游市场的供求和一个国家或地区的币值三者变化的综合反映。在市场经济中，旅游消费者的食、住、行、游、购、娱等需求必须通过交换活动，通过支付一定的货币量才能获得满足。旅游企业在向旅游消费者提供旅游产品时，必然要求得到相应的价值补偿，于是在旅游消费者与旅游企业之间围绕着旅游产品的交换而产生了一定货币量的收支，这就是旅游价格。从旅游企业的角度看，旅游价格又表现为向旅游消费者提供各种服务的收费标准。

旅游价格是旅游经济运行中最活跃的因素，直接影响生产者、经营者、消费者的利益。对于旅游企业来说，当成本一定时，价格决定了其利润，赚钱的多少直接和价格相关，价格高获利就多，价格低获利就少，而成本在短时期内的变动是非常小的，所以旅游价格的高低在很大程度上决定了旅游企业利润的高低。

7.1.2　旅游价格的构成

1. 从旅游产品经营者的角度看

从旅游产品经营者的角度看，旅游价格是由成本和盈利两部分构成。

(1) 成本是指生产费用，它包括生产旅游产品时用于建筑物、交通运输工具、各种设备、设施及原材料等物质的耗费和旅游从业人员旅游服务的劳动补偿部分。

(2) 盈利是指旅游从业人员新创造的价值部分，它包括向政府交纳的税金、贷款利息、保险费用和旅游产品经营的盈利等。

在旅游单项价格构成中，旅游价格包括旅游企业的成本与利润；但在统包价格中，旅游价格则由各个单项旅游产品的单价之和加上旅行社的成本与盈利所构成。

2. 从旅游消费者的角度看

从旅游消费者的角度看，旅游价格的构成分为基本构成和自由选择两部分。

(1) 基本构成是旅游消费者在出游前对旅游产品的感性认识和粗略理解基础上所预算的旅游支出构成。针对基本构成，旅游企业要加强推销能力，通过较宽的分销渠道和较强的宣传促销让旅游消费者对旅游产品有更多的认识和理解，从而尽可能增加旅游消费者的旅游预算。

(2) 自由选择是旅游消费者在旅游过程中，通过对旅游产品的亲身体验和主观预测而对基本构成的调整，它包括对基本构成总量的增减和对基本构成的结构改变，以及调整下次旅游的预算。针对自由选择，旅游企业要提供优质的旅游服务，对旅游消费者产生较强的吸引力，从而增加旅游消费者的自由选择。

7.1.3　旅游价格的特点

由于旅游产品不同于一般产品，它是一种组合型产品，具有综合性、无形性、不可转移性等特点。它的这些特点决定了旅游价格具有不同于一般产品价格的特点，主要表现在以下几方面：

1. 综合性与协调性

旅游产品要满足旅游消费者的食、住、行、游、购、娱等多方面需求，旅游价格必然是旅游活动中食、住、行、游、购、娱价格的综合表现，或者是这些单个要素价格的总体显示。同时，由于旅游产品的供给方分属于不同行业与部门，因而必须经过科学的协调，使之相互补充、有机搭配。因此旅游价格又具有协调性，以协调各有关部门的产品综合地提供给旅游消费者。

2. 垄断性与市场性

旅游产品的基础是旅游资源，而独特个性是旅游资源开发建设的核心，这就决定了旅游价格具有一定的垄断性。它表现为：一方面，在特定时间和特定空间范围内，旅游产品的价格远远高于其价值，高于凝结于其中的社会必要劳动时间；另一方面，旅游产品又必须接受旅游消费者的检验，随着旅游消费者的需求程度及其满足旅游消费者需求条件的改变，旅游产品的垄断价格又必须做相应的调整，从而使旅游价格具有市场性，即随着市场供求变化而变化。

3. 高弹性与高附加值性

由于旅游需求受到诸多不可预测因素的影响，使旅游消费者的旅游需求及旅游动机也是千变万化的。相反地，旅游供给却又相对地稳定，于是这种供求矛盾造成相同旅游产品在不同的时间里价格差异较大，从而使旅游价格具有较高的弹性。从某种程度上讲，旅游活动就是旅游消费者获得一次独特心理感受的过程。在不同档次的旅游环境中，相同的旅游产品给旅游消费者的感受差异会很大。旅游产品的档次愈高，服务愈好，旅游消费者愿意支付的旅游价格也会愈高，其中便蕴含了较高的附加值。

4. 一次性与多次性

旅游产品中，餐厅的食品、旅游纪念品等商品，是使用权与所有权都出售，其价格是一次性的。而旅游景区、旅游交通和客房等，则只出售使用权而不出售所有权，从而造成不同时间的价格有所不同，因而又存在多次性价格。因此，旅游产品价格实质上是一次性与多次性相统一的价格。

7.1.4 旅游价格的分类

旅游价格可按照不同标准进行不同的分类。常见的旅游价格分类主要有以下几种：

1. 基本旅游价格和非基本旅游价格

按照旅游消费者在旅游活动中对旅游产品需求程度的差异，可将旅游价格分为基本旅游价格和非基本旅游价格两类，如图 7.1 所示。

- 旅游价格
  - 基本旅游价格
    - 食宿价格
    - 交通价格
    - 游览价格
    - 旅行社服务价格
  - 非基本旅游价格
    - 纪念品价格
    - 通信服务价格
    - 医疗服务价格
    - 娱乐服务价格

图 7.1 基本旅游价格和非基本旅游价格

(1) 基本旅游价格是旅游活动中必不可少的旅游需求部分的价格，包括食宿价格、交通价格、游览价格、旅行社服务价格等。基本旅游价格不合理，旅游消费者的基本需求得不到合理的满足，旅游活动要么无法进行，要么留下遗憾，从而直接影响到旅游客源的多少。因此，合理地确定基本旅游价格十分重要。

(2) 非基本旅游价格是指旅游活动中对每个旅游消费者来说可发生也可不发生的旅游产品价格，如纪念品价格、通信服务价格、医疗服务价格、娱乐服务价格等。大量非基本旅游价格是在旅游消费者基本需求获得满足基础上产生的，从而有利于刺激旅游消费者的进一步需求，影响旅游消费者的旅游消费结构，从而增加旅游目的地的收入。这就要求在制定非基本旅游价格时，必须充分考虑基本旅游需求的独特个性，并按照其功能特性，制定合理的价格。

2. 一般旅游价格和特种旅游价格

按照旅游产品构成内容的不同，可将旅游价格划分为一般旅游价格和特种旅游价格。

(1) 一般旅游价格是指以旅游产品价值为基础来确定的旅游产品价格，如餐饮价格、住宿价格、交通价格、旅游用品价格等。这些旅游产品与国民经济的其他相关行业、部门的产品具有明显的替代性，因而它必须按照社会平均利润率，以旅游产品的价值为基础来制定。

(2) 特种旅游价格是价格与价值背离较大的旅游产品价格，如旅游购物品中的古玩、名画的价格，名人住过或游览过的旅游景区的价格等。这些旅游产品在特定的时间和空间内具有独占性，其价格也可以视作垄断价格，其价格制定不受成本高低的影响，而主要取决于市场的供求状况。

3. 国际旅游价格和国内旅游价格

这种分类是按照旅游消费者的国籍不同而分类的。国际旅游价格是向海外旅游消费者标明的价格，国内旅游价格是向本国旅游消费者标明的价格。通常的表现是，发展中国家的国际旅游价格比国内旅游价格要高得多。由于不同国家的经济发展水平不一样，不同国籍的旅游消费者的购买力客观上有差异，因此，区分国际旅游价格与国内旅游价格不仅符合旅游经济活动的实际，而且有助于经济相对落后的国家或地区吸收更多的外汇。

随着经济的区域化和全球一体化进程的加深，服务贸易将日益世界化，旅游价格的国际国内差异也将逐渐缩小。因此区分和确定国际旅游价格和国内旅游价格的差异，必须以世界经济的发展，尤其是世界服务贸易的发展状况为依据，才能制定出既符合实际，又科学合理的旅游价格。

4. 包价、部分包价和单项价格

这种分类是按照旅游消费者购买旅游产品的方式划分的。

(1) 旅游包价也叫统包价格，是旅行社为满足旅游消费者的需要所提供的旅游产品基本部分和旅行社服务费的价格。它由三部分组成：一是旅游出发地与旅游目的地之间的往返交通费；二是旅游目的地向旅游消费者提供的旅游产品的价格；三是旅行社的管理费用和盈利。旅游包价是旅游消费者一次性支付的价格。

(2) 单项价格是旅游消费者按零星购买方式所购买的旅游产品的价格，亦即在一定时期内不同旅游企业所规定的各种单项旅游产品的价格，如客房价格、餐饮价格、交通价格、门票价格等。

(3) 部分包价是介于包价与单项价格之间的旅游价格，指旅游消费者一次性购买部分旅游产品的组合，同时又以零星购买方式而购买另外的单项旅游产品，如参加某次运动会、某项球赛、某种娱乐的价格，或以某个特殊地方为目标的参观游览所提供特殊产品和服务的价格。

随着旅游客源由团队向散客方向的发展，部分包价和单项价格将逐渐增多。

7.2 旅游价格制定的原理和方法

7.2.1 旅游价格制定的原理

1. 旅游产品的价值决定供给价格

价格是价值的货币表现，价值取决于社会必要劳动时间。这一基本理论也适用于旅游产品，就是说旅游价格是由旅游产品的价值决定的，是由生产旅游产品的社会必要劳动时间决定的。合理的旅游价格反映旅游资源对旅游消费者的吸引程度，吸引力强、观赏价值高的旅游资源，蕴含大量的物化劳动，应当收取较高的价格。旅游价格的制定还体现旅游设施的数量和质量，如豪华级旅游饭店与一般旅游饭店虽然都是旅游饭店，但其设施的配套与完善程度、舒适与先进程度差距很大，所花费的社会必要劳动时间差异明显，因而其价格有较大的差别。此外，旅游价格的水平还体现着旅游服务人员所提供的服务劳动的质量水平，包括客房、餐饮、翻译、导游等，热情、周到、高质量的服务反映了服务人员的业务素质较高，付出了更多更复杂的劳动，理应得到较高的报酬。

旅游产品的价值决定旅游产品的供给价格，这是旅游价格的下限，低于这一下限，旅游企业所付出的社会必要劳动就得不到合理的补偿，旅游产品的再生产就难以继续。另一方面，由于旅游企业的经营水平和经营状况不同，其个别劳动时间或者低于社会必要劳动时间，或者高于社会必要劳动时间。按照社会必要劳动时间决定价值量从而决定供给价格的规律性，可以反映出不同旅游企业的经营水平和经营状况，从而保护好的，淘汰差的，促使旅游企业不断改善经营管理，降低消耗，推动旅游业的发展。另外，按照社会必要劳动时间决定供给价格，也保护了旅游消费者的经济利益，使旅游产品货真价实地满足旅游消费者的消费需求。

2. 旅游业与其他行业的比较决定需求价格

需求价格是指在一定时期内旅游消费者对一定量的旅游产品愿意和能够支付的价格，它表现为旅游消费者的需求程度和支付能力。旅游业与国民经济其他行业的比较决定需求价格，主要表现在三个方面：

首先，旅游业比其他行业适度超前发展，以旅游业的优质服务和高层次满足刺激旅游需求，创造旅游市场，从而增强了旅游消费者的旅游需求强度，形成和抬高旅游需求价格。

其次，旅游业同其他行业相比，人们的其他需求可以或者已经通过其他行业得到满足，而旅游需求还没有满足和没有比较好地满足，这时人们的旅游需求程度较强。

再次，其他行业的发展使人们形成了旅游支付能力，从而使旅游消费者的旅游意愿转变为现实的旅游活动，旅游需求价格也便有了现实性。

旅游需求价格是旅游价格的上限，超过上限即超过旅游消费者的意愿和支付能力，旅游消费者的旅游活动就不能成行或者减少，再有特色的旅游产品，再有吸引力的旅游资源都会成为空谈。

3. 旅游市场竞争决定市场成交价格

旅游市场竞争通过旅游生产商之间、需求者之间、旅游生产商与需求者之间的竞争决定市场成交价格。旅游生产商之间竞争的结果使市场成交价格在较低的价位上实现；需求者之间竞争的结果，使市场成交价格在较高的价位上实现。因此，当旅游产品供过于求时，旅游价格只能体现旅游企业的生存目标，即较低的供给价格；当旅游产品供不应求时，旅游价格可以体现旅游企业的利润最大化目标，从而体现了较高的交易价格，但不能超过旅游需求的价格。

4. 经济政策调节旅游产品市场成交价格

在市场经济中，市场作为配置社会资源的机制本身也会有内在缺陷，“市场失灵”或“市场失效”是经常发生的，客观上要求政府的经济政策调控市场。特别是当前我国市场体系还不健全，旅游市场还有诸多的问题，价格机制还不能充分发挥作用，在这样的情况下，政府经济政策对旅游价格的影响尤为重要。从我国旅游经济发展实际看，经济政策对旅游价格的调节主要包括以下方面：

(1) 政府通过对旅游企业的审批年检，调节一个国家或地区的旅游企业数，从而影响旅游产品的供给，调节旅游价格。

(2) 政府通过对旅游市场价格的调控，减少和避免旅游价格的信号失真，使旅游价格趋于合理。

(3) 政府通过旅游经济发展政策，直接和间接地影响旅游业的投资和旅游需求，进而影响旅游价格的变化。

(4) 国民经济的发展状况决定通货膨胀率的高低和汇率的变动，从而影响旅游价格的变化。

7.2.2　旅游价格制定的目标

旅游价格制定的目标是指旅游企业在对其生产或经营的产品定价之前，预先设定的、有意识地要求达到的目的和标准。旅游企业作为市场经济的主体，其生产经营的根本目的是价值的增值，是追求收益的最大化。围绕收益最大化而展开的旅游定价目标主要有三大类。

1. 以反映提高产品质量为目标

产品质量是产品价值的表现，是产品价格的基础。旅游产品价格必须反映旅游产品质量，做到质价相符，才能吸引旅游消费者，增大销量，实现收益的最大化。旅游定价选择这种定价目标具体又可分为以下三种类型：

1) 反映旅游产品特色的目标

旅游产品特色指旅游产品的质量、功能、服务、品牌、文化氛围的全部或部分。它反映了旅游产品对旅游消费者的吸引力。旅游产品有特色，旅游消费者不仅对该产品满意，而且还会期望通过消费这种旅游产品来炫耀与众不同，显示其经济上的富有或地位上的优越，以获取精神上的满足。因此，这种旅游产品在定价时具有有利地位，其价格也相应要比同类旅游产品高。

2) 反映旅游产品垄断的目标

旅游资源是旅游产品形成的基础。在一定的时空环境里，旅游资源科学开发和组合而形成的旅游产品具有稀缺性，其价格也便具有垄断性。如北京故宫、西安兵马俑和云南石林等，这类产品的稀缺性使之与同行业竞争对手相比具有很强的竞争能力，因此其定价可以采取较高的价位，高于其他同类旅游产品的价格。

3) 提高旅游消费者满意度的目标

旅游消费者通过旅游获得精神上的体验，留下长久的回忆，旅游服务对旅游消费者的心理感受和满意度影响很大。由于旅游消费者的文化背景、个人素养不同，阅历各异，因此，相同的旅游服务(即使是标准化的、规范化的服务)对不同的旅游消费者来说会有不同的感受，从而形成不同的评价。旅游企业针对不同旅游消费者的需求提供有针对性的服务，得到旅游消费者的较高评价，提高旅游消费者的满意度，可以确定较高的旅游价格。

2. 以保持和扩大市场占有率为目标

市场占有率是指旅游企业产品销售量或旅游收入在同类产品的市场销售总量或旅游总收入中所占的比重。市场占有率是企业发展的基础，代表着潜在的利润率。旅游企业的市场份额越大，就越有发展潜力，增加利润的机会就越多。特别是旅游产品既不能储存、又不能运输，因此，保持和扩大市场占有率尤为重要。以稳定和扩大旅游市场占有率为目标，具体又分为以下三种类型：

1) 以稳定价格为目标

旅游企业采取稳定价格的目标，实质是想通过本企业产品的定价或少数几家旅游大企业产品的定价左右整个市场的价格水平。选择这种定价目标的应当是那些实力雄厚、市场占有率较高的大企业。

2) 以有助于市场推销为目标

旅游价格制定与旅游产品开发、旅游促销和旅游分销相结合，共同构成旅游目的地或旅游企业的市场营销组合，产品、价格、分销和促销四大要素彼此配合、相互依赖，形成强有力的市场营销阵容，推动旅游产品的顺利销售。因此，旅游价格的制定和调整要考虑其他三个因素，要有利于其他要素作用的发挥，以保持和提高市场占有率。

3) 以符合市场行情为目标

旅游业是一个市场导向型产业，市场占有率的形成和变化是旅游市场竞争的结果。旅游企业要保持和提高自己的市场占有率，其价格制定必须符合市场行情，脱离市场行情的旅游价格很难吸引旅游消费者，也就很难保持市场占有率。

3. 以稳定和增强竞争力为目标

稳定和增强旅游企业的市场竞争力，使其在市场竞争中不断谋求有利地位，较好地实现旅游产品的价值，取得尽可能多的收益。旅游定价选择这种定价目标具体又可分为以下三种：

1) 以增加当前利润为目标

这一目标是指旅游企业通过价格手段在短期内获取最大限度的利润。它适用于旅游产品的技术含量和质量指标在短期内居于市场领先地位，旅游消费者认同感明显，短期内供不应求的企业。这时旅游企业或通过薄利多销的低价，或通过厚利适销的高价较快地获取最大利润。待到其优势消失的时候，旅游企业已经有了开发新产品的能力，又可以营造新的竞争优势。

2) 以一定的均衡收益为目标

当旅游企业在同行业中占据主导地位，能够掌握市场需求情况，并基本能控制本企业的市场份额时，旅游企业可以选择一个保持长期稳定收益的定价水平，以一个固定的收益额作为定价目标，以使本企业在市场竞争中稳步发展。

3) 以平均利润为目标

当旅游企业的经营管理水平处于同行业中的中等地位时，企业往往以获取平均利润作为定价目标。

7.2.3 旅游价格制定的方法

旅游定价方法是旅游企业在特定的定价目标指导下，根据企业的生产经营成本，面临的市场需求和竞争状况，对旅游产品价格进行计算的方法。旅游定价方法选择得正确与否，直接关系着旅游定价目标能否顺利地实现，关系着旅游业的经济效益能否有效地提高。旅游定价方法主要有以下几种。

1. 成本导向定价法

成本导向定价法(Cost-oriented Pricing)是以旅游企业的单位产品成本为基础，再加上预期利润来制定旅游产品价格的方法。单位产品成本加上企业的盈利就是旅游产品的价格。成本导向定价法是最常用、最基本的定价方法。成本导向定价法又衍生出了成本加成定价法、盈亏平衡定价法、边际成本定价法等几种具体的定价方法。

1) 成本加成定价法

成本加成定价法是按产品单位成本加上一定比例的利润制定产品价格的方法。大多数企业是按成本利润加成来确定销售利润的大小的。其计算公式为

$$单位旅游产品价格 = \frac{单位产品制造成本+单位产品销售利润}{1-期间费用率-营业税率}$$

成本加成定价法是企业较常用的定价方法，它能保证旅游企业的生产成本和期间费用得到补偿后还有一定利润，产品价格水平在一定时期内较为稳定，计算方法简便易行。但是，成本加成定价法忽视了市场供求和竞争因素的影响，忽略了产品生命周期的变化，缺乏适应市场变化的灵活性，不利于企业参与竞争，容易掩盖企业经营中非正常费用的支出，不利于企业提高经济效益。

2) 盈亏平衡定价法

盈亏平衡定价法，也叫保本定价法或收支平衡定价法，是指在销量既定的条件下，企业产品的价格必须达到一定的水平才能做到盈亏平衡、收支相抵。盈亏平衡定价法的关键是确定盈亏平衡点，即企业收支相抵、利润为零时的状态。其计算公式为

$$单位旅游产品价格 = \frac{固定成本/总产量+单位产品变动成本}{1-营业税率}$$

例题一：某饭店有客房 300 间，全年应摊销的固定费用 300 万元，每间客房平均消耗原材料 15 元/间·天，预计客房销售率为 60%，该饭店营业税率为 5%。试求饭店每间客房的销售价格。

$$\begin{aligned}单位旅游产品价格 &= \frac{3000000/(300\times 60\%\times 365)+15}{1-5\%}\\ &= \frac{3000000/65700+15}{0.95} = \frac{60.66}{0.95} \approx 63.85(元)\end{aligned}$$

根据盈亏平衡定价法确定的旅游价格，是旅游企业的保本价格。低于此价格旅游企业会亏损，高于此价格旅游企业则有盈利，实际售价高出保本价格越多，旅游企业盈利越大。因此，盈亏平衡定价法常用作对旅游企业各种定价方案进行比较和选择的依据。

3) 边际成本定价法

边际成本定价法，又称为变动成本定价法或边际贡献定价法，是指旅游产品的单价大于单位变动成本的定价方法，即保证旅游产品的边际贡献大于零的定价方法。边际成本是指每增加或减少单位产品所引起的总成本变化量。边际贡献是指每增加单位销售量所得到的收入超过增加的成本的部分，即旅游产品的单价，减去单位变动成本的余额，这个余额部分就是对旅游企业的“固定成本和利润”的贡献。当旅游产品的销量足够大，旅游企业的当期固定成本已经收回，增加的旅游产品销量可以不考虑固定成本时，新增旅游产品的单价大于单位变动成本的余额即是对旅游企业的利润贡献。

例题二：一间客房成本价为 100 元/天，其中固定成本 60 元，变动成本 40 元，如销售价格被迫降为 90 元/天，卖则亏 10 元/天，不卖则亏 60 元/天，故还是卖为好。当然，如果售价低于 40 元/天，则不卖为好。

由于边际成本与变动成本比较接近，而变动成本的计算更容易一些，所以在实际定价中多用变动成本代替边际成本。其计算公式为

$$单位旅游产品价格= \frac{总变动成本+(价格-单位变动成本)}{实际销售量}$$

2. 需求导向定价法

需求导向定价法(Demand-oriented Pricing)就是根据旅游消费者的需求程度、需求特点和旅游消费者对旅游产品价值的认识和理解程度来制定价格。需求量大时定价高，需求量小时定价低。旅游需求的大小是一个国家或地区发展旅游业的前提条件，旅游定价必须关注旅游需求。旅游消费者愿意支付的价格高低，不仅取决于旅游产品本身有无效用和效用的大小，而且取决于旅游消费者对旅游产品的主观感受和评价。因此，分析旅游消费者对旅游产品价值的认识和理解状况，把握旅游需求强度，据此进行旅游价格的制定，就成为旅游定价方法的一个重要类别。常用的需求导向定价法主要有以下两种类型：

1) 需求差异定价法

需求差异定价法，又称差别定价法，是指在旅游产品成本相同或差别不大的情况下，根据旅游消费者对同一旅游产品的效用评价差别来制定差别价格。这种定价方法常见的形式主要有以下几种：

(1) 旅游消费者细分定价。即同一旅游产品对不同旅游消费者的差别定价。例如，同一旅游饭店对散客、团队游客、家庭游客的价格差异；同一旅游景区对国内旅游消费者和国外旅游消费者的价格差别；同一旅游线路对儿童、学生和老年人收取的费用低于普通旅游消费者。

(2) 地点差别定价。即同一旅游产品在不同地点的差别定价。例如，影剧院不同的座位收取不同价格；同样的餐饮在一般餐厅与在高档旅游饭店餐厅的价格不同，在餐厅享用与送到客房用的价格不同；同样星级饭店，接近交通线路或旅游景区或商业中心，其客房价格可定得高些。

(3) 时间差别定价。即同一旅游产品在不同时间的差别定价。例如，航空公司在淡季的价格便宜，而旺季一到，价格立即上涨；旅游饭店在节假日和周末的价格也与平时不同。

(4) 产品形式差别定价。即同一旅游产品在增加微小服务的差别定价。例如，客房增加叫醒服务后的价格要高些，每天送一束鲜花可提高价格。

2) 声望定价法

声望定价法是一种有意识地给旅游产品定高昂价格以提高产品地位与声望的定价方法。这种定价方法利用旅游消费者经常把价格的高低看作旅游产品质量的标志的心理。“便宜无好货，好货不便宜”正是这种心理特征的表现。该定价方法主要有两种目的。第一，能提高产品形象。比如，一些高星级旅游饭店常有一套或几套价格很贵的客房，如总统套房，其目的主要是以此来提高整个旅游饭店的档次与声望。第二，能满足某些消费者对地位和自我价值的欲望。比如，庐山上一些伟人、名人住过的别墅，虽然客房设施较差，但房费却很高。

采用声望定价法，必须注意以下相关问题：

(1) 旅游企业有较高的社会声誉，其旅游产品必须是优质并有不断的改进，否则就不能维护和巩固旅游消费者对该产品的信赖。

(2) 价格不能超过旅游消费者心理和经济上的承受力。

(3) 一些旅游产品的最低价不低于旅游消费者所愿意支付的最低价；否则，旅游消费者会怀疑旅游产品的质量。

3. 竞争导向定价法

竞争导向定价法(Competition-oriented Pricing)是指旅游企业以市场上相互竞争的同类产品价格作为本企业产品定价参照的一种定价方法。以竞争导向定价，就是为了竞争或避免竞争的直接冲突，其着眼点在竞争对手的价格上，而不管本身价格与成本及需求的变化。竞争导向定价法通常有以下几种类型：

1) 随行就市定价法

随行就市定价法就是以同行业的平均价格水平或领导企业的价格为标准来制定旅游价格的方法。这种定价方法既可使本企业价格与同行业的价格保持一致，易为旅游消费者接受，还可避免与同行企业发生激烈竞争的风险。此外，采用随行就市定价法，企业就不必去全面了解旅游消费者对不同价差的反应，也不会引起价格波动。当本企业旅游产品的质量、销售服务水平及企业信誉与其他同行企业相比有较大差异时，其定价可在比照价格基础上进行适当的调整。

2) 排他性定价法

排他性定价法是指以较低的旅游价格排挤竞争对手、争夺市场份额的定价方法。如果说随行就市定价法是防御性的，那么排他性定价法则是攻击性的。其具体有两种类型：

(1) 绝对低价法。本企业旅游产品价格绝对低于同种旅游产品的价格，这样可以争取更广泛的旅游消费者，排挤竞争对手；还可以使一些参与竞争的企业望而生畏，放弃参与竞争的念头。

(2) 相对低价法。对某些质量好的名牌旅游产品，适当降低价格，缩小名牌旅游产品与一般旅游产品的价格差异，以促使某些低质的同类旅游产品降低价格，直至这些企业因无利可图而退出市场。

3) 率先定价法

率先定价法是指旅游企业根据市场竞争环境，率先制定出符合市场行情并为旅游消费者所接受的旅游产品价格，以吸引旅游消费者而争取主动权的定价方法。率先定价的企业会在竞争激烈的旅游市场中居于主动地位，从而获得较大的收益。特别是在市场需求表面停滞而潜在增长的情况下，旅游企业谁率先制定出符合市场行情的旅游价格，谁就拥有了占领市场的有利武器，也就拥有了竞争取胜的基础。率先定价法的基本步骤如下：

首先，要与竞争产品价格进行比较，分为高于、低于、一致三个层次。

其次，要将竞争企业产品在品质、成本、产量等方面进行比较，找出价格差异的原因。

再次，综合上述分析情况，确定本企业产品的特色、优势及市场定位，在此基础上按定价所要达到的目标，确定旅游产品价格。

最后，及时跟踪竞争产品的价格变化，分析原因，调整价格。

7.3　旅游价格制定策略

7.3.1　新产品定价策略

为旅游新产品定价时，既要考虑能尽快收回投资，获得利润，又要有利于消费者接受新产品。在市场营销活动中，常见的新产品定价策略有以下三种：

1. 撇脂定价策略

撇脂定价策略(Skimming Pricing)也称高价策略，指旅游企业以大大高于成本的价格将新产品投入市场，以便在短期内获取高额利润，尽快收回投资，就像从牛奶中撇取所含的奶油一样，取其精华，所以称之为撇脂定价策略。

这种方法适合需求弹性较小的细分市场，其优点主要表现在以下几个方面：

(1) 新产品上市，消费者对其没有理性认识，利用较高价格可以提高身价，适应消费者求新心理，有助于开拓市场。

(2) 主动性大，产品进入成熟期后，价格可分阶段逐步下降，有利于吸引新的购买者。

(3) 价格高，限制需求量过于迅速增加，使其与生产能力相适应。

当然，撇脂定价策略也有自身的缺点，主要表现为高价获利大，会吸引竞争者纷纷加入，一旦有竞争者加入时，企业就会被迫降价，不利于扩大市场。

2. 渗透定价策略

渗透定价策略(Penetration Pricing)与撇脂定价策略恰好相反，是在新产品投放市场时，将价格定的尽可能低一些，以吸引大量消费者，其目的是获得最高销售量和最大市场占有率。

渗透定价策略适合于产品需求价格弹性较大的市场，其优点主要表现在以下几个方面：

(1) 产品能迅速打开销路，增加产量，使成本随生产发展而下降。

(2) 由于价低利薄，从而有利于阻止竞争对手的加入，保持企业一定的市场优势。

(3) 成本能随着产量和销量的扩大而明显降低，从而通过薄利多销获取利润。

3. 试销定价策略

试销定价策略(Trial Pricing)是指企业在某一限定的时间内把新产品的价格维持在较低的水平，以赢得消费者对该产品的认可和接受，降低消费者的购买风险。如微软公司的 Acceess 数据库程序在最初的短期促销价为 99 美元，而建议零售价则为 495 美元。试销价格有利于鼓励消费者试用新产品，而企业则希望消费者通过试用而成为企业的忠实消费者，并建立起企业良好的口碑。试销定价策略经常被服务性企业所采用，如开业之初的特惠价等。但只有企业的产品或服务确实能使消费者感到获得了很大的利益时，试销定价策略才能收到预期的效果。

7.3.2 心理定价策略

心理定价策略是根据旅游消费者的消费心理灵活定价，以引导和刺激购买的价格策略。主要有以下几种：

1. 尾数定价策略

对于日常用品，一般来说，旅游消费者乐于接受带有零头的价格，这种尾数价格往往能使旅游消费者产生一种似乎便宜，且定价精确的感觉。

2. 整数定价策略

由于旅游消费者常常根据价格来辨别产品的质量，对价格较高的产品，如耐用品、礼品或服装等消费者不太容易把握质量的产品，实行整数定价反而会抬高产品的身价，从而达到扩大销售的目的。

3. 习惯性定价策略

某种产品，由于同类产品多，旅游消费者在长期的消费中，已在头脑中形成了一个参考价格水准，在市场上也形成了一种习惯价格，个别生产者难于改变。如果旅游企业定价低于该水准，易引起旅游消费者对品质的怀疑；高于该水准，则可能受到旅游消费者的抵制。旅游企业定价时常常要迎合旅游消费者的这种习惯心理。

4. 招徕定价策略

旅游零售商经常利用旅游消费者贪图便宜的心理，特意将某几种产品的价格定得较低以招徕消费者，或者利用节假日和换季时机举行大甩卖，即时抢购等活动，把部分产品打折出售，目的是吸引旅游消费者，促进全部产品的销售。

旅游消费者对于旅游产品的价格是非常敏感的。如何抓住旅游消费者的心理，对旅游企业来说是非常重要的。例如一个旅游纪念品的价格 9.8 元就要比 10 元看起来便宜很多，虽然对于旅游经销商来说这一点让利微不足道。

7.3.3 折扣定价策略

折扣定价是指对基本价格做出一定的让步，直接或间接降低价格，以鼓励消费者及早付清货款、大量购买或增加淡季购买，扩大销量的市场营销方法。其中，直接折扣的形式有数量折扣、现金折扣、职能折扣、季节折扣，间接折扣的形式有回扣和津贴。

1. 现金折扣策略

现金折扣策略是指对在约定付款期以现金付款的购买者，给予一定价格折扣。它是企业对现金交易的消费者或对及早付清货款的消费者给予一定的价格折扣。许多情况下采用此定价法可以加速资金周转，减少收账费用和坏账。例如“2/10 净 30”，表示付款期是 30 天，如果在成交后 10 天内付款，给予 2%的现金折扣。提供现金折扣等于降低价格，所以，企业在运用这种手段时要考虑产品是否有足够的需求弹性，保证通过需求量的增加使企业获得足够利润。

2. 数量折扣策略

数量折扣策略是企业给那些大量购买某种产品的消费者的一种折扣，以鼓励消费者购买更多的产品。数量越大，折扣越多。其目的是鼓励大量购买，或集中向本企业购买。数量折扣的实质是将销售费用的一部分，以价格折扣方式分配给买方。企业因单位产品利润减少而产生的损失则通过销量的增加而得到了补偿。此外，销售速度的加快，使企业资金周转次数增加，流通费用下降，产品成本降低，从而使企业盈利水平上升。数量折扣通常有累计数量折扣和一次性数量折扣两种形式。

3. 职能折扣策略

职能折扣策略也叫贸易折扣策略，是旅游生产商根据旅游中间商在产品分销过程中所处的环节，承担的功能、责任和风险而给予旅游中间商的一种额外折扣。它使旅游中间商可以获得更低的优惠价格。一般而言，给予批发商的折扣较大，给予零售商的折扣较少。职能折扣的结果是形成购销差价和批零差价。

4. 季节折扣策略

季节折扣策略也叫季节差价策略，是旅游企业鼓励旅游消费者淡季购买的一种价格减让。它可以使旅游企业的生产和销售一年四季保持相对稳定状态。旅游产品的生产可以是连续的，而旅游消费却具有明显的季节性。为了调节供需矛盾，旅游企业便采用季节折扣的方式，对在淡季购买和消费的旅游消费者给予一定的优惠。在旅游淡季，旅游企业常常给旅游中间商和旅游消费者以较大的价格折扣，就是为了鼓励他们提前购买、多购买，以招徕更多的生意。

5. 回扣和津贴

回扣是间接折扣的一种形式，它是指购买者在按价格目录将货款全部付给销售者以后，销售者再按一定比例将货款的一部分返还给购买者。回扣比例则非常灵活，市场营销人员可以根据具体情况在一定的范围内灵活掌握。不过，要特别注意避免商业贿赂。

为扩大产品销路，旅游生产商向旅游中间商提供促销津贴。津贴是间接折扣的另一种形式，是企业为特殊目的，对特殊消费者以特定形式所给予的价格补贴或其他补贴。如当旅游中间商为企业产品提供了包括刊登地方性广告、设置样品陈列窗等在内的各种促销活动时，旅游生产商给予旅游中间商一定数额的资助或补贴。

7.4　旅游价格调整策略

旅游价格制定以后，由于市场营销环境的变化，往往要随时调整价格。价格调整一般是指旅游企业感受到价格改变的必要性之后而进行价格的变动。旅游价格调整可以是降价，也可以是涨价。

7.4.1 降价策略

降价策略是指旅游企业为了适应市场营销环境和内部条件的变化，把原有旅游产品的价格调低。虽然降价会影响同行之间的关系，引起价格竞争，但在某些情况下不能不降价。

1. 实施降价策略的原因

(1) 企业产能过剩。面临淡季或者企业生产能力过剩，市场供过于求，但是企业又无法通过产品改进和加强促销等工作来扩大销售时，企业不得不以降价策略来刺激市场需求，增加营业额，以提高现金流量并期望获得更高的目标收益率。

(2) 维持和扩大市场份额。在强大的外部竞争压力下，企业的市场占有率下降，市场份额逐渐丧失，不得已主动降价。不降价将会失去消费者或减少市场份额，迫使企业降低价格。例如：某地高档饭店密集，有效客源市场不足，当地假日饭店为了展开与其他高档饭店的有效竞争，将其标准间房费降低约 30%。有时饭店降价是为了扩大销售，争取市场占有份额的绝对优势，同时使成本因产量增加而降低。

(3) 企业为了控制市场。企业通过销售量的扩大来进一步降低成本费用，从而降低价格。

(4) 市场需求不振。在宏观经济不景气的形势下，价格下降是许多企业借以渡过难关的重要手段。

(5) 根据产品生命周期调整。产品在进入成长期后期和成熟期后，市场竞争不断加剧，可以通过下调价格来吸引更多的消费者，从而在价格和生产规模之间形成良性循环，为企业获取更多的市场份额。

(6) 企业急需回笼大量现金。对现金产生迫切需求的原因，既可能是其他产品销售不畅，也可能是为了筹集资金进行某些新活动，而资金借贷来源中断。此时，企业可以通过对某些需求价格弹性大的产品予以大幅度削价，从而增加销售额，获取现金。

由于影响降价的因素较多，企业决策者必须审慎分析和判断，并根据降价的原因选择适当的方式和时机，制定最优的降价策略。

2. 降价策略的方式

因企业产品所处的地位、环境以及引起降价原因的不同，企业选择降价的方式也会各不相同，具体来说有以下两种：

1) 直接降价

直接降价是指直接降低产品价格。

2) 间接降价

间接降价是指企业保持价格目录表上的价格不变，通过赠送礼品或者增大各种折扣、回扣，以及为消费者购买保险等手段，在保持名义价格不变的前提下，降低产品的实际价格。

7.4.2　涨价策略

涨价策略，是指在市场营销中，企业为了适应市场环境和自身内部条件的变化，把原有价格调高。为了保证涨价策略的顺利实现，涨价时机可选择在这样几种情况下：产品在市场上处于优势地位、产品进入成长期、季节性产品达到销售旺季、竞争对手产品涨价。

1. 涨价策略的原因

涨价一般会遭到旅游消费者和旅游中间商的反对，但在许多情况下不得不提高价格。主要原因有：

(1) 应付产品成本增加，减少成本压力。随着物价上涨，成本上升，降低了企业的合理利润，企业不得不涨价。这是企业调高价格的最主要原因。

(2) 产品供不应求，遏制过度消费。由于产品供不应求，企业必须通过涨价来遏制部分需求，以缓解市场压力，保持供求平衡。

(3) 改革产品。企业通过改进产品的质量、性能、结构来提高市场竞争力。

(4) 竞争策略的需要。作为一种竞争策略，企业可以利用消费者心理，涨价营造名牌形象，以产品的高价位，来显示产品的高品位，创造优质效应，以提高企业知名度和产品声望。对于那些生产规模受到限制而难以扩大的产品，这种效应表现得最为明显。

2. 涨价策略的方式

企业采用涨价策略时，一般有直接涨价、间接涨价两种方式可供选择：

1) 直接涨价

直接涨价，即直接提高产品价格。例如：某一种旅游产品，原先单价 3000 元，现在调高至 3500 元。

2) 间接涨价

间接涨价，即企业采取一定方法使产品价格表面保持不变，但实际隐性上升。例如，取消或减少折扣，在系列产品中加上高利的品种，搭配营销等。

提价会引起旅游消费者和旅游中间商的不满，但成功的主动提价也能够使旅游企业更好地应付营销环境的变化，并提高目标收益率。一般而言，企业应尽可能多采用间接涨价，把涨价的不利影响降到最低程度，使涨价不影响销量和利润，而且能被潜在消费者普遍接受。

旅游产品涨价时，企业应通过各种渠道向消费者说明涨价的原因，配之以产品策略和促销策略，帮助旅游消费者寻找节约途径，以减少消费者不满，争取理解，并帮助他们解决因提价而产生的问题。

至于价格调整的幅度，最重要的考虑因素是消费者的反应。因为调整产品价格是为了促进销售，实质上是要促使消费者购买产品。忽视了消费者反应，销售就会受挫，只有根据消费者的反应调价，才能收到好的效果。例如，曾经有一段时间，各大旅游景区统一采取了涨价策略，周庄也跟着将价格调高了，结果伤害了旅行社的利益，几乎所有的原来计划组团去周庄的旅行社都改道放弃了周庄，结果损失很大。毕竟，周庄不像黄山或者兵马俑，具有不可替代性。

7.4.3 旅游企业对竞争者价格调整的反应

旅游企业主动进行价格调整是对竞争者价格调整的反应。当发现竞争者的价格已发生变化时，旅游企业在采取行动之前，应该对其价格的变化加以仔细分析，以确定竞争者目前的价格变化是长期的变更还是短期的修订。

竞争者为什么要变更价格？其目的是为夺取市场份额，还是成本变动的需要？是营销或财务方面的变化，还是要形成一个新的行业领导价格？进一步分析，如果本旅游企业不能对此价格做出反应，那么利润和市场份额将会有什么变化？其他竞争对手以及客人又将做出什么反应？

旅游企业要想在几天甚至几小时内做出反应，采取应变措施是很难恰到好处的。因此，最好在事前制定出反应程序(如图 7.2 所示)，以便临时按程序进行反击。这个程序在某些变价频繁或必须立即做出反应的行业中被广泛应用。

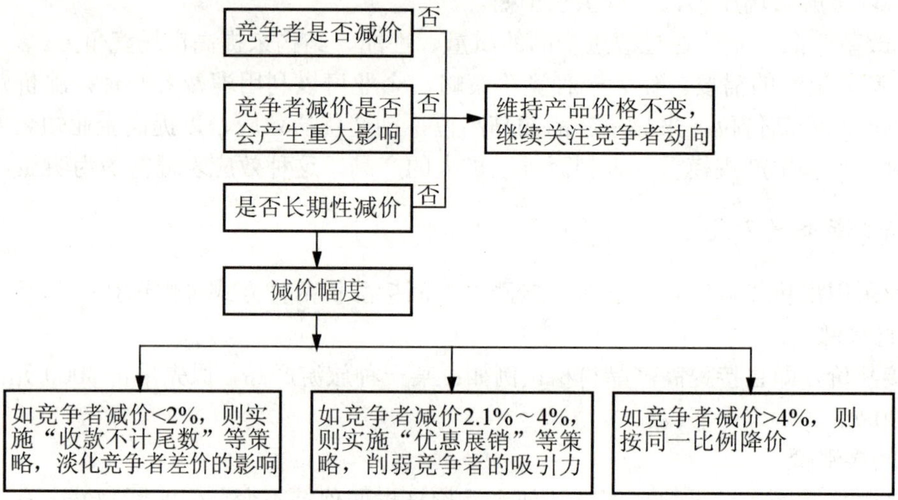

图 7.2 对付竞争者降价的程序

7.4.4 旅游消费者对价格调整的反应

旅游企业调价后，旅游消费者对价格调整的反应可以从以下几个方面分析。首先可用弹性理论来分析需求的价格弹性，由弹性的大小，可测定价格的升降幅度是否适当。例如，饭店客房这一富有弹性的产品降价 25%，销量增长却不到 25%，这就说明降价的幅度还不够大。其次，由于旅游消费者对价格调整的理解不同，有时出现始料不及的反应，也是需要认真研究的。降价本应吸引更多旅游消费者增加销售量，但对某些旅游消费者却适得其反，因为这涉及旅游消费者的需求心理因素。例如，旅游消费者对降价的理解有很多：

(1) 将有新鲜产品供应或更好的服务质量和硬件，老产品降价是为处理积压的存货。

(2) 好货不降价，降价无好货。

(3) 旅游企业财务困难，今后可能停业。

(4) 可能还要降价，等再降价时再买(尤其是短期内连续降价，最易造成这种持币观望的局面)。

(5) 降价意味着旅游企业服务对象、目标的变化和档次的降低，不能再象征客人的尊贵身份。

……

旅游价格的调整势必会引起旅游消费者的一定程度的购买反应，而这一因素又反过来会制约旅游企业的价格调整。因此，有时不适当的降价反而会使销量减少。

至于提价，本应是抑制购买，但也有些旅游消费者却有不同的理解：

(1) 涨价一定供应量较少，不及时订购将来可能买不到；

(2) 该产品一定有比较好的质量或特殊价值；

(3) 可能还要再涨价，赶快订购。例如许多旅游消费者在旅游旺季来临之前预定客房时，面临已微涨的房价，往往会有此想法。

【本 章 小 结】

旅游价格是旅游产品价值、旅游市场的供求和一个国家或地区的币值三者变化的综合反映。从旅游产品经营者的角度看，旅游价格是由成本和盈利两部分构成。从旅游消费者的角度看，旅游价格的构成分为基本构成和自由选择两部分。旅游价格可按照不同标准划分为基本旅游价格和非基本旅游价格、一般旅游价格和特种旅游价格、国际旅游价格和国内旅游价格，包价、部分包价和单项价格。

旅游产品的价值决定供给价格，旅游业与其他行业的比较决定需求价格，旅游市场竞争决定市场成交价格，经济政策调节旅游产品市场成交价格。旅游定价方法主要有成本导向定价法、需求导向定价法、竞争导向定价法。

旅游新产品定价策略有撇脂定价策略、渗透定价策略、试销定价策略。心理定价策略有尾数定价、整数定价、习惯性定价、招徕定价。折扣定价有直接折扣和间接折扣，直接折扣的形式有数量折扣、现金折扣、职能折扣、季节折扣，间接折扣的形式有回扣和津贴。降价策略的方式具体有直接降价、间接降价两种；涨价策略的方式一般有直接涨价、间接涨价两种。

【习　题】

一、填空题

1. 从旅游产品经营者的角度看，旅游价格是由__________和__________两部分构成。

2. __________是指在销量既定的条件下，企业产品的价格必须达到一定的水平才能做到盈亏平衡、收支相抵。

3. ＿＿＿＿＿是旅游生产商根据旅游中间商在产品分销过程中所处的环节，承担的功能、责任和风险而给予旅游中间商的一种额外折扣。

二、选择题

1. (　　)这种分类是按照旅游消费者在旅游活动中对旅游产品需求程度的差异而划分的。

A. 包价、部分包价和单项价格　　B. 国际旅游价格和国内旅游价格

C. 基本旅游价格和非基本旅游价格　　D. 一般旅游价格和特种旅游价格

2. 下列旅游产品定价策略中，不属于新产品定价策略的是(　　)。

A. 声望定价策略　B. 渗透定价策略　C. 撇脂定价策略　D. 满意定价策略

3. 旅游产品的市场成交价的高低取决于(　　)。

A. 旅游消费者的购买能力　　B. 旅游消费者的可支配收入

C. 产品供给者的供给能力　　D. 旅游供给与需求之间的关系

4. (　　)是在新产品投放市场时，将价格定的尽可能低一些，以吸引大量消费者，其目的是获得最高销售量和最大市场占有率。

A. 撇脂定价策略　B. 渗透定价策略　C. 整数定价策略　D. 招徕定价策略

5. (　　)既可使本企业价格与同行业的价格保持一致，易为旅游消费者接受，还可避免与同行企业发生激烈竞争的风险。

A. 声望定价法　B. 随行就市定价法　C. 排他性定价法　D. 率先定价法

三、名词解释

1. 旅游价格
2. 成本导向定价法
3. 撇脂定价策略

四、简答题

1. 简述旅游价格的特点。
2. 简述旅游价格制定的原理。
3. 简述旅游企业实施降价策略的原因。

【实际操作训练】

一、实训名称

旅游产品定价

二、实训目的

掌握旅游企业定价策略与定价方法；掌握旅游企业价格策划的流程与方法。

三、实训步骤

1. 分小组(5～8 人)分工合作完成以下工作：
(1) 调查分析某企业旅游产品状况；
(2) 结合企业实际和竞争状况，选择定价策略；
(3) 根据定价策略，选择定价方法，进行定价；
(4) 撰写定价策划书。
2. 以小组为单位在课堂上进行陈述和答辩。
3. 教师点评。

四、实训评价

根据方案内容、陈述和答辩的情况评价打分，纳入学生实训课考核之中。

延伸阅读

广东景区年卡遭遇发行尴尬

每年年底到第二年年初，都是广东景区年卡发行的攻坚时期。

广东肇庆星湖景区、长隆旅游度假区、韶关丹霞山、湛江湖光岩等景区都在紧锣密鼓地发售年卡。景区热推的年卡，与普通门票有哪些区别？游客是否愿意买单？近日，笔者采访了以上几家景区。

价格具有吸引力

年票是很多景区对外销售门票的一种重要形式。为方便保存、携带和使用，近年来更多的景区把年票做成了一张卡。年卡，也被看成景区忠实游客的身份象征。

在广东，发行年卡的景区不少。早在 1991 年，肇庆市政府及星湖风景名胜区管理局将市民门票办理纳入了民生福利，按使用人群发行了市民卡、学生卡和退休卡，是广东最早发行年卡的景区之一。据了解，持年卡游览星湖景区比较实惠。目前，七星岩和鼎湖山门票分别为 78 元，而年卡只需 100 元/张，全年可无限次进入两大景区。除此之外，持年卡在七星岩景区内碧霞洞、双源洞、湿地公园游船，鼎湖山景区内蝴蝶谷原始森林消费，可享受五折优惠，搭乘观光车、避暑山庄住宿、绿道驿站单车租赁等也有不同折扣优惠。

远在粤北山区的丹霞山，也是发行景区年卡的先行者。据韶关市丹霞山管委会有关负责人介绍，丹霞山年卡由来已久，2014 年丹霞山旅游年卡分为四个档，分别是丹霞山主景区年卡 30 元/张；丹霞山主景区+卧龙冈景区优惠年卡 50 元/张；丹霞山主景区年卡+巴寨景区优惠年卡 100 元/张；丹霞山主景区年卡+卧龙冈景区+巴寨景区 120 元/张。而目前，丹霞山主景区的门票价格为平日 100 元、节假日 120 元。无疑，年卡在价格上具有很大的吸引力。据悉，2014 年丹霞山旅游年卡于 2013 年 12 月 5 日至 2014 年 3 月 31 日期间销售。

景区年卡作为一种重要的惠民形式，越来越受到地方政府的重视。据湛江市旅游局有关负责人透露，酝酿已久的湖光岩旅游圈休闲年卡将于近期发行，“方案已敲定，并报市政府常务会议审议通过。”据了解，湖光岩旅游圈休闲年卡整合了世界地质公园——湖光岩风景区、南亚热带植物园、三岭山森林公园、金鹿园、广东海洋大学水生生物博物馆 5 大景区，价格拟定为 90 元/张，可全年无限次畅游 5 大景区。这不仅增强了湖光岩旅游圈的吸引力，对于湛江市民来讲，还避免了重复购票的烦恼。

地域限制影响发行

从价格上来看，年卡确实要比单独购买门票要优惠很多，然而多数年卡并不是“全民福利”。

丹霞山旅游年卡的发行范围仅限韶关市常住户口居民和非韶关户籍但在韶关地区工作、就读且有正式社保、学籍的常住人员。星湖景区年卡在2011年有了重要突破，将发行区域从肇庆市扩展到周边的云浮市。然而，云肇两地的常住人口也仅有700万人左右。同样，湖光岩旅游圈休闲年卡的发行范围也仅限湛江市。

当然，也有不限地域发行的年卡。作为国民旅游休闲卡中的一种，广州长隆旅游度假区年卡在中国工商银行的广州各大营业网点进行展示销售，办理不受户籍限制。

“景区年卡主要体现政府对当地百姓的民生福利。”湛江市旅游局有关负责人说，如果景区不具备全国性的影响力，外地游客也根本不可能办年卡，所以也没必要扩大发行区域。

但地域限制从一定程度上也影响了年卡的发行量。

从1991年以来，星湖旅游年卡累计发行卡约70万张，近年来每年的办卡数量在15万张左右。在2013年，约有140万人次使用年卡进入景区。由此看来，每张卡每年的使用率不到10次。截至2014年12月底，丹霞山共发行年卡7万张。“单靠韶关当地民众办卡，需求还是比较有限的。”丹霞山管委会有关负责人说。

在韶关始兴中学当老师的邓进宪，并不打算去办理丹霞山年卡。在他看来，年卡确实很优惠，但作为土生土长的韶关人，邓进宪已记不清去过多少次丹霞山，“景区离始兴县城有点远，还是不办吧。”

据了解，长隆旅游年卡成人卡由2009年的680元/张，经过多次涨价之后，目前为1480元/张。而发行多年、深受家庭游客追捧的长隆家庭年卡，目前已停止售卖，改为发行儿童卡和长者卡。有游客对涨价和变更表示不满，家住广州番禺珠江花园的市民陈莉说：“两年涨价三次，越来越贵，不准备续费啦!”

各显神通扩大发行

为了扩大年卡发行量，各大景区乃至当地政府都想了很多办法。

比如，湛江湖光岩旅游圈休闲年卡除可享受5大景区全年免费游览外，在省内指定油站还将享受优惠价格，还能享受湛江地区数百家联盟商户提供的折扣优惠及服务。

据了解，丹霞山景区在各类媒体和景区窗口处，对年卡售价、使用范围、发售时间及地点，年卡办理办法及使用办法等相关规定及时向社会公告。针对全市有团购需求的各外资企业、厂矿企业、市直单位、院校等单位，丹霞山景区还提供预约上门办理的服务。

据丹霞山景区负责人介绍，年卡销售办理服务平台现已进驻了韶关市行政服务中心，之后还将进驻各市、县、区的行政服务中心，各售卡点将设置专门窗口、配备专人负责丹霞山旅游年卡的销售。

自2011年起，星湖景区在系统内各单位推行只奖不罚的年卡全员市场营销模式，分配一定的任务给各单位，同时设立旅行社或社区代办点，与肇庆市邮政102个网点进行合作。每学期开学季，还开展肇庆各高校学生市场的市场营销，深入各高校设置办卡点。

延伸思考：

1. 结合案例，谈谈什么情况下使用年卡这种价格策略能使企业达到最佳的赢利状态。
2. 年卡这种别出心裁的价格策略是否适合所有的旅游企业？
3. 案例中广东景区年卡遭遇发行尴尬的主要因素是什么？

第8章 旅游分销策略

学习目标

- 掌握旅游产品分销渠道的含义、类型及作用；
- 掌握旅游中间商的作用、类型及其选择；
- 熟悉旅游分销渠道组织；
- 学会旅游分销渠道激励、评价和控制；
- 熟悉旅游电子商务的优势、影响及其类型。

导入案例

山东贺年会网络市场营销受欢迎

——发送景区电子门票逾15万张

2014年1月1日至2月14日好客山东贺年会期间，山东省旅游局携手省内各市、区(县、市)旅游部门和各景区推出“码上贺年会”网络市场营销活动，发送景区电子门票超过15万张。

据介绍，作为迄今为止规模最大的网络市场营销活动，“码上贺年会”得到了众多旅游企业的支持。山东200多家景区积极参与了送票活动，其中包括泰山、蓬莱阁、三仙山、台儿庄、刘公岛等国家5A级旅游景区。由于利用时下最为流行的二维码技术，“码上贺年会”得到了众多旅游爱好者的响应。游客持山东省旅游电子票务系统发送的彩信二维码到景区验证，即可免费游览，节省了传统纸质门票奖品的邮寄时间，更加方便快捷。

案例思考：

请结合实际谈谈网络对旅游分销渠道的影响。

8.1 旅游分销渠道概述

8.1.1 旅游分销渠道的含义

旅游分销渠道(Distribution Channel)是指旅游产品从旅游生产商转移到旅游消费者过程中的取得使用权或协助使用权转移的所有组织和个人。它包括旅游生产商、旅游经销商、旅游代理商和旅游消费者等。为更好地理解旅游分销渠道的内涵，可从以下几个方面加以分析。

首先，旅游分销渠道的起点是旅游生产商，终点是旅游消费者，旅游分销渠道是指从起点到终点的各个流通环节组成的系统。

其次，旅游分销渠道是相关经营组织和个人的组合，除了起点和终点外，还包括各种类型的旅游中间商，如旅游批发商、旅游代理商、旅游零售商等。旅行社就是典型的旅游中间商。

再次，在旅游分销渠道中，旅游产品和服务被转移的是其一段时间的使用权，而非永久使用权，更不是所有权。

最后，旅游分销渠道的目的是将旅游产品提供给最终消费者。它包括旅游企业在生产现场直接向旅游消费者销售，也包括旅游企业依靠自身的力量在其他地方销售的直接销售方式，还包括旅游企业借助旅游中间商向旅游消费者销售的间接销售方式。

8.1.2　旅游分销渠道的类型

根据流通环节的多少，可将旅游分销渠道划分为直接分销渠道和间接分销渠道两个类型。

1. 直接分销渠道

直接分销渠道又称零层渠道，是指旅游企业将旅游产品直接销售给旅游消费者，两者之间不存在任何中间环节。旅游企业选择直接分销渠道，可以省去支付给旅游中间商的费用，从而降低市场营销成本，使旅游企业有可能以较低的价格向旅游消费者销售其产品，在价格上赢得竞争优势。同时，采用直接销售的方式，有利于旅游企业及时了解和掌握旅游消费者对其产品的购买态度和其他相关市场需求信息，及时根据市场需求改进产品和经营。

旅游产品的直接分销渠道，根据交易地点的不同，一般可分为三种模式，如图 8.1 所示。

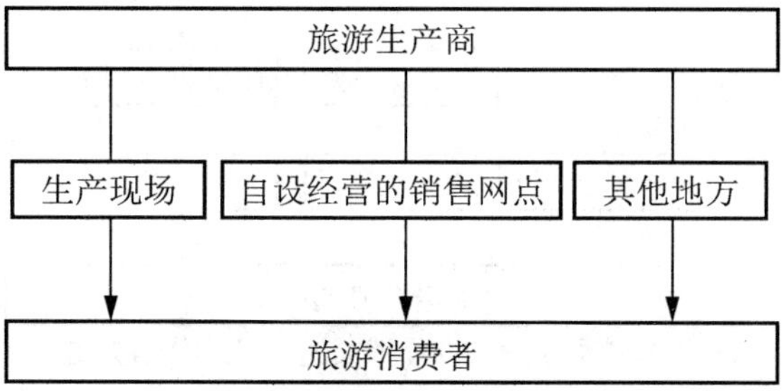

图 8.1　旅游直接分销渠道模型图

1) 旅游生产商(生产现场)—旅游消费者

在这一模式中，旅游生产商向前来购买产品的旅游消费者直接销售其产品，他在产品的生产地现场扮演了旅游零售商的角色。这种分销渠道至今仍被很多旅游企业所采用。比如旅游景区、旅游饭店、博物馆等采用这种模式向散客销售其产品。

2) 旅游生产商—自设经营的销售网点—旅游消费者

在这一模式中，旅游生产商通过自己设立在产品生产地以外的销售网点，直接向旅游消费者销售其产品。由于这些销售网点是旅游企业在一定市场区域拥有的自设的零售系统，所以仍然归属于直接分销渠道。一般大中型旅游生产商会采用这种模式作为销售本企业旅游产品的重要渠道之一。比如航空公司在目标市场所在区域设立自己的分公司或售票处；旅游饭店在机场设立销售点，直接向旅游消费者销售其产品；铁路部门在许多地点设立售票处、订票处开展销售活动；大中型旅游公司通过自设的销售网点销售旅游产品等。

3) 旅游生产商(其他地方)—旅游消费者

由于旅游产品的特殊性，旅游产品的消费必须在旅游产品生产现场进行。而旅游产品的销售只是一种买卖合同，旅游消费者可以在任何接受预购的地方，比如客源地或消费者家中，通过网络、电话等现代通信方式向旅游生产商购买或预订旅游产品，旅游生产商仍然扮演的是旅游零售商的角色。

2. 间接分销渠道

旅游产品的间接分销渠道是指旅游生产商通过旅游中间商将其产品转移给旅游消费者的销售途径。如目的地旅游企业不直接与旅游消费者签订旅游合同或协议，而是客源地的旅游企业等旅游中间商与旅游消费者签订旅游合同或协议，然后将旅游消费者转交给目的地旅游企业进行接待，采用的就是间接分销渠道。采用间接分销渠道，旅游企业可以充分借助旅游中间商的专业性和其他优势，在一定程度上有助于消除单纯采用直接分销渠道的局限性。

旅游产品的间接分销渠道，根据所经中间环节的多少，可划分为三种分销模式，如图 8.2 所示。

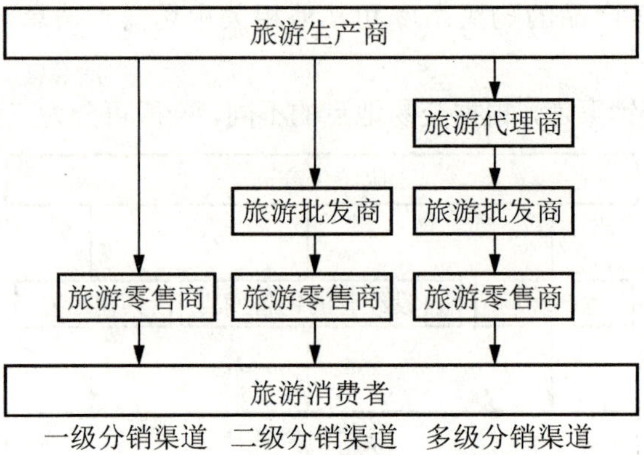

图 8.2 旅游间接分销渠道模型图

1) 一级分销渠道

一级分销渠道也称为单层次分销渠道，即旅游产品的销售只经过了一个旅游中间商，由三点组成两个销售环节：旅游生产商和旅游零售商组成第一个环节，旅游零售商和旅游消费者组成第二个环节。这一模式中，旅游中间商主要是从事旅游零售业务的旅游代理商或其他代理机构，旅游生产商需要向旅游零售商支付佣金或手续费。

2) 二级分销渠道

二级分销渠道也称为双层次分销渠道，是指旅游生产商通过旅游批发商，再经由旅游零售商将其产品转移到旅游消费者手中的销售途径。这种模式由四个点组成三个销售环节。旅游批发商通常是指从事团体包价旅游批发业务的旅游企业或旅行社。在这种模式中旅游生产商只与旅游批发商发生直接业务关系，将其产品批量销售给旅游批发商，然后再由旅游批发商委托旅游零售商或通过自行设立的销售网点将产品销售给旅游消费者。旅游批发商通过大批量地购买旅游交通、旅游饭店、旅游景区等单项旅游产品，并将其组合、编排成适应市场需求的包价旅游产品，但他们并不直接面向旅游消费者出售其产品，而是通过旅游零售商进行销售，有时也通过自行设立的销售点进行销售。

3) 多级分销渠道

多级分销渠道也可称为多层次分销渠道，是指旅游生产商需要通过三层旅游中间商才能将其产品转移到旅游消费者手中的销售途径。这种模式基本上由五个点组成四个销售环节。当前我国旅游企业拓展国外市场主要采用这一渠道模式，但随着网络技术和通信技术的发展以及旅游市场开放力度的加大，这一多层次分销渠道模式将会逐渐被打破。

8.1.3　旅游分销渠道的作用

1. 旅游分销渠道是旅游企业进入旅游市场的必经之路

旅游生产商只有在出售了旅游产品之后才能实现其旅游产品的价值，进而实现自己的战略目标，而出售旅游产品必须经过旅游分销渠道，这也是旅游分销渠道最基本的作用。

2. 旅游分销渠道是旅游企业的重要资源

旅游分销渠道是出售旅游产品的途径，对旅游产品的销售有着直接的影响。如果旅游分销渠道数量多、容量大、信誉质量高、能力强，那么，旅游生产商便能以较高的价格、较大的数量、较低的成本销售自己的产品，及时获得较好的收益。显然，这样的分销渠道理所当然地成为旅游企业的重要资源。

3. 旅游分销渠道可以减少旅游产品交易的次数，提高销售效率

旅游产品是一种组合产品，在一般的旅游市场中，大多数旅游产品和服务并非由旅游生产商直接销售给旅游消费者，而是经过旅游中间商销售出去的。旅游中间商作为一个专业化的经济实体，在转移旅游产品和服务的过程中，凭着自己丰富的市场营销经验、良好的公共关系和众多的信息来源，可以减少旅游产品的交易次数，从而加快旅游产品的流通过程，提高销售效率。

4. 旅游分销渠道为旅游消费者购买旅游产品提供了极大的方便

旅游分销渠道具有组合旅游产品的功能，旅行社就是这种功能的典型实践者。它将单项旅游产品组合成整体旅游产品，从而方便了旅游消费者购买。在购买的地点和时间方面，旅游分销渠道可以及时顺利地向旅游消费者分销旅游产品。有了旅游中间商的介入，销售网点增加，销售环节减少，市场营销成本降低，旅游产品的价格会有所下降。因此，一般情况下，旅游消费者购买旅游产品的精力和费用都会有不同程度的降低。

8.1.4　影响旅游分销渠道选择的因素

分销渠道选择是否恰当，对旅游产品能否顺利进入市场非常重要，因此，旅游企业必须分析影响分销渠道选择的因素，采用适当的渠道，达到市场营销目标。影响旅游分销渠道选择的因素主要有：

1. 旅游产品

旅游产品是旅游企业进行渠道决策时要考虑的首要因素。通常应根据旅游产品的类型、等级、价格、服务水平及市场声誉来选择分销渠道。

2. 市场因素

市场因素应考虑目标市场范围的大小、消费者的集中程度和购买习惯、竞争者所采用的渠道类型。

3. 旅游企业自身因素

旅游企业自身因素主要包括旅游企业产品组合状况，旅游企业的规模、声誉、资金实力，旅游企业的市场营销水平和管理能力。

4. 旅游中间商的状况

如果能找到理想的旅游中间商，能为旅游企业承担部分市场营销职能，则可采用间接分销渠道；如果旅游中间商状况不理想，则只能采用直接的分销渠道。

5. 外界环境因素

外界环境因素主要包括人口、经济、政治、自然、技术等，它们都会对旅游企业的分销渠道选择产生很大的影响。

8.2 旅游中间商

8.2.1 旅游中间商的含义

旅游中间商(Tourism Intermediates)是指介于旅游生产商与旅游消费者之间，专门从事销售旅游产品的组织或个人。它可以形象地理解为是旅游产品从生产者到消费者的分销链条上的连接环。

旅游中间商的基本职能是作为生产和消费之间的媒介，促成旅游交易。旅游中间商的存在不仅可以简化交易手续、提高销售效率，还有利于降低销售费用、扩大销售范围。图 8.3 是旅游中间商的经济效果图，从中可以直观地感受到旅游中间商的介入为旅游生产商带来的好处。

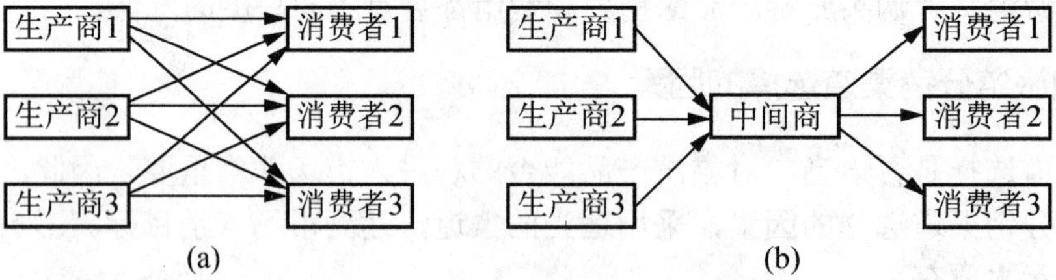

图 8.3 旅游中间商经济效果图

从图 8.3 中可以得知：(a)不使用旅游中间商，3 个旅游生产商和 3 个旅游消费者之间总共发生 9 次交易行为；(b)使用了旅游中间商，交易行为只有 6 次，节省了交易成本。可见，(b)引入旅游中间商后，更为经济，更有效率。

8.2.2 旅游中间商的类型

在旅游市场营销活动中，常见的旅游中间商主要有旅游代理商、旅游批发商、旅游零售商。

1. 旅游代理商

旅游代理商(Tour Agency)是指那些只接受旅游生产商的委托，在一定区域内代理销售其产品的旅游中间商。它通过与买卖双方的洽谈，在委托权限范围内促使产品的买卖活动得以实现，但它并不从中取得产品的使用权或所有权。旅游代理商不购买旅游产品，只是在授权范围内代理旅游生产商向消费者和旅游经销商市场营销旅游产品和服务，以及提供相关信息等，如代理预订、宣传旅游产品、向旅游消费者提供旅游信息等。旅游代理商的地位是代理旅游生产商进行市场营销，收入主要来自于通过代理销售量的多少而获得相应的佣金或手续费，市场营销风险与利益一般由被代理企业自己承担。

现实旅游市场营销中，旅游代理商更多是一个混合体，在本质上已经不是纯粹意义上的旅游代理商了。它们既是代理，有时候又购买产品，从而又具备了旅游经销商的性质。

2. 旅游批发商

旅游批发商(Tour Wholesaler)是指主要从事旅游批发业务的旅行社或旅游公司。旅游批发商就是一个销售企业，它在旅游分销渠道中，一头联结旅游生产商，另一头联结旅游零售商。旅游批发商在旅游消费者提出要求之前，根据市场需要大量购买旅游生产商的各种单项旅游产品，如旅游景区门票、旅游交通运输工具的一定时间的座位票、旅游饭店的客房和餐饮产品等，并享受批量折扣；然后根据不同的市场需求将其包装组合，形成不同的价格、时间和目的地的包价旅游产品；最后以一定批量、批发价销售给旅游零售商，再由旅游零售商转卖给最终旅游消费者。

旅游批发商的主要职能有：在市场调查与预测的基础上，合理组织包价旅游产品；批发商通过销售人员的业务活动，可以使旅游产品有效地接触众多的小客户，从而促进销售；对所经营的包价旅游产品的质量负有责任，维护旅游消费者权益；旅游批发商在分销过程中，由于拥有旅游产品的使用权，所以承担了旅游产品的各种风险；旅游批发商可以向其地接社提供有关的市场信息，诸如竞争者的活动、新产品的出现、价格的剧烈变动情况等；旅游批发商经常帮助组团社培训推销人员、布置门店，以及建立会计系统，从而提高组团社的经营效益。

3. 旅游零售商

旅游零售商(Tour Retailer)是指从事旅游产品零售业务，直接面向广大旅游消费者销售旅游产品和提供旅游咨询等旅游服务的组织或个人。其特征是从旅游生产商或旅游批发商处批量购买旅游产品，再以零售价格出售给旅游消费者。旅游零售商是旅游产品分销渠道的最终环节。旅游零售商处于旅游生产商与旅游消费者之间、旅游批发商与旅游消费者之间，起着重要的交换媒介作用。

旅游零售商的主要业务范围是：向旅游消费者提供广泛和正确的旅游咨询服务，安排旅游消费者旅游活动中的食宿、交通、观光等；制订单独旅游、个人陪同旅游、团体旅游等旅游产品，安排各种专项旅游，处理旅游活动中所涉及的一切琐碎事宜并提供有关咨询服务。因此，旅游零售商熟悉多种旅游产品的优劣、价格和日程安排，并与各类旅游企业保持良好的联系，并根据旅游市场及旅游消费者的需要相应地调整服务。

8.2.3 旅游中间商的作用

旅游中间商是旅游生产商和旅游消费者之间的纽带与桥梁。在旅游产品分销过程中，旅游中间商不仅简化了分销手续，节约了分销费用，还扩大了分销范围，提高了分销效率。在旅游市场营销过程中，旅游中间商的作用非常重要，主要表现在以下几个方面：

1. 促进旅游生产商提高市场营销效率

对旅游生产商来说，旅游中间商是大买主，它能为旅游生产商联系千千万万的消费者，使旅游产品和服务的销路有了保证。旅游生产商的客源市场分布很广，任何旅游生产商都不可能仅靠自身完成市场营销工作。

2. 协调供给和需求之间的矛盾

旅游中间商的存在可以缓和供需之间在时间、地点和产品数量、种类等方面的矛盾。旅游中间商是架设在旅游生产商和旅游产品消费者之间的桥梁，可以向旅游生产商反馈市场信息，了解市场，还可以利用自己在某一区域市场上多年经营形成的商业信誉为旅游生产商的产品提供无形担保，使市场了解旅游生产商。由于旅游中间商的存在，可以保证旅游生产商市场营销的顺利实现，提高经济效益。

3. 方便旅游消费者购买

对旅游消费者而言，旅游中间商充当了他们的采购代理，旅游中间商可以在合适的时间和地点提供给旅游消费者更多所需要的产品、灵活的付款方式和条件、完善的售后服务等各种便利。

4. 有效分担旅游生产商的分销职能

大多数旅游生产商缺乏将自己的产品和服务直接销售给终端消费者所必需的资源和能力。旅游中间商专门活动于市场中，能较准确地掌握消费者的需求及其变化，旅游消费者对产品和服务的意见以及竞争者的动态。因此，让旅游中间商承担旅游生产商的部分市场营销职能，有利于提高旅游生产商分销渠道的工作效率。

8.2.4 旅游中间商的功能

旅游中间商克服了旅游生产商与旅游消费者之间在时间、地点、信息等方面的矛盾和分歧，使旅游产品和旅游消费者得以结合，对旅游产品分销渠道的形成和运行起着重要的作用。一般来说，旅游中间商的功能主要有以下几个：

1. 市场调研

旅游消费者是旅游企业生产经营成败的关键所在，其数量的多少、层次的高低、购买力的大小对旅游企业的经济效益有着直接的影响。旅游中间商利用自己直接面向旅游消费者的有利地位，真实、客观、全面地调查、掌握旅游消费者的意见和需要，从而为旅游企业提供准确、及时的信息，帮助旅游企业对市场的变动做出及时的反应，使旅游产品的供应能不断适应旅游消费者的需求。

2. 市场开拓

旅游需求的频繁变化和旅游市场异常激烈的竞争，客观上要求旅游生产商不断进行市场开拓，否则将面临被市场淘汰。旅游中间商专门进行旅游产品的购销工作，对市场的变化、走向及未来发展有较为准确的判断，并善于寻找市场的空隙，捕捉市场营销机会。旅游生产商与旅游中间商友好沟通、协作，就能将旅游产品的生产优势与市场开拓的市场营销优势结合在一起，使旅游生产商与旅游中间商都得以顺利地成长。

3. 促进销售

旅游产品要获得大量的旅游消费者的欢迎，一定要促进市场中潜在的旅游需求转化为现实的旅游需求。旅游中间商往往拥有自己的目标消费群体，与社会各方以及市场中各部分有可能形成良好的公共关系。它们依靠自身所特有的宣传、广告、咨询服务和其他多种形式的促销活动，来激发旅游消费者的购买欲望，促进市场需求的形成，沟通旅游生产商与旅游消费者。

4. 组合加工

任何一个旅游生产商均不能提供旅游消费者在完整的旅游活动中所需的食、住、行、游、购、娱等环节的各种旅游产品。旅游中间商运用自身与多家旅游生产商的联系，具有对多种旅游产品进行加工、组合的能力。例如为满足旅游消费者多方需要，将各种旅游产品组合起来，形成系列化的完整的旅游产品，提供给旅游消费者，其内容包括了代售车票、机票，安排接送，代订饭店、餐饮、观光游览，组织会议，提供导游，安排商务、文化体育等活动。这种组合还可按旅游消费者的不同要求，形成不同的组合方式和价格形式。

8.2.5　旅游中间商的选择

选择合适的旅游中间商，至少应考虑如下几个方面的因素。

1. 旅游中间商可能带来的经济效益

选择旅游中间商需要考虑到在对旅游中间商提供一定的支持和援助后，能否获得最大的销售量或销售额。通过估测旅游中间商的单位销售费用和销售总额，就可以基本衡量旅游中间商的效果。如果对方是从事代理业务的旅游中间商，所考虑的就是对方所要求的佣金率。当然，还应该根据自己的经营实力，在利润大小和风险高低之间进行均衡。因为，在利润相同的情况下，风险最小的分销渠道应是最理想的渠道，但利润和风险往往在很多情况下是成正比的。

2. 旅游中间商目标市场与旅游生产商目标市场的一致性

旅游中间商的目标市场或旅游代理商所联系的旅游消费者必须与旅游生产商的目标市场相一致，而且在地理位置上应接近旅游生产商客源较为集中的地区。这样便于旅游生产商充分利用旅游中间商的优势进行产品推销。例如，美国是我国国际旅行社的主要目标市场之一，而美国只是一个大的地理概念，其出国旅游市场并非均匀分布，而是相对集中地分布在有限的区域。据统计，美国出国旅游的50%集中在加利福尼亚 (California)、纽约(New York)、新泽西(New Jersey)、佛罗里达(Florida)、得克萨斯(Texas)和伊利诺伊(Illinois)六个州。因此，我们选择的旅游中间商，在地理位置上应接近这些客源相对集中的地区，并在此基础上考虑旅游中间商的目标市场与旅游生产商目标市场的一致性。

3. 旅游中间商的商业信誉与经营实力

旅游中间商应有良好的履行合同的信誉，这方面的情况一般可从有关银行或咨询调查机构中进行了解，摸清旅游中间商在业务活动中是否守信用，有无长期拖欠应付款或无理拒付应付欠款的历史等。其次了解旅游中间商的人力、物力和财力状况、服务质量、销售速度及开展促销和推销工作的经验和实力等。经营实力不能完全以企业大小来判断，应依据相关的统计和调查资料进行综合分析、评估，并按评估结果排列有关旅游中间商的顺序。

4. 旅游中间商的数量

旅游生产商在同一地区应选择适当数量的旅游中间商。因为过多，会造成促销方面不必要的重复与浪费，而且旅游中间商本身也会因“粥少僧多”而影响市场营销的积极性；旅游中间商过少有可能形成间断性销售或销售不力的局面。

5. 旅游中间商的合作意愿

旅游生产商和旅游中间商之间的合作关系实际上是一种双方情愿的关系，因此，旅游生产商在选择旅游中间商时，所选取的对象必须有合作的诚意。有些旅游中间商是为多家同类旅游生产商代理零代业务，那么合作诚意就更为重要，否则无法保证其积极营销旅游产品。

8.3 旅游分销渠道组织与管理

8.3.1 旅游分销渠道组织

1. 垂直分销渠道

垂直分销渠道(Vertical Distribution Channel)是由旅游生产商、旅游批发商和旅游零售商组成的一种统一的联合体。某个渠道成员拥有其他成员的产权，或者是一种特约代营关系，或者这个渠道成员拥有相当实力，迫使其他成员合作。垂直分销渠道可以由旅游生产商、批发商、零售商中的任一组织担任支配者。这种系统的特征在于专业化管理和集中执行的网络组织，在此网络系统中，各个成员为了提高经济效益，都采取不同程度的一体化经营或联合经营。

垂直分销渠道有利于控制渠道行动，消除渠道成员为追求各自利益而造成的冲突。它们能够通过其规模、谈判实力和重复服务的减少而获得效益。根据成员间所有权关系及控制程度的不同，可以把垂直分销渠道分为公司式、管理式、合同式三种主要类型，如图 8.4 所示。

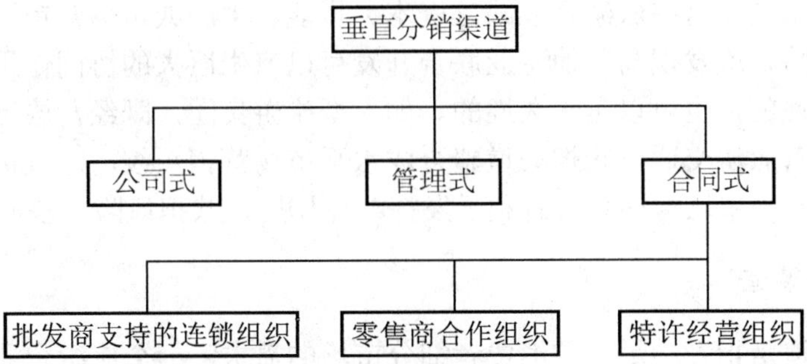

图 8.4　垂直分销渠道的主要形式

1) 公司式垂直分销渠道

公司式垂直分销渠道(Corporate Vertical Distribution Channel)是指一家公司拥有和管理若干个旅游生产商、旅游批发商、旅游零售商，控制分销渠道的若干个层级或整个分销渠道。这种渠道系统经常由同一个所有者名下的相关生产单位、批发单位和零售单位组合而成。垂直一体化能向后或向前一体化，能对渠道实现高水平的控制。

2) 管理式垂直分销渠道

管理式垂直分销渠道(Administered Vertical Distribution Channel)是由一家规模大、实力强的旅游企业出面组织，各成员之间以协调方式而不是以使用权为纽带进行管理的分销渠道系统。渠道成员承认彼此间的相互依赖关系，并接受渠道领头者的领导。例如由大型旅游生产商牵头，旅游批发商和旅游零售商自愿参加的市场营销系统就属于这种模式。

3) 合同式垂直分销渠道

合同式垂直分销渠道(Contractual Vertical Distribution Channel)又叫契约式垂直分销渠道，是由各自独立的旅游企业在不同的生产和分配水平上组成，它们以合同为基础，规定成员各自的权利和义务关系，统一它们的行动，以求获得比其独立行动时所能得到的更大的经济利益和市场营销效果。合同式垂直分销渠道近年来获得了很大的发展，成为旅游市场营销活动中最引人瞩目的发展之一。合同式垂直分销渠道的主要形式有三种：

(1) 批发商支持的连锁组织。这是批发商为保护其零售商，以对抗其他较大的竞争者所发起的连锁组织。其方式是由批发商先拟定一套方案，然后劝说独立零售商加入该体系，除使用标准化的名称及追求产品采购上的经济性外，还可以联合起来抵御其他连锁组织的侵入。

(2) 零售商合作组织。通常是为了防止所有权式的连锁组织的入侵，由零售者组织一个机构来执行批发工作，甚至生产工作。组织成员集体采购，按成员进货量返回分享利润。

(3) 特许经营组织。特许经营组织，即“生产—分销”连续过程中的各机构，在共同合同下连成一体，各成员则成为拥有特许专营权的单位。例如餐饮、住宿企业管理中比较常见的服务机构支持的零售特许系统。

2. 水平分销渠道

水平分销渠道(Lateral Distribution Channel)是指由两个或两个以上的企业联合起来，共同开发利用旅游市场。这些旅游企业缺乏资本、技能、生产或市场营销资源来独自进行商业冒险或承担风险，或发现与其他企业联合开发可以产生巨大的协同作用。企业间的联合行动可以是暂时性的，也可以是永久性的。如大型旅游集团，既经营旅行社、旅游饭店、旅游景区，又经营旅游交通，它把渠道整合成水平市场营销系统，形成优势互补，减少渠道资源的浪费。水平市场营销系统有利于发挥群体作用，共担风险，获取最佳效益。

3. 复式分销渠道

复式分销渠道是指为满足旅游消费者细分市场的需求，一个旅游企业建立两条或更多的分销渠道以接触一个或更多的细分市场。通过增加更多的渠道，旅游企业可以扩大产品市场营销的市场覆盖面，降低渠道成本，为消费者提供个性化服务以适合消费者的要求。如某些大型旅游集团同时选择多家旅游批发商、多家旅游零售商作为自己的分销渠道。

8.3.2 旅游分销渠道管理

为了保证分销渠道的高效运行，必须对分销渠道做好长期地、有效地管理。一般而言，旅游分销渠道管理就是指旅游企业为实现已经制订的市场营销目标而对现有的渠道成员进行的一切管理活动的统称。诸如对旅游市场分销渠道成员的激励和评价，为适应新的市场状况和环境变化而进行的调整与控制，都是渠道管理的主要内容。

1. 旅游分销渠道激励

旅游分销渠道激励是指为促进渠道成员努力完成已经制订的市场营销目标而采取的各种激励或促进措施的总称。其目的是为了减少旅游生产商与旅游中间商的矛盾，使其出色地完成市场营销任务。

大多数情况下，构成分销渠道系统的各个成员与旅游生产商属于完全独立的不同经济实体。维系这种渠道成员之间、渠道成员与旅游生产商之间关系的纽带只是双方对利益的一致追求。促使他们参加渠道体系的条件固然已提供了若干激励因素，但是这些因素还必须通过旅游生产商经常的监督管理和再鼓励得到补充。

要使渠道成员的市场营销工作达到最佳状态，旅游生产商必须关心和重视对旅游中间商的优惠与奖励措施，进行持续不断的激励。一方面，应维护旅游中间商的尊严，尊重旅游中间商的各种利益，加强与旅游中间商的沟通，如有分歧，应本着共同协商的原则，以达到双赢的目的。在与旅游中间商进行合作的谈判时，应当给予旅游中间商适当的利润。

另一方面，给旅游中间商以更多的优惠，增加旅游中间商的收入，旅游生产商可以根据旅游中间商的市场营销能力、资信状况给不同的旅游中间商以最大限度的价格优惠，同时采用灵活的优惠形式，如减收或免收预订金、邀请旅游中间商参加熟悉旅游产品的活动、联合宣传和促销、赠送小礼品等。

旅游中间商往往同时为多个旅游生产商市场营销产品，除非有一定的激励措施，旅游中间商不会为自己所销售的各种产品分别进行市场营销记录。有关产品开发、定价、包装或者促销计划的大量信息都将被埋没，有时他们甚至有意识地对旅游生产商保密，而这些信息对旅游生产商来说又是非常宝贵的。因此，旅游生产商及时提供必要的业务折扣和市场营销支持就显得十分重要。

对旅游中间商进行适当的培训也是一种激励的方式。由于旅游中间商并不是对自己的所有产品都了解得很详细，因此对旅游中间商的工作人员进行适当的培训是非常重要的一环。而旅游中间商为了更快地销售旅游生产商的产品和服务也非常愿意接受这种培训。

2. 旅游分销渠道评价

旅游分销渠道评价是指旅游生产商通过系统化的手段或措施对其分销渠道系统的效率和效果进行的客观地考核和评价的活动过程。它往往包含以下几个方面的内容：

1) 对旅游产品分销渠道成员的工作业绩进行定期评估

一般来讲，工作业绩的评估标准包括：市场营销配额完成情况、成长和盈利记录、偿付能力、在促销与培训计划方面的合作情况、账款回收状况以及对旅游消费者提供服务的情况等。

一定时期内各渠道成员所达到的市场营销额是一项重要的评估指标。其评价方法主要有以下三种：一是将渠道成员的市场营销业绩分期列表排名，以此了解渠道成员的市场营销实绩，并作为奖优罚劣的依据；二是将渠道成员的市场营销业绩与前期比较；三是根据每一渠道成员所处的市场环境和它的市场营销实力分别制定出其可能实现的市场营销定额，再将其市场营销额实际业绩与定额进行比较。

2) 对渠道成员的参与热情进行评价

一个十分有能力的旅游中间商不积极配合旅游生产商的市场营销活动，其结果可能比一个普通的旅游中间商积极配合旅游生产商的活动的效果要差许多，甚至可能会危害到旅游生产商目标的完成。衡量旅游中间商参与程度的内容包括与企业促销和培训计划的合作情况，以及旅游中间商应向旅游消费者提供的服务等。

3) 对旅游中间商经销的其他产品进行调查来衡量其能力

由于旅游中间商往往经营多种品牌或多种类型的产品。如果旅游中间商的经营品种多，总体的市场营销量大，那么说明该旅游中间商是十分具有实力的。同时，还可以从中了解到自己的产品销量在旅游中间商市场营销的产品总量中占有多少比例，处于什么样的地位，从而决定对旅游中间商进行的激励着重于哪一个方面。

3. 旅游分销渠道控制

1) 旅游分销渠道控制的定义

旅游分销渠道控制是一个渠道成员对另一个渠道成员的行为与决策变量成功施加影响

的过程。对渠道成员进行激励、评价的目的都是为了更好地对渠道成员进行管理、控制，使渠道成员能够按照旅游生产商的目标共同前进。分销渠道的目的是促使产品不断地、更好地向旅游消费者转移，而只有所有渠道成员的目标相一致时，渠道才能很好地运转。所以控制渠道的首要任务是使渠道成员了解旅游生产商的市场营销目标。

旅游生产商的任务不能仅限于设计一个良好的渠道系统，并推动其运转。由于各个独立的业务实体的利益总不可能一致，因此无论对渠道进行多好的设计，总会有某些冲突存在。尤其是当旅游消费者的购买方式发生变化、市场扩大、新的竞争者兴起和创新的市场营销战略出现时，这种冲突更为突出，所以渠道结构需要不断改进，以适应市场新的动态。旅游生产商采用较多的改变渠道结构的方法，包括增减个别渠道成员，增减某些特定的市场渠道，或者创立一个全新的方式在所有市场中营销其产品。只有不断适应市场的变化，才能更好地控制渠道为己所用。

2) 分销渠道的控制权

一般来说，能否获得渠道的控制权，所获得的权力的大小主要在于旅游生产商的基本实力，即规模与垄断的优势。规模大的旅游生产商要比规模小的旅游生产商获得的控制权大。具有某种垄断优势的旅游生产商比没有这些优势的旅游生产商更容易获得较大的控制权。

3) 分销渠道冲突控制

分销渠道发生冲突是客观存在的。旅游生产商总希望市场占有率、市场营销量和利润不断地增长，而旅游经销商在市场营销和利润到了一定程度时却往往不愿再努力。旅游生产商希望旅游中间商营销自己的品牌，旅游中间商则对产品不问品牌，只看好不好销。旅游生产商希望旅游中间商将折扣提供给旅游消费者，旅游中间商却喜欢把折扣归为己有等。

常见的分销渠道冲突有两类：一是水平冲突，是指存在于渠道同一层次的成员之间的冲突；二是垂直冲突，是指同一渠道中不同层次间的冲突。

旅游企业控制冲突需要认清渠道中的潜在冲突，然后有计划地监测冲突，从而制定解决冲突的策略，促进合作。

8.4 旅游电子商务

旅游电子商务(Tourism E-business)就是通过先进的信息技术手段改进旅游机构内部和对外的连通性，即改进旅游企业之间、旅游企业与供应商之间、旅游企业与旅游者之间的交流与交易，改进企业内部流程，增进知识共享。

8.4.1 旅游电子商务的含义

从应用层面来看，旅游电子商务是指以网络为主体，以旅游信息库、电子化商务银行为基础，利用最先进的电子手段运作旅游业及其分销系统的商务体系。它为广大旅游业同行提供了一个互联网的平台。旅游电子商务包含三个层次：

第一，面向市场，以市场活动为中心，包括促成旅游交易实现的各种商业行为(网上发布旅游信息、网上公关促销、旅游市场调研)和实现旅游交易的电子贸易活动(网上旅游企业洽谈、售前咨询、网上旅游交易、网上支付、售后服务等)。

第二，利用网络重组和整合旅游企业内部的经营管理活动，实现旅游企业内部电子商务，包括旅游企业建设内联网，利用旅游消费者管理系统、旅行社业务管理系统、旅游消费者关系管理系统和财务管理系统等实现旅游企业内部管理信息化。

第三，旅游经济活动能基于 Internet 开展还需要具有环境的支持，包括旅游电子商务的通行规范，旅游行业管理机构对旅游电子商务活动的引导、协调和管理，旅游电子商务的支付与安全环境等。

第三个层次是第一个层次和第二个层次的支撑环境。只有三个层次的电子商务共同协同发展，才可能拥有旅游电子商务发展的良性循环。发展到成熟阶段的旅游电子商务，是旅游企业外部和内部电子商务的无缝对接，它将极大地提高旅游业运作效率。

小 案 例

张家界旅游信息港

张家界旅游信息港又称张家界旅游网，网站创建于 2006 年 10 月，是张家界创建最早的旅游综合门户型网站之一，属于湖南湘中旅国际旅行社有限公司旗下网站。网站内容侧重于张家界及凤凰古城，附带有长沙、韶山、岳阳、衡山等湖南境内的主要景区景点，提供丰富而全面的景点、图片、视频、线路、天气、酒店、交通等目的地旅游资讯，提供散客游、团体游、会议游、自驾游等多种旅游接待服务。该网站给张家界的旅游者搭建了一个交流互动的平台，旅游者可以自主地进行出游征伴、景区投票、旅游问答等活动，可以自主地发表旅游游记、风景图片。

网站内容的设立及布局以旅游者的实际需求为出发点，确保每一位访客在查找浏览便利的同时也确保了信息的实时性、实效性、全面性。服务注重信誉与品牌，推广注重广泛与力度，历经多年的打拼与发展，现已根深蒂固于整个互联网，百度、google、新浪、搜狐、网易、雅虎、hao123、265 等众多知名网站随处可见本站身影；良好、周全、信誉的服务，也在业界树立了良好的口碑，现已发展成为张家界知名的品牌旅游目的地门户型网站，是外人了解张家界的窗口，旅游张家界的第一站。

网站 LOGO 简单明了，以 e 及张家界的山共同组成，主体色为翠绿加黄色。既体现了张家界青山绿水的意境，也体现了张家界的活力与进取，同时表达了该网站的主题——信息张家界，旅游张家界。

8.4.2　旅游电子商务的优势

与传统的旅游分销渠道相比，旅游电子商务至少具有以下几个方面的优势：

1. 永不落幕

各个层面的互联网旅游推广营销，在网络开通之后，不管白天黑夜，不分天南地北，只要能上网，就能参展观展、洽谈交易、收集信息、建立联系。旅游电子商务像一张大网，把众多的旅游生产商、旅游中间商、旅游消费者联系在一起。旅游景区、旅行社、旅游饭店及旅游相关行业，可借助同一网站招徕更多的旅游消费者。特别是新兴的“网络旅游公司”，即将成为旅游行业的多面手，它将原来市场分散的利润点集中起来，大大提高了资源的利用效率。

2. 直观生动

旅游产品具有无形性的特点，旅游者在购买旅游产品之前，无法亲自了解，只能从别人的经历或介绍中寻求了解。随着信息技术的发展，旅游电子商务提供了大量的旅游信息和虚拟旅游产品，给旅游产品提供了“身临其境”的展示机会。例如，旅游生产商可以通过网上大量生动直观、美丽精彩的图片、视音频、微电影，再辅之以适量、精炼、优美的文字，向合作方和世界各地、各类公众展示宣传旅游产品与服务项目，并且可以根据自身、业界、公众的需要，随时不断地更新、调整、改进、补充和提升优化网上展示的内容、方式。这种全新的旅游体验，使足不出户畅游天下的梦想成真，并且培养和壮大了潜在的旅游消费者群体。因此，旅游电子商务使无形的旅游产品慢慢变得“有形”起来，也使得旅游宣传展示更为精彩、生动和直观。

3. 精准高效

互联网的建设、使用和管理，时刻在产生新的数据信息，形成了大数据资源。互联网旅游推广营销，运用大数据，通过对人们上网所产生信息资源的分析研究，可以使得不同国家、地区、城市、企事业组织、旅游项目产品，更有针对性地找到自己潜在的需求对象，并根据其旅游消费需求和旅游咨询、行程设计、预订购买、旅游消费的特点、风格等，采用最有效、最能吸引对方、最能满足其需求的方式、手段，向其准确投放、推送其所想要的旅游产品和服务资讯。传统线下旅游推广营销，通常是以目的地自身旅游消费者及其旅游消费情况抽样调查和客源地旅游需求访谈、预测分析等统计分析为基础，一般只能做大致判断和模糊选择，很难与互联网依托大数据所进行的推广营销的精准性相提并论。由于互联网旅游推广营销具有很明确的目标，产品服务信息推送更精准，就可能使得推广营销效果更有保证。说互联网旅游推广营销效率高，还因为从投入来看，网站建设是一次性投入长期使用，使用过程中所要进行的投入只是网站维护、更新、管理和优化升级方面的投入，不像交易会、博览会、推介会每次都要重新设计展位、制作展品并进行布置，展会结束后那些制作并布置在展场、展位上的图片、物品大多一弃了之，成为垃圾。此外，互联网市场推广，还使得参展商、观展者往返展览会的交通、住宿、餐饮等费用支出不复存在，耗费的时间也因此大为减少。

4. 增强互动

传统线下旅游推广营销，在展馆内、展位上，参展方、观展方通常也会进行交流洽谈互动，但大多是以参展商设展并发放宣传品、观展者观展并收集宣传品为主，即看得多、拿得多而谈得少。对于大部分观展者来说，即使有交流，也只是三言两语，因为时间紧张、场地有限，不可能长时间且反复多次地进行交流互动。网上旅游宣传展示则完全不同，因为不受时间和空间限制，随时随地都可以交流互动，因此，就可以根据需要进行深入、具体、细致和反复多次的互动交流，以充分发挥宣传推广引起对方注意、准确全面细致地投送信息、引发旅游消费者产生旅游动机并跟踪等目的。传统宣传推广采取时空分离的方式，先通过设展、观展和宣传品、销售方名片等建立联系并提供基本产品、服务信息，展会结束后再由需求方联系并进一步洽谈咨询，互动的连续性、主动性、可靠性和效果就要大打折扣。

5. 延伸服务

旅游业是典型的服务性行业，旅游电子商务也以服务为本。互联网旅游推广营销，很容易向网上咨询、行程设计、预订购买、费用支付、通知接待等旅游服务延伸，这就是很多旅游资讯网站和旅游宣传推广网站很快向综合性旅游服务网络平台发展的主要原因。在国外，像 travelsource.com、triplel.com、travelweb.com 等旅游网站，它们以提供大量的旅游信息资源、完善的在线预定等而为广大网民和旅游消费者所钟爱。

小知识

微博营销

中国微博用户已经突破两亿户。微博是一个即时的信息发布平台，也是一个自媒体平台。有价值或符合大众口味的信息很容易在微博平台上呈“病毒式”的传播。微博作为网络交流平台，也蕴含着服务旅游行业的诸多契机。微博通过随时随地的旅游信息服务和旅游体验分享，可增加“用户的黏性”。

旅游景区越来越注重微博营销，比如少林寺、国家博物馆、国家大剧院、圆明园等景区纷纷开微博，争抢网络营销阵地。当然，景区官方亮相微博，需要有专人负责微博的维护，并对景区的现状、活动、线路等不断更新与及时回复粉丝问题，通过官方形式维护官方的权威与诚信，提高服务效率和质量，打造服务公平透明的景区形象，并对景区出现的危机第一时间进行处理并向社会进行公布。比如 2014 年 6 月底 7 月初发生的峨眉山风景区因村民阻路而暂停接待游客的事件，都是官方微博上进行说明，事件最新进展通报也是第一时间通过微博发布。

8.4.3 旅游电子商务的影响

1. 改变旅游业传统经营模式

旅游电子商务从根本上改变了传统旅游业的经营模式。电子商务在旅游业的应用和普及，使旅游消费者可直接通过网络进行旅游活动的信息查询、线路安排、票务酒店预定等，足不出户即可获得关于旅游目的地的详细资料。可见，传统旅行社帮助旅游消费者设计线路、安排交通等职能在旅游电子商务中已非必需之物，旅行社将面临迷失于网络旅游市场营销中的困境，未来旅行社必将转化角色，由代表旅游生产商利益向代表旅游消费者利益转变。

2. 改变旅游消费结构和方式

旅游电子商务可以增强旅游企业之间的信息沟通和业务联系，旅行社直接面对旅游目的地企业和客源地的消费者，更有针对性地提供个性化、人性化服务，从而提高服务水平和效率，变被动市场营销为主动市场营销。

3. 改变旅游市场格局

旅游电子商务使传统旅游市场格局发生了巨大的变化，它打破了地区垄断，扩大了旅游消费者的选择范围，开拓了新的旅游客源市场。市场格局的变化，也使旅游业面临新的竞争：一方面市场准入门槛降低了，市场范围扩大了，竞争的层次和深度必然加大；另一方面市场的开放性加强，要求合作的程度更高。因此，旅游电子商务将引发竞争中的合作与合作中的竞争，从而将传统旅游市场导入以网络为核心的旅游电子商务领域。

小知识

微信营销

微信营销是网络经济时代企业营销模式的一种创新，是伴随着微信的火热而兴起的一种网络营销方式。微信不存在距离的限制，用户注册微信后，可与周围同样注册的“朋友”形成一种联系，用户订阅自己所需的信息，商家通过提供用户需要的信息，推广自己的产品，从而实现点对点的营销。

微信营销主要体现在以安卓系统、苹果系统的手机或者平板电脑中的移动客户端进行的区域定位营销，商家通过微信公众平台，结合营销系统展示商家微官网、微会员、微推送、微支付、微活动，已经形成了一种主流的线上线下微信互动营销方式。常用的微信营销方式有摇一摇、朋友圈等。

1. 摇一摇

目前，很多旅游企业都开通了微信服务号，在微信服务号里面，可以直接完成订单采购和客户服务、活动推广等诸多功能。例如，三亚某旅行社的门店人员利用个人微信里的“摇一摇”功能，一个月就卖出了800多单旅游产品。更具意义的是，门店人员所“摇来”的游客，大部分是年轻人、白领以及有钱又有闲的自由行客人，这些几乎肯定不会走进“骗人”的旅行社的自由行游客们，就这样成了旅行社的客户。

2. 朋友圈

朋友圈的功能与微博无异，就是分享与传播，只是较微博全开放式的分享所不同的是，微信的朋友圈更具有私密性。所发布的分享内容只针对那些授权的好友，同时也不需要担心朋友的评论及留言被其他人看到，因为评论除了共同好友能看见，没有互相关注的人是看不到的。“既然是这样，那么就放心大胆地分享美丽的景点风景以及旅游攻略吧！”一个有着近十年旅游行业经历的门店经理说。每每分享那些绝美风景图及旅游攻略时，总会有不少朋友留言有想去的冲动。

8.4.4 旅游电子商务的类型

按照旅游电子商务的交易类型可将其划分为B2B交易模式、B2E交易模式、B2C交易模式、C2B交易模式四种。

1. B2B交易模式

B2B(Business to Business)是企业与企业之间通过互联网进行产品、服务及信息的交换。它的交易形式主要包括以下几种情况：

第一，旅游企业之间的产品代理，如旅行社代订机票与饭店客房，旅游代理商代售旅游批发商组织的旅游线路产品。

第二，组团社之间相互拼团，也就是当两家或多家组团旅行社经营同一条旅游线路，并且出团时间相近，而每家旅行社只拉到为数较少的旅游消费者时，旅行社征得旅游消费者同意后可将客源合并，交给其中一家旅行社操作，以实现规模运作的成本降低。

第三，旅游地接社批量订购当地旅游饭店客房、旅游景区门票。

第四，旅游客源地组团社与旅游目的地地接社之间的委托、支付关系，等等。

2. B2E 交易模式

B2E(Business to Enterprise)中的 E，指旅游企业与之有频繁业务联系，或为之提供商务旅行管理服务的非旅游类企业、机构、机关。大型企业集团经常需要处理大量的公务出差、会议展览、奖励旅游事务。他们常会选择和专业的旅行社合作，由旅行社提供专业的商务旅行预算和旅行方案咨询，开展商务旅行全程代理，从而节省时间和财务的成本。另一些企业则与特定机票旅游代理商、旅游饭店保持比较固定的业务关系，由此享受优惠价格。

旅游 B2E 电子商务较先进的解决方案是企业商务旅行管理系统(Travel Management Systerm，TMS)。它是一种安装在企业旅游消费者端的具有网络功能的应用软件系统，通过网络与旅行社电子商务系统相连。在用户端，企业差旅负责人可将企业特殊的出差政策、出差时间和目的地、结算方式、服务要求等输入 TMS，系统将这些要求传送到旅行社。旅行社通过电脑自动匹配或人工操作为企业旅游消费者设计最优的出差行程方案，并为企业预订机票及酒店，将预定结果反馈给企业旅游消费者。通过 TMS 与旅行社建立长期业务关系的企业旅游消费者能享受到旅行社提供的便利服务和众多优惠，节省差旅成本。同时，TMS 还提供统计报表功能。企业的管理人员可以通过系统实时获得整个企业全面详细的出差费用报告，并可进行相应的财务分析，从而有效的控制成本，加强管理。

3. B2C 交易模式

B2C(Business to Customer)旅游电子商务交易模式，也就是电子旅游零售。交易时，旅游散客先通过网络获取旅游目的地信息，然后在网上自主设计旅游活动日程表，预定旅游饭店客房、车船机票等，或报名参加旅行团。对旅游业这样一个旅游消费者高度地域分散的行业来说，旅游 B2C 电子商务方便旅游消费者远程搜寻、预定旅游产品，克服距离带来的信息不对称。通过旅游电子商务网站订房、订票，是当今世界应用最为广泛的电子商务形式之一。另外，旅游 B2C 电子商务还包括旅游企业向旅游消费者拍卖旅游产品，由旅游电子商务网站提供中介服务等。

4. C2B 交易模式

C2B(Customer to Business)交易模式是由旅游消费者提出需求，然后由企业通过竞争满足旅游消费者的需求，或者是由旅游消费者通过网络结成群体与旅游企业讨价还价。

旅游 C2B 电子商务主要通过电子旅游中间商(专业旅游网站、门户网站和旅游频道)进行。这类电子旅游中间商提供一个虚拟开放的网上中介市场，提供一个信息交互的平台。上网的旅游消费者可以直接发布需求信息，旅游企业查询后双方通过交流自愿达成交易。

旅游 C2B 电子商务主要有两种形式。第一种形式是反向拍卖，是竞价拍卖的反向过程。由旅游消费者提供一个价格范围，求购某一旅游服务产品，由旅游企业出价，出价可以是公开的或是隐蔽的，旅游消费者将选择认为质价合适的旅游产品成交。这种形式，对于旅游企业来说吸引力不是很大，因为单个旅游消费者预订量较小。第二种形式是网上成团，即旅游消费者提出他设计的旅游线路，并在网上发布，吸引其他相同兴趣的旅游消费者。通过网络信息平台，愿意按同一条线路出行的旅游消费者汇聚到一定数量时，他们再请旅行社安排行程，或直接预订饭店客房等旅游产品，可增加与旅游企业议价和得到优惠的能力。

旅游 C2B 电子商务利用了信息技术带来的信息沟通面广和成本低廉的特点，特别是网上成团的运作模式，使传统条件下难以兼得的个性旅游需求满足与规模化组团降低成本有了很好的结合点。旅游 C2B 电子商务是一种需求方主导型的交易模式，它体现了旅游消费者在市场交易中的主体地位，对帮助旅游企业更加准确和及时地了解旅游消费者的需求，实现旅游业向产品丰富和个性满足的方向发展有着积极的促进作用。

【本 章 小 结】

旅游分销渠道包括旅游生产商、旅游经销商、旅游代理商和旅游消费者等。通常分为直接分销渠道和间接分销渠道两个类型。旅游分销渠道的作用如下：旅游分销渠道是旅游企业进入旅游市场的必经之路；是旅游企业的重要资源；可以减少旅游产品交易的次数，提高销售效率；为旅游消费者购买旅游产品提供了极大的方便；等等。

影响旅游分销渠道选择的因素主要有旅游产品、市场因素、旅游企业自身因素、旅游中间商的状况、外界环境因素。

旅游中间商是旅游产品从生产者到消费者的分销链条上的连接环。旅游中间商包括旅游代理商、旅游批发商、旅游零售商等。旅游中间商能促进旅游生产商提高市场营销效率、协调供给和需求之间的矛盾、方便旅游消费者购买、有效分担旅游生产商的分销职能。旅游中间商的功能主要有市场调研、市场开拓、促进销售、组合加工等。选择旅游中间商，应考虑旅游中间商可能带来的经济效益、旅游中间商目标市场与企业目标市场的一致性、旅游中间商的商业信誉与经营实力、旅游中间商的数量、旅游中间商的合作意愿等。

分销渠道组织包括垂直分销渠道、水平分销渠道、复式分销渠道。旅游分销渠道管理包括分销渠道激励、分销渠道评价、分销渠道控制。

与传统的旅游分销渠道相比，旅游电子商务至少具有永不落幕、直观生动、精准高效、增强互动、延伸服务等优势。旅游电子商务改变旅游业传统经营模式、改变旅游消费结构和方式、改变旅游市场格局。旅游电子商务的类型主要有 B2B、B2E、B2C、C2B 四种交易模式。

【习　题】

一、填空题

1. 根据流通环节的多少，可将旅游分销渠道划分为__________和__________两个类型。
2. 旅游中间商包括__________、__________、__________等。
3. __________是指由两个或两个以上的企业联合起来，共同开发利用旅游市场。

二、选择题

1. “旅游生产商—旅游零售商—旅游消费者” 这种模式称为(　　)。
   A. 直接分销渠道　　B. 单层次分销渠道
   C. 双层次分销渠道　　D. 多层次分销渠道
2. (　　)是指主要从事旅游批发业务的旅行社或旅游公司。
   A. 旅游代理商　B. 旅游生产商　C. 旅游批发商　D. 旅游零售商
3. (　　)是指一家公司拥有和管理若干个旅游生产商、旅游批发商、旅游零售商，控制分销渠道的若干个层级或整个分销渠道。
   A. 公司式垂直分销渠道　　B. 水平分销渠道
   C. 管理式垂直分销渠道　　D. 合同式垂直分销渠道
4. (　　)是一个渠道成员对另一个渠道成员的行为与决策变量成功施加影响的过程。
   A. 旅游分销渠道激励　　B. 旅游分销渠道评价
   C. 旅游分销渠道冲突　　D. 旅游分销渠道控制
5. (　　)是企业与企业之间通过互联网进行产品、服务及信息的交换。
   A. B2E 交易模式　B. B2B 交易模式　C. B2C 交易模式　D. C2B 交易模式

三、名词解释

1. 旅游分销渠道
2. 旅游中间商
3. 旅游电子商务

四、简答题

1. 简述旅游分销渠道的作用。
2. 简述选择旅游中间商时应考虑的因素。
3. 简述旅游电子商务的影响。

【实际操作训练】

一、实训名称

旅游产品分销渠道策划

二、实训目的

掌握分销渠道的选择、设计和管理。

三、实训步骤

1. 分小组(5～8 人)分工合作完成以下工作：
(1) 调查了解竞争者目前的渠道状况；
(2) 找出目前市场营销渠道的问题；
(3) 设计渠道模式；
(4) 撰写渠道设计策划书。
2. 以小组为单位在课堂上进行陈述和答辩。
3. 教师点评。

四、实训评价

根据方案内容、陈述和答辩的情况评价打分，纳入学生实训课考核之中。

延伸阅读

广之旅：稳步迈向卓越旅游运营商

最早参与组织“香港游”，并起草《旅行社出境旅游服务质量》行业标准；率先导入 CI(企业形象识别系统)，创立中国首个旅行社品牌；第一个实施“服务质量保证金制度”，为制定行业标准打下基础；全国首家品牌特许经营旅行社，网络规模在全行业处于领先水平……

这家创造多项“全国第一”的旅行社，就是广州广之旅国际旅行社股份有限公司。

广之旅成立于 1980 年 12 月，前身为广州市旅游公司。30 多年来，广之旅获得的殊荣不胜枚举，从全国旅游行业唯一“中国用户满意鼎”，到全国地方旅行社第一个“中国驰名商标”；从“广东旅游十大首创之星”，到改革开放 30 年“广东标杆企业”；从全国首批旅游标准化示范企业，到广州白云区政府质量奖，再到全国旅游服务质量标杆单位……广之旅以稳健的步伐向“中国卓越旅游运营商”迈进。

服务追求贴心

计划报名参加“南欧五国 12 天游”的广州市民谢某告诉笔者，他多次跟随广之旅的团队出游，广之旅周到细致的安排每每给他留下美好的回忆。这是他第一次到欧洲旅游，当然还要选择广之旅。

在广州，广之旅的品牌家喻户晓，“报团出游，就选广之旅”成为很多市民的共识。“这得益于广之旅优质的服务口碑。”时任广之旅总裁陈白羽说。

据广之旅的一项调查数据显示，该社的客人满意度由2011年的89.97%提升到2013年的2013年的91.68%，明显高于旅游行业的平均满意度72.57%，服务行业居民评价报告中继续位列旅游业满意度第一。

广之旅的服务到底有多好？“也没觉得有多好，就是觉得贴心。”谢某回答。贴心，其实就是广之旅的服务追求。

作为广之旅出境游的领队，贺某经常要带旅游团在各国之间“飞来飞去”。航空公司只会按姓氏字母进行座位排序，贺某会在征得游客同意之后进行重新编排，把“夫妻”“一家人”“朋友”安排坐一起，游客不用自己费口舌去调配。

导游必须为游客巡房，用餐时要三次巡餐，游客拍照站在游客身后……这些，也都是广之旅贴心服务的体现。

陈白羽表示，广之旅一贯秉承“品牌引领、质量第一、消费者至上”的经营方略，坚持“一切为了客人满意”的经营理念，注重服务细节，在产品的设计上也是从游客的需求出发。选择广之旅的游客总是能轻易地就找到适合自己的旅游产品。比如，“修学旅游”“高品保”“长者旅游”等面向特定人群的旅游产品设计就非常人性化。“修学旅游”的设计会配合学校教学计划，针对不同学龄段的在校生推出适合各消费群体的线路产品。

严格质量把控

在全面推行质量管理中，广之旅走的是一条变人治为法治的道路，着重规章制度的健全和质量责任的落实。为了确保各项规章制度落到实处，广之旅还建立了服务质量管理监督机制，健全检查制度，加大质量管理抽查力度。

笔者在广之旅最近一份《出境游总部行程抽查报告》中看到，上面详细地标明了导游在带团过程中存在的一些问题，比如行程安排太紧、旅游提示不到位等。

广之旅国内游团队服务部经理黄某介绍，广之旅导游带团的每个环节都有详细的标准。广之旅专门设有质量管理部，通过游客意见表格、电话回访、游客/旅游消费者座谈会以及游客质量监督员授权监控等方式，对服务质量进行考核。黄某说，导游、领队应于行程结束前一天或当天将意见表发放给游客填写，回收后交回本部质量分析员。每团应发问卷数不应少于当团人数的30%，回收率不应低于派发数的90%。而这份意见表所得出的数据就关系到导游评先评优的成绩。

据了解，广之旅的导游分见习导游、常用导游、优秀导游、金牌导游等多个等级，采取每年动态化管理，即便是优秀导游，若遭到游客投诉两次以上或没有完成考核，也将面临降级的处罚。

黄某认为，高素质、稳定的导游领队队伍，不仅有规章的约束，也有机制的奖励。广之旅非常重视对导游的培养，尊重导游的服务价值，为全体导游购买了雇主责任险和人身意外险，除了基本工资，导游出团每天都有一定的补贴，使他们没有后顾之忧，保证了导游服务的质量。

为了表彰导游队伍中的佼佼者，2005年9月9日，广之旅向20名顶级金牌以及金牌导游颁发了金质奖章、荣誉证书和奖金，总额近30万元。

保障服务质量的同时，也要保障产品的质量。广之旅建立了供应商评价标准体系，这个体系不是一成不变，而是顺应市场需求适时调整。根据这个体系的要求，业务部门每年都会对供应商进行价值评估，不合格的或者遭到投诉的供应商就会被要求退出。

完善标准体系

据广之旅标准化总监虞某介绍，广之旅从20世纪90年代中期就迈出了“标准化管理”的步伐，先后出台广之旅国内游全陪、入境游地陪、出境游领队、国内游计调等系列企业标准。

1994年，针对当时旅游业“货不对板”的不良现象，广之旅自发在全国第一家推出旅游质量保证金制度，以10万元保证金向社会承诺，游客今后凡参加广之旅旅游团，旅途如遇“货不对板”的情况可获赔偿。1997年，广之旅正式建立覆盖各主要业务部门的ISO9001质量管理体系，并于2000年通过ISO9001质量管理体系认证。2011年年底，广之旅先后被认定为4A级“标准化良好行为企业”和全国旅游标准化示范单位。2012年7月，广之旅与国际著名战略咨询公司IBM合作，全面导入卓越绩效管理体系。

虞某表示，通过导入卓越绩效模式，将质量管理的系统化、标准化、程序化和规范化的体系理念推广到企业经营管理的各个领域，着眼精细管理、重视过程、聚焦绩效，加速了广之旅从传统服务业向现代服务业的转型升级。

目前，广之旅已初步建立了企业标准体系，该体系由“服务通用基础标准体系”“服务保障标准体系”和“服务提供标准体系”3个子体系组成，共收集了适用的国家标准、行业标准、地方标准80余份，适用的法律法规30多份，企业标准近200份。

2013年，广之旅首次进入“中国服务业500强”榜单，营业收入突破40亿元。广之旅的经营业绩稳步上升与服务质量提升同步，公司上下充分认识到服务质量的重要性，并把它作为长期任务持续抓下去，从而实现“中国卓越旅游运营商”的战略目标。

延伸思考：

1. 结合案例，谈谈旅游中间商在分销渠道中的作用。

2. 旅游中间商是旅游分销渠道中的重要组成部分，请阐述影响旅游生产商选择旅游中间商的主要因素。

3. 分析广之旅实现“中国卓越旅游运营商”战略目标的具体举措。

第9章 旅游促销策略

学习目标

- 掌握旅游促销的含义及作用；
- 了解旅游广告的含义及其类别；
- 掌握旅游人员推销的含义及其过程；
- 理解旅游公共关系的含义及其类别；
- 掌握旅游营业推广的含义及其策划；
- 掌握各种促销手段的特点，能为旅游企业设计促销方案。

导入案例

浙江杭嘉湖绍派发“旅游红包”

大年初一，由杭州市旅游委、嘉兴市旅游局、湖州市旅游局、绍兴市旅游委联合举办的“2014 年杭州都市圈新春旅游优惠月活动”正式启动，来自杭州、嘉兴、湖州、绍兴 4 地的 161 家报名单位携手为广大游客派发马年旅游红包。

此次“优惠月”的起止时间是 1 月 31 日至 2 月 28 日。活动期间，杭嘉湖绍 4 个城市的市民可凭市民卡、身份证、户口簿、学生证、暂住证这 5 类有效证件，在参加“优惠月”活动的各景区(点)售票窗口购票，或在参加“优惠月”活动的宾馆酒店登记入住，均可享受三至五折的新年旅游优惠价。

除了门票优惠，部分景区还打造了丰富多彩的民俗活动供游客免费体验。如，乌镇独具特色的长街宴以及打年糕、舞狮、写春联等“年味儿”十足的活动，给许多游客带来惊喜。

据悉，“2014 年杭州都市圈新春旅游优惠月活动”基本涵盖了杭嘉湖绍 4 个城市的主要旅游资源和星级宾馆。嘉兴市旅游局相关负责人表示：“这样的‘新春旅游优惠月’活动是从 2010 年启动的，持续了 4 年，已经逐渐成为区域合作品牌，体现了旅游为民、旅游惠民的主旨。”

案例思考：

结合案例，谈谈这样的促销活动带来的启示是什么。

9.1 旅游促销概述

9.1.1 旅游促销的含义

旅游促销(Tourism Promotion)是指旅游企业将旅游产品的信息，通过各种宣传、吸引和说服的方式，传递给潜在购买者，促使其了解、信赖并购买，以达到扩大销售的目的。简言之，旅游促销就是旅游企业促使旅游消费者对旅游产品产生消费愿望的行动。

旅游促销的实质是企业与消费者之间的信息沟通。它的基本形式可以划分为人员促销和非人员促销两大类，如图 9.1 所示。

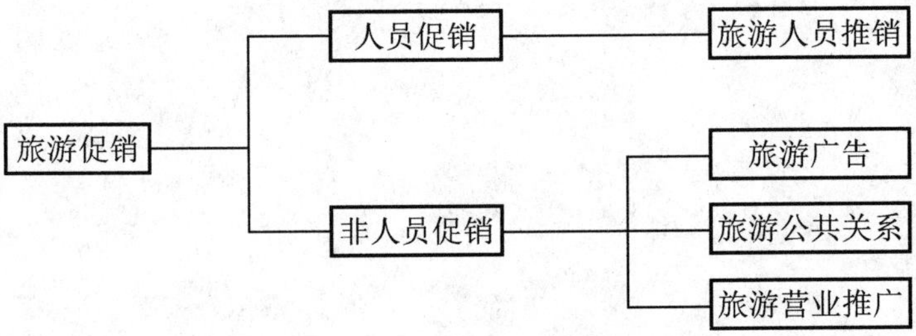

图 9.1 旅游促销的基本形式

1. 人员促销

人员促销是指推销员与消费者直接交流，促成买卖交易的实现。人员促销成功率高，但费用大。旅行社的外联部、旅游饭店的销售部工作多属此类。但它们很少面向旅游消费者，而是与外国旅游经销商或旅游代理商打交道。

2. 非人员促销

非人员促销包括大众推广和营业推广。大众推广包括做广告、出版各类宣传品以及邀请记者来访等一系列的公共关系工作，主要向大众传递信息，提高知名度。营业推广包括为了刺激需求所采取的能较快产生作用的促销措施。例如，举办或参加展览会、开展有奖销售、示范表演。

非人员促销活动的覆盖面较广，但促成实际成交的效果不如人员促销活动。这部分工作一般由国家旅游局市场开发司统筹安排，各省市区旅游局以及各旅行社、旅游饭店的市场开发或促销部门分别承担这些工作。

9.1.2　旅游促销的作用

对于旅游企业来说，旅游促销就是要通过各种不同的促销组合手段，向旅游消费者传递旅游产品能够为其带来怎样的利益，激发旅游消费者的需求，从而达到诱发旅游行为的目的。一般来看，旅游促销的作用主要表现在以下几个方面。

1. 提供旅游信息，沟通供需关系

旅游促销的直接作用是进行信息传递，实现旅游生产商与旅游最终消费者之间的沟通。旅游企业在何时、何地和何种条件下，向何种消费者提供何种旅游产品，显然是旅游促销活动所要传递的基本信息。旅游企业通过各种促销手段，将旅游产品、旅游企业和旅游目的地的信息传送到旅游消费者那里。潜在旅游消费者正是通过这些信息，了解、熟悉旅游企业的何种旅游产品能够满足其需求，以及在何种条件下才能满足其需求。

2. 刺激旅游需求，引导旅游消费

旅游产品作为高层次的非一般生活必需品，其消费需求弹性大，波动性强，具有一定的潜在性和朦胧性。通过生动、形象、活泼、多样的旅游促销手段，可以唤起旅游消费需求，强化旅游消费需求，甚至创造和引导特定旅游产品的消费需求，从而增加旅游企业的市场销售量，获取更多利润。如回归大自然旅游热、漂流热的兴起，可以说都与相应的旅游促销活动有关。

3. 突出产品特点，强化竞争优势

相互竞争的同类产品往往差别不甚明显，尤其是作为无形服务的同类旅游产品的差别更不易被旅游消费者所分清。旅游促销恰恰是传播旅游产品市场定位特色的主要手段，它通过对同类旅游产品某些差别信息的强化传递，对不同具体产品的特色起到聚焦、放大的作用；即使对于没有实际差别的同类旅游产品，也可赋予其不同的象征性形象差别，以使潜在旅游消费者认识到何种旅游产品更可能带给自己实际所需和精神所需的特殊效用和利益，并由此对某种旅游产品形成购买偏好。

4. 树立良好形象，加强市场地位

由于旅游是一种高层次的消费与审美活动，通过生动而有说服力的旅游促销活动，往往可以塑造友好、热情、安宁、服务周到以及其他人格化的良好旅游服务形象，赢得更多潜在旅游消费者的厚爱。旅游市场风云多变，一旦出现有碍旅游企业发展的因素时，就可通过一定的宣传促销手段，改变自身的消极印象，重塑自身的有利形象，以达到恢复、稳定甚至扩大其市场份额的作用。

5. 冲消淡旺季差异，稳定销售

旅游产品的脆弱性决定了旅游产品较易受到各种因素的影响，诸如政治因素、自然条件等。旅游产品在淡季和旺季的需求差别较大，如果旅游市场营销主体经营多种旅游产品，而这些产品又分布在不同的季节，就可以在不同的季节都有适时的旅游产品供应，并对其进行适度规模的宣传、促销，使淡季与旺季需求差别缩小，稳定销售，并且促进自身经营活动发展。

9.1.3 旅游促销的原则

1. 唯我独有

旅游市场竞争十分激烈，唯我独有就是走遍天下只能在我这儿才能听到、看到、吃到的旅游产品。有些产品虽然非常有名，但不是唯我独有。例如，江苏宜兴的溶洞虽有名，却非唯我独有产品，因为喀斯特地貌在国内外许多地方都有。但宜兴的紫砂陶瓷是独具魅力的，唯我独有。此外，在促销活动中，还应当考虑到对象的不同，要从不同的角度考虑。自己感兴趣的产品别人不一定感兴趣，自己不感兴趣的产品别人也可能感兴趣。例如，法国人特别喜欢文物古迹，而美国人则兴趣不大。又如，日本人对云南石林不感兴趣，但对桂林山水情有独钟；太湖在中国享有盛誉，但对同样拥有湖光山色的瑞士而言则没有特色。

2. 有的放矢

有的放矢即促销的针对性。向谁促销、促销什么非常关键。促销就是把有限的资金投入到无限的市场中去。印刷材料不能内外兼用，要有所区别，因为中国人和外国人的思维不同。例如，外国人做报告往往是从自己家庭谈起，然后公司、国家、国际，而中国人则相反。写地址也是如此，外国人先是门牌号码、街道、区名、市名、国名等；写日期，国外人的写法多是日期、月份、年份，中国人则相反。所以编写促销材料必须针对旅游消费者进行考虑。

3. 实事求是

实事求是指旅游促销要根据事实进行，不能进行放大、夸张。我国在改革开放初期，旅游接待条件差，但旅游消费者投诉很少；目前旅游设施虽然很好，但投诉多了，这是由于期望值不同。实际服务质量不变，期望值越大，满意程度就越小，两者成反比。以前条件虽差，但当时的期望值小，所以满意度大。而目前随着旅游企业设施的改善，人们的期望值已越来越高。

4. 常变常新

促销手段要不断变化，要根据市场信息不断更换新的内容、新的名称，给人一种新鲜感。有时虽然旅游内容变化不大，但更换一个名称可以给人一种耳目一新的感觉。

9.1.4　旅游促销策略

促销策略就是促销手段的整合。在旅游市场营销活动中，它经常有以下几种：

1. 锥形透射策略

锥形透射策略是指旅游企业的市场营销要像钉图钉一样，集中力量在尽可能短的时间里，以较快速度将旅游产品推向目标市场。一般而言，锥形透射策略通常采用大规模的旅游广告宣传和通过旅游中间商打开知名度。为此，必须寻找有较强影响力和感染力的媒介，如电视、电台、直接邮寄广告；同时要发展与旅游中间商关系。旅游中间商最大的要求是有利可图，而这个利又不能损害旅游消费者的利益，因此要尽量为旅游中间商提供好的价格，加强沟通的便利，采用灵活的季节性差价等。

假如要把中国的旅游产品在尽可能短的时间以较快的速度推进国际市场，那么可以考虑如下操作。首先必须以拳头产品开路，先集中力量宣传推销那些唯我独有、综合接待条件较好的旅游热点和热线，如万里长城、秦始皇兵马俑，提高中国旅游在国际旅游市场的知名度，也就是要将旅游产品排成锥形，以最有招徕力的内容为锥尖，层层推进、挤入国际市场。其次，当进入竞争市场时，要适时推出二线产品，也就是有条件的路线和城市，推出各类专项产品活动，使产品组合更加丰富。这样促销内容才可能多样化、特色化。再次，随着接待条件的改善和产品的更新，向客源市场纵深发展，进一步将我国的旅游产品项目介绍给客源目标市场。这样，整个旅游促销的过程就呈现出锥形、阶梯式、分阶式层层推进的模式，如图 9.2 所示。

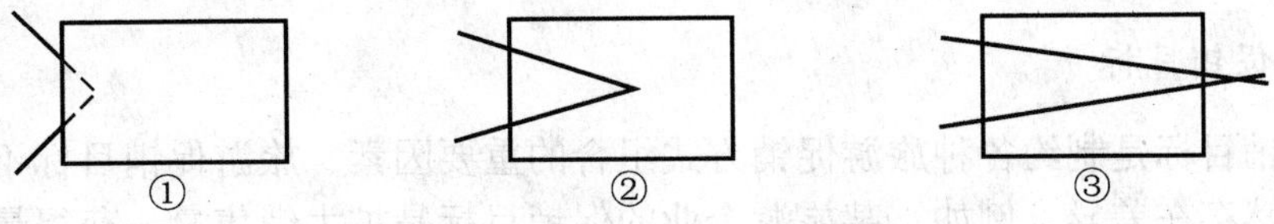

图 9.2　锥形透射策略模型图

2. 推式策略与拉式策略

从促销活动运作的方向来分，有推式策略和拉式策略两种。推式策略是指企业运用人员推销的方式，将产品推向市场，即从企业推向旅游中间商，再由旅游中间商推给旅游消费者，故称人员推销策略。拉式策略是指企业运用非人员推销方式将旅游消费者拉过来，使其对本企业的产品产生需求，以扩大销售，也称非人员推销策略，包括有广告、营业推广、公共关系。

1) 推式策略

推式策略中以人员推销为主，辅之以旅游中间商销售促进，兼顾旅游消费者的销售促进。把产品推向市场的促销策略，其目的是说服旅游中间商与旅游消费者购买旅游产品，并层层渗透，最后到达旅游消费者手中，如图 9.3 所示。

图 9.3 推式策略模型图

2) 拉式策略

拉式策略以广告促销为主要手段，通过创意新、高投入、大规模的广告“轰炸”，直接诱发旅游消费者的购买欲望，由旅游消费者向旅游零售商、旅游零售商向旅游批发商、旅游批发商向旅游生产商求购，由下至上，层层拉动购买，如图 9.4 所示。

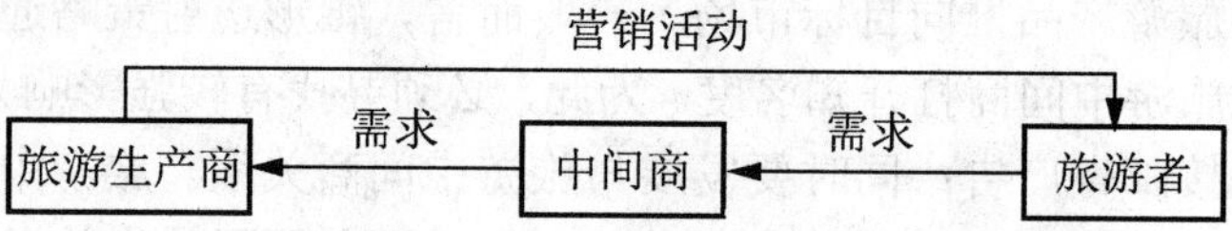

图 9.4 拉式策略模型图

推式策略和拉式策略都包含了旅游生产商与旅游消费者双方的能动作用。但前者的重心在推动，着重强调了企业的能动性，表明消费需求是可以通过企业的积极促销而被激发和创造的；而后者的重心在拉引，着重强调了旅游消费者的能动性，表明消费需求是决定生产的基本原因。企业的促销活动，必须顺乎消费需求，符合购买指向，才能取得事半功倍的效果。

在市场营销实践中，无论推销哪一种产品很少采用单一策略，而是两种策略相辅相成，兼而用之。在当今的旅游市场中，企业都会结合具体情况采取“推”“拉”组合的方式，既各有侧重，又相互配合，两种策略缺一不可。

9.1.5 影响旅游促销的因素

1. 旅游促销目标

旅游促销目标是制约各种旅游促销方式组合的重要因素。旅游促销目标不同，旅游促销组合也必然存在差异。例如，某旅游企业的促销目标是扩大销售量，获得最大的销售利润，而另一个旅游企业的促销目标是树立企业形象，为其旅游产品今后占领市场赢得有利的竞争地位奠定基础。前者在促销组合中将更多地使用广告和销售促进以实现短期效益，而后者在促销组合中将更多地使用市场营销公关，以实现长期目标。

2. 旅游市场特点

旅游市场的地理范围、类型和潜在旅游消费者的数量等因素，决定了旅游市场的性质，也决定了旅游促销组合策略。一般来说，如果目标市场地域范围大，旅游消费者分散，应多采用广告进行促销；反之，则可以以人员推销为主。市场营销的对象不同，促销组合策略也不同，如果旅游企业销售的对象是旅游消费者，各种促销方式的重要性依次为广告、销售促进、人员推销和市场营销公关；如果销售的对象是旅游中间商，则各种促销方式的重要性依次为人员推销、销售促进、广告和市场营销公关。

3. 旅游产品特点

旅游产品的性质不同，旅游消费者的购买需求也不同，因此需要不同的旅游促销组合。一般来说，对于价格昂贵、购买风险较大的旅游产品，旅游消费者通常不会满足于一般广告所提供的信息，而倾向于理智性购买，希望得到更为直接可靠的信息。对这类旅游产品，人员推销、公共关系往往是重要的促销手段。对于购买频繁、价格不高以及季节性较强的旅游产品，旅游广告、营业推广则是重要的促销手段。而一些民俗节日旅游，如我国傣族的泼水节、彝族的火把节等，旅游广告的促销效果十分明显。

4. 旅游产品生命周期

当旅游产品处于导入期，促销的主要目标是使旅游消费者认识旅游新产品。因此，促销的主要方式应当是各种广告和市场营销公关，以扩大旅游产品的知名度。当旅游产品处于成长期，促销的主要目标是增进旅游消费者的兴趣与偏好，扩大旅游产品的销售量。这时，旅游广告仍需加强，但旅游广告的重点在于宣传旅游产品的品牌和特色，同时强化旅游公共关系的作用，旅游营业推广活动则应相应减少。当旅游产品处于成熟期，这时竞争者增多，为了扩大产品销售，以便与竞争产品争夺旅游消费者，广告宣传仍需加强，但广告侧重点应在于突出本产品区别于竞争产品的优点。同时要增加销售促进，给旅游消费者以优惠，配合使用人员推销和市场营销公关，特别是人员推销应大力加强，加大访问旅游消费者的频率，维系与旅游中间商的关系等，以稳定旅游产品的销售。当旅游产品进入衰退期，旅游市场上出现了旅游新产品，旅游企业应以旅游营业推广为主，保持提示性的旅游广告，吸引偏爱的旅游消费者继续购买旅游产品，以便回收更多的资金。

5. 旅游促销预算

旅游促销组合策略的制定，还取决于旅游促销经费的预算。一般来说，旅游促销预算大，就可选择旅游广告等花费大的旅游促销方式；反之，就应选择花费少的方式。

9.2 旅游广告

9.2.1 旅游广告的含义

旅游广告(Tourism Advertising)是指旅游企业运用各种媒体手段，广泛宣传和推广旅游产品、提升旅游品牌的一种信息传播活动。旅游广告的媒介形式主要有互联网、报纸、期刊、广告牌、招贴、广播、电视、通信等。旅游广告是一种非人员促销方式，由明确的广告主，以付费的形式通过媒体进行公开宣传，达到影响消费者行为、促进销售的目的。

旅游广告的目的就是通过运用各种媒体手段，广泛宣传和推广旅游产品，有效地推动旅游产品的销售，从而帮助旅游企业获得经济利益以及品牌价值。旅游广告要求广告制作人掌握广告宣传的特点与方法，并紧密结合旅游产品的特点和特性，通过有形的视觉效果或劝服性的宣传途径，以迎合旅游消费者的消费行为与消费心理为目的，有效地把旅游产品推广出去。

9.2.2 旅游广告的特点

旅游广告作为一种分类广告，具有一般商业广告的各种特点，如有偿性、时效性、目的性、指向性与形式多样、内容广泛等特点。此外，它还具有有别于一般商业广告的其他特点，主要有以下几点。

1. 旅游产品的高卷入性要求广告传播的高互动性

旅游产品是高卷入性的产品，旅游消费者在旅游决策之前，需要经过反复地信息收集、整理、比较、筛选和决策，出行前也要进行诸多准备。此外，旅游活动的异地性和跨文化性，以及异地性所带来的陌生感和不安全感，会增强旅游消费者对目的地的信息、旅游企业以及有过相关体验的其他旅游消费者信息交流的需求。旅游广告主如针对这种消费心理，能提供高互动性的传播与信息交流平台，帮助旅游消费者加深对其旅游产品的认知和记忆，更好地帮助旅游消费者做出旅游决策，享受旅游体验。

2. 旅游产品的综合性决定广告信息高度的立体化

旅游产品既包括有形的各种景区特色和接待设施，更主要的是以接待设施为载体的无形的服务，涉及旅游组织者和旅游接待部门以及方方面面服务的人员。旅游产品的综合性，决定了旅游产品广告推广中信息量含量极高，要求广告主能够提供立体化的信息资源，既包括旅游景区、交通、餐饮住宿、购物等接待设施的横向信息，还必须通过不同形式的纵向信息，向旅游消费者提供诸如旅游常识、景区优势特色、审美鉴赏、历史文化、应变求生等相关知识，丰富旅游消费者或潜在旅游消费者的知识，帮助旅游消费者更好地达到旅游审美和愉悦的效果。

3. 旅游产品产销的时空统一性决定广告表现形式的多元化

旅游产品的本质特征是生产与销售在时空上具有统一性。旅游产品的生产过程即是旅游消费者消费产品的过程，旅游消费者实质上是参与了旅游产品的生产过程。因此，在这个过程中如何更好地引导和控制旅游消费者的参与行动，是旅游活动得以顺利进行的关键所在。所以，在旅游活动开始前、进行中以及结束后对旅游消费者的导向、教育以及审美、文化的熏陶，也是旅游企业进行旅游广告重点考虑的内容之一。除了提供立体化的旅游信息外，旅游广告主还要通过电视、报纸、杂志、互联网、公益活动等各种形式，多元化、多层次地整合具体的旅游产品广告，才能达到对旅游消费者进行市场培养和推广旅游产品的目的。

4. 旅游消费的性质决定广告信息鲜明的个性化

旅游消费是一种体验型的消费，由于受到旅游消费者、旅游服务人员以及目的地居民之间的互动关系的影响，旅游体验受情感因素影响较强。旅游消费者的消费行为与旅游体验的个性化，决定了旅游广告的诉求具有较强的个性化。旅游企业必须针对不同的目标市场，不同的广告受众，采取相应的广告策略和形式，充分体现旅游产品自身的、与众不同的特色，以更好地吸引旅游消费者。随着新媒体技术的应用，旅游广告信息的碎片化、个性化和针对性将更加鲜明，广告制作与发布也将向个性定制发展。

5. 旅游体验的异地性决定广告诉求丰富的多面性

旅游活动是旅游消费者离开惯常环境进行的异地审美活动和愉悦体验。旅游活动的异地性会影响旅游消费者的旅游知觉，异地文化、民俗民风、生活习俗、生疏环境等会给旅游消费者带来一定的陌生感、不安全感和奇异感。这就要求旅游广告在推广旅游产品时，要把激发旅游消费者的旅游欲望和消除旅游消费者对异地文化的戒备和排斥，作为广告诉求的重点。广告的诉求必须结合情感号召与理性介绍，一方面利用人们求美求奇的心理，制作能诱发旅游消费者旅游欲望的情感广告；另一方面，多渠道多途径地向旅游消费者提供理性的出游相关信息，帮助旅游消费者消除出行的疑虑和担忧，应对旅游过程中所遇到的一些问题，以丰富的多方面的信息进行广告宣传，从而更有效地推广旅游产品和旅游目的地形象。

9.2.3　旅游广告的作用

旅游广告是旅游企业投资发布的、推动旅游产品销售的一种重要手段。它的作用主要表现在以下几个方面：

1. 传播旅游信息，广泛招揽消费者

现代社会广告媒体的多样性，信息传播的高效性，为旅游消费者获取广告信息提供了方便与快捷。旅游广告不仅可以诱发旅游者的兴趣，使旅游消费者选择多样化，从中受益，还使旅游企业从中受益，推动旅游业的发展。

2. 促进市场开拓，提高销售业绩

广告搭起了沟通生产者和消费者的桥梁。旅游企业通过广告宣传提高了自身知名度，塑造了企业形象，有利于开拓市场，诱发旅游消费者旅游行为的产生，让大量的旅游消费者去消费，增加旅游产品的销售。

3. 传播社会文化，丰富文化生活

旅游产品的基本内涵是旅游资源，因此旅游广告通过宣传旅游产品，表现出旅游资源的艺术性、历史性、民族性等，达到推销旅游产品的目的，在这一过程中，旅游广告起到传播文化、提高审美情趣的作用。

小知识

经典旅游促销广告语

Spain 西班牙：阳光下的一切
New York 纽约：我爱纽约
Pennsylvania 宾夕法尼亚：美国从这里开始
Aruba 阿鲁巴：我们唯一的事情就是为你服务
Swiss 瑞士：世界的公园
Hawaii 夏威夷：夏威夷是微笑的群岛，这里阳光灿烂
Hong Kong 香港：魅力香港、万象之都、动感之都
Thailand 泰国：神奇的泰国
Singapore 新加坡：无限的新加坡，无限的旅游业
Australia 澳大利亚：令人心旷神怡的澳大利亚
上海：新上海、新感受
桂林：桂林山水甲天下
深圳：畅游深圳，了解中国
海南：椰风海韵醉游人
锦绣中华：一步跨进历史，一日畅游中国
中国民俗文化村：24 个村寨，56 个民族
世界之窗：您给我一天，我给您一个世界
宋城：给我一天，还你千年

9.2.4 旅游广告的类别

按照不同的划分标准，旅游广告会有不同的类别。

1. 按广告表现形式分

1) 静态广告

有以文字为主，以图画为主，以图文并茂为主的多种形式的静态广告。

2) 动态广告

有以人物活动配上解说词、道白的动态广告；也有以广告物为对象，配以人物的吟诗、唱歌、舞蹈的动态广告。

2. 按传播媒体分

1) 报刊广告

这种广告传播快，影响大，读者广，且不易消失，可长期保存，其中报纸广告曾一度是旅游线路、旅游交通等产品信息传播的主要渠道。

2) 电视广告

这种广告形声兼备，重视造型技巧，能给观众留下深刻的印象。电视广告是旅游目的

地形象宣传推广的重要表现形式。

3) 广播广告

这种广告占有空间优势，传播迅速，不受地区、交通和气候的限制。

4) 橱窗广告

这种广告量大，面广，消费者感受真切。

5) 户外广告

户外广告包括路牌广告、交通广告、灯箱广告等，这种广告明朗夺目，容易引人注意。

6) 网络广告

这种广告花费成本低，信息量大，是较佳的旅游广告形式和日后发展趋势。

3. 按旅游广告目标分

1) 告知型

主要用于旅游产品市场开拓的初始阶段。

2) 劝导型

主要用于与同类旅游产品展开竞争的阶段。

3) 提醒型

主要用于旅游产品的成熟期，随时提醒旅游消费者保持对本旅游企业及其产品的记忆，尤其是在淡季。

4. 按旅游企业类别分

旅游广告按旅游企业类别可分为旅行社广告、旅游饭店广告、旅游城市广告、旅游景区广告、旅游节日庆典广告、会展广告等。

9.2.5　旅游广告决策

旅游广告决策制定过程一般包括确定广告目标、广告预算决策、广告信息决策、广告媒体决策和广告效果评价五大内容。

1. 确定广告目标

制定广告决策的首要步骤就是确定广告目标。广告目标是否明确与一致，将直接影响广告效果。

广告目标是企业借助广告活动所要达到的目的。广告的最终目的是增加销售量和利润，但企业利润的实现，是企业市场营销组合战略综合作用的结果，广告只能在其中发挥应有的作用。因此，增加销售量和利润不能笼统地作为广告目标。可以供企业选择的广告目标可概括为下述几种：

(1) 以提高产品知名度为目标。主要是向目标市场介绍旅游产品，激发初步需求，以提高产品知名度。它主要用于一种产品的开拓阶段。

(2) 以建立需求偏好为目标。这一广告目标旨在建立选择性需求，致使目标购买者从选择竞争对手的品牌转向选择本企业的品牌。以此为目标的广告叫作诱导性广告或竞争性广告。

(3) 以提示提醒为目标。目的是保持消费者和社会公众对产品的记忆。提示性广告在产品生命周期的成熟期十分重要。与此相关的一种广告形式是强化广告，目的在于使产品现有的消费者相信他们所做出的选择是正确的。

广告目标是企业目标的一部分，企业在确定广告目标时，要与企业目标相吻合。为达到这一目的，客观上要求从整体市场营销观念出发，寻求与企业市场营销组合战略和促销组合策略有效结合的企业广告目标。

2. 广告预算决策

广告预算决策是企业广告决策的一项重要内容。在确定了广告目标后，企业可以着手为每一产品制定广告预算。

广告预算是企业为从事广告活动而投入的预算。由于广告预算收益只能在市场占有率的增长或者利润率的提高上最终反映出来，因此，一般意义上的广告预算，是企业从事广告活动而支出的费用。

3. 广告信息决策

广告信息决策的核心问题是制定一个有效的广告信息。最理想的广告信息应能引起人们的注意，提起人们的兴趣，唤起人们的欲望，引导人们采取行动。有效的信息是实现企业广告活动目标、获取广告成功的关键。当然，旅游广告信息的表达设计必须符合焦点、简洁、魅力、统一、平衡等基本要求。

4. 广告媒体决策

广告媒体是广告主为推销产品，以特定的广告表现，将自己的意图传达给消费者的工具或手段。不同的广告媒体具有不同的特点，它限制着广告主意图的表达和目的的实现。不同的广告媒体，它的传播范围、时间，所能采用的表现形式，接受的对象都是不同的。广告主在通过广告媒体将自己的意图在他们所希望的时间、地区传递给目标对象时，需要根据媒体所能传播的信息量的多少，对媒体占用时间与空间的多少，支付不同的费用。

5. 广告效果评价

广告效果是通过广告媒体传播之后所产生的影响。这种影响可以分为：对消费者的影响，即广告沟通效果；对企业经营的影响，即广告销售效果。良好的广告计划和控制在很大程度上取决于对广告效果的测定。测定和评价广告效果，是完整的广告活动过程中不可缺少的重要内容，是企业上期广告活动结束和下期广告活动开始的标志。

9.3 旅游人员推销

旅游人员推销是指由旅游企业派出市场营销人员直接与消费者接触，传递旅游产品信息，以促成购买行为的活动。旅游人员推销是传统的促销方式，同时也是现代旅游企业中最常用、最直接、最有效的一种促销方式。

9.3.1　旅游人员推销的特点

1. 推销的直接性

推销人员在与旅游中间商和旅游消费者直接接触中，可以通过自己的言语、形象、特有的各种宣传材料等，直接向消费者解说、展示，通过交谈进行思想沟通，并当即回答消费者所提出的有关产品的各种问题。

2. 较强的针对性

旅游企业的推销人员在开展推销业务之前，一般事先要对旅游消费者进行调查研究，在选好推销对象后，再有针对性地进行推销活动。针对性强不仅可以获得更好的销售效果，同时也能节省人力、物力和财力。

3. 节省成交时间

人员的直接推销可以把有关产品的信息直接传递给消费者，并可当面商谈购买的各种事宜，如果双方交易意向一致，就可当即成交。若是通过媒体广告传递有关产品的信息，消费者接受到信息后，往往还有一个认识、思考、比较，到最后决定购买的过程，这就花费了许多时间。由此可见，人员直接推销可大大缩短从促销到消费者购买之间的间隔时间。

4. 具有推销过程的灵活性

旅游人员推销与旅游消费者保持着最直接的联系，可以在不同环境下根据不同潜在旅游消费者的需求和购买动机，以及旅游消费者的反应调整自己的推销策略与方法，可以解答旅游消费者的疑问，使旅游消费者产生信任感。

5. 具有公共关系的作用

旅游人员进行推销的过程，实际也是代表旅游企业进行公关活动的一个组成部分。

小故事

奇特的推销

澳大利亚南部有一个叫巴斯特尔的小城，全城不足十万人口，但却有着几百年深厚的酒文化根基。全世界的酒业主都到这里推销他们的产品，而一种新酒，要想在这座城市独领风骚谈何容易！

有一天，巴斯特尔最豪华的科拉克里酒楼来了一群客人。这些客人都显得很尊贵，他们叫了一桌澳大利亚最精致的菜肴。这桌菜肴，据粗略估计，是 10 个澳大利亚平民一生的花销。

酒店老板想他们一定得享受本酒店最高级的美酒了，于是搬出路易十三、葛特尔蒙等数十种名酒让客人们挑选。但客人们只粗看了一眼，就问："有索古尔干红吗？"酒店老板听得一头雾水。他从未听说过有这种酒呀！于是，他派员工搜遍全城各大酒店，都没有这种索古尔酒。更令酒店老板没想到的是，那桌客人见没有找到索古尔干红，竟连那桌已付费的菜肴都不吃了，扫兴而去。

这事儿一时闹得全城轰动。人们纷纷猜测，索古尔是一种什么样的酒呢？要知道，客人们叫的是一桌全澳大利亚最昂贵的菜肴啊！索古尔，一时就成了家喻户晓的名字。没多久，索古尔干红在巴斯特尔出现了，立即被期盼已久的巴斯特尔人抢购一空。后来，索古尔酒在全澳洲长盛不衰。

很久后的一天，索古尔酒的制造商来到了巴斯特尔城。人们惊奇地发现，他就是那位在科拉克里酒楼因没有索古尔干红而弃下一桌名贵菜肴的客人。

9.3.2 旅游人员推销的基本形式

旅游人员推销属于直接促销，它有派员推销、营业推销、会议推销三种基本形式。

1. 派员推销

派员推销是指旅游企业派专职推销人员携带旅游企业及旅游产品的说明书、宣传材料及相关资料走访旅游消费者进行推销的方式。这是一种存在时间最长的推销形式。这种方式适用于在推销人员不太熟悉或完全不熟悉推销对象的情况下，即时开展推销工作。这种方式的特点主要体现在推销人员主动向消费者靠拢，推销员同消费者之间的感情联系尤为重要；它要求推销人员有百折不挠的毅力、良好的沟通能力与谈话技巧。

2. 营业推销

营业推销包括两种类型：一种是旅游企业内部销售人员在办公室内用电话来联系洽谈业务，接待来访购买者和咨询者；另一种是旅游企业其他各个环节的从业人员，在为旅游消费者提供服务过程的同时销售自身产品的活动。这种推销方式的特点是消费者主动向推销人员靠拢，推销人员能依靠良好的销售环境和接待技巧完成推销，满足消费者需求。

3. 会议推销

会议推销是指旅游企业利用各种会议，如各种类型的旅游订货会、旅游交易会、旅游博览会，介绍宣传本企业的旅游产品的一种推销方式。这种方式的特点是群体集中、接触面广、交易中旅游消费者心理较为轻松，因设防而产生的抵制阻力较小，对旅游消费者影响力极大，因而成交量大。

9.3.3 旅游人员推销的原则

1. 互惠互利原则

互惠互利是指交易双方彼此为对方提供利益和好处。互惠互利是双方达成交易的基础。搞清交易能给双方带来的利益，用能给旅游消费者带来的利益说服消费者，找出双方利益分配的最佳点，是赢得回头客、获得竞争地位的重要筹码。

2. 推销使用价值观念原则

使用价值观念原则即在推销旅游产品时，要利用或改变消费购买者原有的观念体系，想方设法使他们形成对旅游产品使用价值的正确认识，以达到说服和帮助消费者购买旅游产品的目的。推销人员必须找出旅游产品使用价值与消费购买者需要的结合点，使消费者形成正确的使用价值观念，最终决定购买，并产生良好的购后评价。

3. 人际关系原则

旅游推销人员在推销旅游产品时，必须建立真诚的、坦白的、富于感情的、和谐的人际关系。因为和谐的人际关系容易形成相互信任，促进彼此理解，产生信息的沟通。旅游推销人员要树立人际关系的观念，善于利用各种交际方式，扩大交际范围，使自己成为一个受欢迎的人。

4. 尊重消费者原则

尊重消费者就是要尊重消费者的人格，重视他们的利益。其实质是对旅游消费购买者价值的承认，包括消费者的人格、身份、地位、能力、权利、兴趣、爱好、成就等。推销人员尊重消费者，从消费者的立场出发，可以帮助消费者消除疑虑，优化交易气氛。同时，推销人员要善于换位思考，注意消费者所关心的事情，对消费购买者予以适时赞美，体现自己应有的胸怀和涵养，以获得旅游消费购买者最大限度的回报，如购买或重复购买旅游产品，向别人宣传、推荐旅游产品等。

9.3.4 旅游人员推销的过程

一般来说，旅游人员推销过程有以下 7 个步骤。

1. 寻找消费者

旅游推销人员必须利用各种渠道和方法为所推销的旅游产品寻找购买者，包括现有的和潜在的购买者。应用现有消费者挖潜法、停购消费者启动法、同类消费者推移法、连销介绍法、广告开拓法等方法，拟定潜在消费者名单。通过电话、邮件及其他调查方式，了解潜在消费购买者的需求、支付能力和购买权力，做出购买资格评价，筛选出有接近价值和接近可能的目标消费者，以便集中精力进行推销，提高成交比例和推销工作效率。

2. 接近前准备

旅游推销人员在推销之前必须进行充分的准备，包括尽可能地了解目标消费者的情况和要求，确立具体的工作目标，选择接近的方式，拟定推销时间和线路安排，预测推销中可能产生的一切问题，准备好推销材料，如旅游景区及设施的图片、照片、模型、说明材料、价目表、包价旅游产品介绍材料等。在准备就绪后，推销人员需要与消费者进行事先约见，用电话、信函等形式向访问对象讲明访问的事由、时间、地点等约见内容。

3. 接近目标消费者

旅游推销人员经过充分准备和约见，就要与目标消费者进行接洽。接近消费者的过程往往是短暂的，长的不过十几分钟，短的只有几分钟，在这极短的时间里，推销人员要依靠自己的才智，根据掌握的消费者材料结合实际情况，灵活运用各种接近技巧，如介绍接近、产品接近、利益接近、好奇接近、问题接近等方法，引起目标消费者对所推销旅游产品的注意，引发和维持他们对访问的兴趣，并引导消费者进入面谈，达到接近消费者的最终目的。

4. 推销面谈

面谈需要接近，接近与面谈是同消费者接触过程中的不同阶段，两者之间没有明显的绝对界线，两者本质区别在于谈话的主题不同。接近阶段多侧重于让消费者了解自己，有利于沟通双方感情和创造良好的推销气氛；而面谈阶段往往集中在推销旅游产品，建立和发展双方的业务关系，促使消费者产生购买欲望。一般来说，推销面谈需要推销人员利用各种面谈方法和技巧，向目标消费者传递旅游企业及产品信息，展示消费者利益，消除消费者疑虑，强化购买欲望，让消费者认识并喜欢所推销的旅游产品，进而产生强烈的购买欲望。

5. 处理异议

面谈过程中，目标消费者往往会提出各种各样的购买异议，诸如需求异议、价格异议、产品异议、服务异议、购买时间异议、竞争者异议、对推销人员及其所代表的企业的异议等。这些异议都是目标消费者的必然反应，它贯穿于整个推销过程之中，销售人员只有针对不同类型的消费者异议，采用不同的策略、方法和技巧，有效地加以处理与转化，才能最终说服消费者，促成交易。

6. 成交

成交是面谈的继续，也是整个推销工作的最终目标。事实上一个订单很少在第一次访问就能定下来，特别是对于较大的订单，经常需要多次访问。一个优秀的推销员，要密切注意成交信号，善于培养正确的成交态度，消除成交的心理障碍，谨慎对待消费者的否定回答，把握好成交机会，灵活机动，采取有效的措施和技术，帮助目标消费者做出最后选择，促成交易，并达成协议。

7. 后续工作

要让消费者满意，并使他们继续购买，后续工作是必不可少的。达成交易后，推销员就应着手履约的各项具体工作，做好消费者服务，妥善处理可能出现的问题。着眼于旅游企业的长远利益，与消费者建立和保持良好的关系，树立消费者对旅游产品的安全感和信任感，促使他们连续、重复购买，利用消费者的间接宣传和辐射作用，争取更多的新消费者。

9.3.5 旅游人员推销的管理

1. 旅游人员推销的目标

旅游人员推销和其他促销方式不同，在推销过程中，需要人员根据实际情况随时进行调整，并不断与旅游消费者沟通。因此，旅游人员推销不能只以销售额作为主要目标，而应该综合考虑旅游企业的整体市场营销策略和促销目标来确定，充分发挥人员推销的优势。确定旅游人员推销的目标应从以下 3 个方面入手。

1) 销售产品

旅游人员推销最基本的目标是通过与旅游消费者的沟通，向消费者提供有关旅游企业和产品的各种信息，在一定的权限范围内处理一些技术问题。销售产品的目标可以通过销售额来体现。

2) 开拓市场

当现有的旅游客源市场已经非常成熟时，根据旅游企业的整体市场营销策略，需要开发新的市场，可以把开拓市场、寻找新的旅游消费者作为旅游人员推销的总目标，依靠旅游推销人员对市场和旅游产品的了解，发现新的需求动向。开拓市场的目标可通过新增的旅游消费者数来体现。

3) 收集市场信息

在旅游企业中，推销人员扮演着两种角色：对外代表旅游企业与旅游消费者沟通，对内作为旅游消费者的代言人。他们在与旅游消费者的沟通中，能够获得旅游消费者对旅游产品最详细的看法和意见，并将信息反馈到企业的有关部门，对于改进旅游产品、提供更好的服务，具有不可替代的作用。另外，推销人员在推销工作中，应该随时掌握市场竞争的第一手资料，这些都能成为指导旅游企业产品开发、促销的重要信息。收集市场信息的目标可以通过在一定时间内，推销人员反馈的信息量，或者是对旅游企业的市场营销策略提供的有价值的建议数量来体现。

2. 旅游人员推销的组织和规模

旅游人员推销采取的组织结构、规模是否恰当，直接影响到旅游企业的经济利益。在实践中，旅游人员推销应该依据旅游产品的销售区域、产品特点、消费者类型来建立组织结构，并根据销售百分比、销售能力和工作量来确定推销人员的规模大小。

1) 区域性组织结构

区域性组织结构是指旅游企业将目标市场按地理因素划分为若干个不同的销售区域，每个销售人员负责一个区域的全部销售业务。区域性组织结构建立的关键是要确定合适的销售区域，一般可根据销售潜力相等或工作量相等的原则来确定，避免每个销售区域的销售潜力或工作量不同而引起销售人员的矛盾。

2) 产品式组织结构

产品式组织结构是指旅游企业根据旅游产品的特点将其分成若干类，或者按不同旅游线路的组合分成若干类，一个或多个销售人员为一组，负责对其中的一种或几种旅游产品进行推销的组织结构。例如，旅游饭店可以将产品分为客房、餐饮、娱乐等几大类进行销售。这种组织结构适用于产品类型较多的旅游企业，有利于推销人员专心于某一类型的旅游产品的销售，使得销售过程中重点突出。

3) 消费者式组织结构

消费者式组织结构是指旅游企业将目标市场按照消费者的属性进行分类，不同的销售人员针对不同类型的消费者进行销售的组织结构。例如，可以根据购买目的将消费者分为商务消费者、休闲观光消费者、会议消费者、度假消费者等；也可以根据消费者的购买途径将消费者分为通过旅行社、航空公司、旅游协会等购买旅游产品的消费者。这种组织结构的好处是旅游推销人员可以深入了解和掌握所接触的消费者的需求状况及需要解决的问题。

3. 旅游推销人员的管理与控制

旅游人员推销的管理归根到底是对推销人员的管理和控制。为了使旅游人员推销工作能够顺利开展，需要对推销人员制定合理的报酬制度，制定旅游企业推销人员的招聘标准，加强对推销人员的培训和激励，对推销人员进行相应的绩效评估。

建立合理的报酬制度，有助于激发旅游销售人员的积极性和工作热情，促进其积极地开展业务。

旅游推销人员的素质是推销能否成功的重要因素，也是旅游企业形象的体现。因此，旅游企业在招聘推销人员时要制定严格的招聘标准。

旅游推销人员业绩的好坏，直接影响到整个企业的销售收入。为了提高推销人员的业绩，除了给予相应的报酬以外，还应该制定推销定额，加强对推销人员的激励管理。同时，加强对推销人员的控制，进行业绩评估。

9.4 旅游公共关系

旅游公共关系是指旅游企业为了塑造良好的组织形象，增加企业实力，占领旅游市场，发展与社会公众之间良好的关系，营造有利的经营环境而采取的一系列措施和行动。旅游公共关系的发展有利于提高个人旅游素质，塑造旅游组织形象，优化社会旅游环境。

9.4.1 旅游公共关系的特点

旅游公共关系是一种促进旅游企业与公众良好关系的方式。它的主要特点包括以下几个方面：

(1) 通过第三者发布信息，可信度高，往往有一定情节或趣味性，可接受性强；

(2) 有效的公关活动有利于赢得公众对旅游企业的好感，建立企业与社会公众的良好关系，对于企业的发展也是十分有利的；

(3) 活动设计的难度较大，需要充分利用一些机会，并把握好时机；

(4) 公关活动的影响很大，有利于迅速树立被传播对象的良好形象；

(5) 公关活动不追求直接的销售效果，其运用受外部条件的限制较多。

9.4.2 旅游公共关系的作用

1. 树立企业信誉，建立良好的企业形象

企业的信誉是指企业在市场上的威信、影响，在消费者心目中的地位、形象、知名度。

建立良好的信誉，不仅是企业自身发展的需要，也是现代社会对企业日益强烈的要求。公共关系的根本目的是通过深入细致、持之以恒的具体工作，树立组织的良好形象和信誉，以取得公众理解、支持、信任。从而有利于企业推出新产品，创造“消费信心”，筹集资金，吸引、稳定人才，寻找协作者，协调和社区的关系，有利于政府和管理部门对企业产生信任感，最终促进组织目标的实现。

2. 搜集信息，为企业决策提供科学保证

美国管理学家西蒙说：“管理就是决策，而决策的前提正是信息”。企业每时每刻都会遇到大量的问题，市场需要产品质量、产品开发、新技术方向、竞争者动向、潜在危险、企业形象等方面的信息，不断传递给企业领导，要求领导者做出及时而有效地决策。因此，现代企业把公共关系信息的获取划入企划之中，成为企业活动不可缺少的组成部分。公共关系部门就是要利用各种渠道和网络搜集与企业发展有关的一切信息，为企业决策科学化提供强有力的保证。搜集信息包括企业战略环境信息、产品声誉信息及企业形象信息等。

3. 协调纠纷，化解企业信任危机

由于企业与公众存在着具体利益的差别，在公共关系中必然会充满各种矛盾。企业在生产经营运行过程中，也难免会有因自身的过失、错误而与消费者发生冲撞的时候。如果建立良好的公共关系机制，增加企业与公众之间相互了解，企业就有可能避免与公众的纠纷，并可通过公关手段将已经发生的信任危机所造成的组织信誉、形象损失降到最低限度，进而因势利导，使坏事变为好事。这种功能是广告、人员推销、营业推广所不具有的。

9.4.3　旅游公共关系的主要类型

1. 根据针对的对象分类

根据针对的对象不同，旅游公共关系可以分为针对新闻界的旅游公共关系和针对社会公众的旅游公共关系。

1) 针对新闻界的旅游公共关系

针对新闻界的旅游公共关系就是通过提供有吸引力的新闻事件、以不付费的方式获得媒体对旅游企业或旅游产品的新闻报道，使企业的目标群体看到或听到，以达到特定的销售或宣传目的。由于公众一般倾向于认为新闻的可靠性大于广告，因此，通过媒体的新闻报道所产生的影响可能与花费巨大的旅游广告相当，而且新闻报道不需向媒体付费，所以旅游企业通常只需要投入很少的额外费用。

2) 针对社会公众的旅游公共关系

针对社会公众的旅游公共关系活动重在通过各种途径和方法，加强与社会公众的沟通，例如定期或不定期地出版介绍企业发展、产品信息、员工生活的刊物，免费向公众发放；捐助和参与希望工程等公益事业；赞助旅游交易会、优秀导游员评选等各种社会活动；旅游饭店积极参加创建“绿色饭店”的活动等，从而提高旅游企业的知名度、美誉度和信誉度。

2. 根据与环境的适应关系分类

根据与环境的适应关系，旅游公共关系还可以分为建设型、维系型、防御型、矫正型和进攻型等。

1) 建设型公共关系

建设型公共关系是指组织初创时期或推出新产品、新服务时期(新产品促销)，为了开创新局面而进行的公共关系活动模式。它的目的是使公众对组织感兴趣、想了解，一开始就树立良好的公众形象或提高美誉度(形成新感觉、提高美誉度、推动新发展)。基本的方式有开业庆典、企业的有奖知识竞赛、征集企业口号、免费体验、新产品发布会、赠送宣传画、主动参与社区活动等。

2) 维系型公共关系

维系型公共关系是指社会组织在稳定发展时期(关系良好)通过一定的活动，持续不断地传递信息，稳定巩固现有的良好关系的活动模式。目的是通过不间断持续的公关活动巩固维持与公众的良好关系和组织形象。

3) 防御型公共关系

防御型公共关系是指为预防组织的行为与环境发生矛盾而导致公共关系失调，而主动采取措施的公共关系活动模式。它的目的是在组织与公众之间出现矛盾摩擦苗头时，及时调整组织的政策和行为，铲除摩擦苗头，始终把公众关系控制在期望的轨道上。

4) 矫正型公共关系

矫正型公共关系又叫危机公关，是指当组织与环境、公众的公共关系严重失调，组织形象严重破坏时而开展的修补形象、扭转局面、挽回声誉的公共关系活动模式。它的目的是对严重受损的组织形象及时矫正，挽回声誉，转危为安，重新树立组织形象。活动方式有实况说明会、记者招待会、危机处理、申明、道歉、赔偿。由于旅游市场的波动性和脆弱性，旅游公共关系特别重视矫正型旅游公关活动。例如，2008 年汶川地震后，四川开展了“汶川地震百年不遇，四川旅游依然美丽——平安四川游”公关活动。由于四川抗震救灾已经成为中华民族英勇不屈精神的象征，从而使灾后旅游业在一个更高的起点上重建和发展，四川依然是旅游的天堂。

5) 进攻型公共关系

进攻型公共关系是指组织采取主动出击的方法来树立和维护企业形象。有时组织与环境发生严重冲突难以协调时，以攻为守，重新选择环境和挑战。其主要方式有宣传新理念、发布新产品抢占市场、优化现有产品质量等。

9.5 旅游营业推广

旅游营业推广是指在某一特定时间与空间，旅游企业通过刺激和鼓励交易双方，并促使旅游消费者尽快购买或大量购买旅游产品而采取的一系列促销措施和手段。营业推广是一种适宜于短期推销的促销方法，是企业为鼓励购买、销售旅游产品而采取的除旅游广告、公共关系和人员推销之外的所有市场营销活动的总称。

9.5.1 旅游营业推广的特点

1. 短期高效性

营业推广是企业为创造声势、获取快速反应的一种短暂促销方式。由于刺激强烈，时效较短，促销效果显著。在开展营业推广活动中，可选用的方式多种多样。一般说来，只要能选择合理的营业推广方式，就会很快收到明显的增销效果，而不像广告和公共关系那样需要一个较长的时期才能见效。因此，营业推广适合于在一定时期、一定任务的短期性促销活动中使用。

2. 营业推广是一种辅助性促销方式

人员推销、广告和公共关系都是常规性的促销方式，而多数营业推广方式则是非正规性和非经常性的，只能是它们的一种辅助的促销方式。使用营业推广方式开展促销活动，虽能在短期内取得明显的效果，但它影响面较小，一般不能单独使用，常常配合其他促销方式使用。营业推广方式的运用能使与其配合的促销方式更好地发挥作用。

3. 营业推广容易使消费者产生疑虑

采用营业推广方式促销，似乎使消费者产生“机会难得、时不再来”之感，进而能打破消费者需求动机的衰变和购买行为的惰性。不过，营业推广的一些做法也常使消费者认为企业有急于抛售的意图。若过分渲染或长期频繁使用，容易使消费者对企业产生疑虑，反而对产品或价格的真实性产生怀疑。因此，企业在开展营业推广活动时，要注意选择恰当的方式和时机。

9.5.2 旅游营业推广的作用

1. 可以有效地加速新的旅游产品进入旅游市场的进程

这是营业推广的首要目的，尤其是在推出新产品或吸引新消费者方面，营业推广刺激比较强，较易吸引消费者的注意力，使消费者在了解产品的基础上采取购买行为，也可能使消费者追求某些方面的优惠而使用产品。

2. 可以有效地抵御和击败竞争者的营业推广促销活动

营业推广实际上是企业让利于消费者，它可以使广告宣传的效果得到有力的增强，破坏消费者对其他企业产品的品牌忠实度，从而达到本企业产品销售的目的。

3. 有利于增加旅游产品的消费，提高销售额，并带动关联产品的销售

因为营业推广的很多手段，譬如销售奖励、赠券等通常都附带价格上的让步，其直接受惠者大多是经常购买旅游产品的消费者，从而使他们更乐于购买和使用本企业产品，以巩固企业的市场占有率。

9.5.3 旅游营业推广的主要方式

1. 面向消费者的营业推广方式

1) 赠送促销

向旅游消费者赠送免费旅游机会，是介绍新产品最有效的方法，缺点是费用高。

2) 折价券

在购买某一旅游产品时，持券可以免付一定金额的钱。折价券可以通过广告或直邮的方式发送。

3) 组合销售

以较优惠的价格提供组合和搭配的旅游套餐产品。

4) 抽奖促销

消费者购买一定的旅游产品之后可获得抽奖券，凭券进行抽奖有机会获得奖品、奖金或免费旅游机会。

5) 现场解说

旅游企业派员在销售现场向消费者介绍旅游产品。

6) 联合推广

旅游生产商和旅游经销商联合促销，将一些能显示企业优势和特征的产品集中陈列，边展览边销售。

7) 参与促销

引导旅游消费者参与各种促销活动，如技能竞赛、知识比赛等活动，获取旅游企业的奖励。

8) 会议促销

各类展销会、博览会、业务洽谈会期间的各种现场产品介绍、推广和销售活动。

2. 面向旅游中间商的营业推广方式

1) 批发回扣

企业为争取旅游批发商或旅游零售商多购进自己的产品，在某一时期内给经销本企业产品的旅游批发商或旅游零售商加大回扣比例。

2) 推广津贴

企业为促使旅游中间商购进企业产品并帮助企业推销产品，可以支付给旅游中间商一定的推广津贴。

3) 销售竞赛

根据各个旅游中间商销售的实绩，分别给以不同的奖励，如现金奖、实物奖、免费旅游、度假奖励等，以起到激励的作用。

4) 扶持零售商

生产商对零售商专柜的装潢予以资助，提供 POP 广告，以强化零售网络，促使销售额增加；可派遣厂方信息员或代培销售人员。生产商这样做目的是提高旅游中间商推销本企业产品的积极性和能力。

3. 面对内部员工的营业推广方式

面对内部员工的营业推广主要是针对企业内部的销售人员，鼓励他们热情推销产品或处理某些老产品，或促使他们积极开拓新市场。一般可采用的方法有：销售竞赛、免费提供人员培训、技术指导等形式。

9.5.4　旅游营业推广策划

营业推广是一种促销效果比较显著的促销方式，但倘若使用不当，不仅达不到促销的目的，反而会影响产品销售，甚至损害企业的形象。因此，企业在运用营业推广方式促销时，必须做好相应的策划工作。一般而言，旅游营业推广策划要点如下：

1. 确定推广目标

营业推广目标的确定，就是要明确推广的对象是谁，要达到的目的是什么。只有知道推广的对象是谁，才能有针对性地制定具体的推广方案，例如，是以达到培育忠诚度为目的，还是以鼓励大批量购买为目的。

2. 选择推广方式

营业推广的方式很多，且各种方式都有其各自的适应性。因此，如果使用不当，就会适得其反。选择好营业推广方式是促销获得成功的关键。一般说来，应结合产品的性质、不同方式的特点以及消费者的接受习惯等因素选择合适的营业推广方式。

3. 推广的配合安排

营业推广要与市场营销沟通的其他方式如广告、人员销售等整合起来，相互配合，共同使用，从而形成市场营销推广期间的更大声势，取得单项推广活动达不到的效果。

4. 确定推广时机

营业推广的市场时机选择很重要，如季节性产品、节日、礼仪产品，必须在季节前做营业推广，否则就会错过时机。

5. 确定推广期限

营业推广的时间长短是取得预期促销效果的重要一环。推广的期限，既不能过长，也不宜过短。这是因为，时间过长会使消费者感到习以为常，失掉刺激需求的作用，甚至会产生疑问或不信任感；时间过短会使部分消费者来不及接受营业推广的实惠和好处，收不到最佳的促销效果。一般而言，应以消费者的平均购买周期或淡旺季间隔为依据来确定合理的推广期限。

【本 章 小 结】

旅游促销经常划分为人员促销和非人员促销两大类。旅游促销策略是促销手段的整合，它有锥形透射策略、推式策略与拉式策略等。影响旅游促销的因素包括旅游促销目标、旅游市场特点、旅游产品特点、旅游产品生命周期、旅游促销预算。

旅游广告是一种非人员促销方式。它具有高互动性、立体化、多元化、个性化、多面性等特点。旅游广告按广告表现形式可划分为静态广告和动态广告；按传播媒体可划分为报刊广告、电视广告、广播广告、橱窗广告、户外广告、网络广告；按旅游广告目标可划分为告知型、劝导型、提醒型；按旅游企业类别可划分为旅行社广告、旅游饭店广告、旅游城市广告、旅游景区广告、旅游节日庆典广告、会展广告等。旅游广告决策制定过程一般包括确定广告目标、广告预算决策、广告信息决策、广告媒体决策和广告效果评估五大内容。

旅游人员推销是传统的促销方式。它有派员推销、营业推销、会议推销三种基本形式。旅游人员推销过程有以下 7 个步骤，即寻找消费者、接近前准备、接近目标消费者、推销面谈、处理异议、成交、后续工作。

旅游公共关系的作用是：树立企业信誉，建立良好的企业形象；搜集信息，为企业决策提供科学保证；协调纠纷，化解企业信任危机。根据针对的对象不同，旅游公共关系可以分为针对新闻界的旅游公共关系和针对社会公众的旅游公共关系；根据与环境的适应关系，旅游公共关系还可以分为建设型、维系型、防御型、矫正型和进攻型等。

营业推广是一种适宜于短期推销的促销方法，是企业为鼓励购买、销售旅游产品而采取的除旅游广告、公共关系和人员推销之外的所有市场营销活动的总称。面向消费者的营业推广方式有赠送促销、折价券、组合销售、抽奖促销、现场解说、联合推广、参与促销、会议促销；面向旅游中间商的营业推广方式有批发回扣、推广津贴、销售竞赛、扶持零售商；面对内部员工的营业推广方式有销售竞赛、免费提供人员培训、技术指导。

【习 题】

一、填空题

1. 旅游促销是旅游企业促使__________对旅游产品产生消费愿望的行动。
2. 旅游人员推销属于直接促销，它有__________、__________、会议推销三种基本形式。
3. __________以人员推销为主；__________以广告促销为主要手段。

二、选择题

1. 按(　　)，旅游广告可划分为告知型、劝导型、提醒型。

A. 广告表现形式　　B. 旅游广告目标

C. 传播媒体　　D. 旅游企业类别

2. (　　)是指旅游企业派专职推销人员携带旅游企业及旅游产品的说明书、宣传材料及相关资料走访旅游消费者进行推销的方式。

A. 营业推销　　B. 会议推销　　C. 派员推销　　D. 广告推销

3. (　　)是指旅游企业将目标市场按地理因素划分为若干个不同的销售区域，每个销售人员负责一个区域的全部销售业务。

A. 区域性组织结构　　B. 产品式组织结构

C. 消费者式组织结构　　D. 关系式组织结构

4. (　　)又叫危机公关，是指当组织与环境、公众的公共关系严重失调，组织形象严重破坏时而开展的修补形象、扭转局面、挽回声誉的公共关系活动模式。

A. 建设型公共关系　　B. 维系型公共关系

C. 防御型公共关系　　D. 矫正型公共关系

5. (　　)是指在某一特定时间与空间，旅游企业通过刺激和鼓励交易双方，并促使旅游消费者尽快购买或大量购买旅游产品而采取的一系列促销措施和手段。

A. 旅游营业推广　　B. 旅游人员推销　　C. 旅游公共关系　　D. 旅游广告

三、名词解释

1. 旅游促销
2. 旅游人员推销
3. 旅游公共关系

四、简答题

1. 简述影响旅游促销的因素。
2. 简述旅游人员推销的过程。
3. 简述旅游营业推广的主要方式。

【实际操作训练】

一、实训名称

旅游促销活动策划

二、实训目的

掌握促销策划的流程与内容；掌握促销方案的设计及实施。

三、实训步骤

1. 分小组(5～8 人)分工合作完成以下工作：

(1) 明确促销的目的或必要性；

(2) 进行旅游市场状况分析和促销效果调查；
(3) 设计促销目标；
(4) 促销策略组合设计；
(5) 行动方案或具体活动安排；
(6) 促销预算；
(7) 撰写促销策划书。
2. 以小组为单位在课堂上进行陈述和答辩。
3. 教师点评。

四、实训评价

根据方案内容、陈述和答辩的情况评价打分，纳入学生实训课考核之中。

延伸阅读

丽江赴东南亚三国推介

为开拓新加坡、马来西亚、印度尼西亚客源市场，丽江市政府日前组织丽江旅游推介暨经济合作交流代表团分别在新加坡、马来西亚柔佛州、印度尼西亚雅加达举行了丽江旅游推介暨经济合作交流会。

推介会主要就丽江招商项目、直航旅游航线、休闲度假产品及民族文化等方面进行宣传，新加坡虎航、樟宜机场全程随同推介，并就丽新航线推广的优惠政策进行了现场说明。推介会上，代表团各单位分别以播放视频、发放宣传资料、现场推介、民族歌舞、东巴象形文字现场书写等形式进行了推介，有效地将丽江旅游、文化等信息传递给了与会者，起到了较好的推广效果。

丽江市旅游局相关负责人表示，2013 年 10 月，虎航开通新加坡到丽江直航航线，由于新加坡区位优势明显，樟宜机场突出的国际航线中转功能为此条航线提供了强大的市场优势。丽江—新加坡直航开通后，丽江市通过加大与新加坡虎航、樟宜机场的合作，发挥出纽带连接作用，不断推出更多适合于新加坡、马来西亚、印尼游客的旅游产品，并以丽新航线为轴心，使丽新航线的影响范围扩大到周边更多国家和区域。

延伸思考：

1. 丽江促销团在东南亚促销活动何以获得成功？
2. 结合案例，谈谈促销活动对旅游企业的作用。
3. 旅游人员推销的特点有哪些？

第10章 旅游市场营销管理

学习目标

- 熟悉旅游市场营销管理的过程；
- 了解旅游市场营销战略的基本内容和制定程序；
- 掌握旅游市场营销计划的内容及制定。

导入案例

一个岛国市场的开发

有一个大型的跨国制鞋公司，为了开发一个岛国的市场，先后派出了五个调研团队实地考察。

第一个被派去的考察人员马上就汇报说：这里没有鞋子的市场，因为人们都没有穿鞋的习惯，建议放弃这里，另外选择别的市场。

第二个被派去的是公司里最优秀的推销员组成的队伍。推销员们在岛上转悠了半天，第二天就回来了。他们在报告中声称：岛上的居民还没有一个是穿鞋的，因为他们还没有这个习惯，岛上暂时也没有卖鞋的；由于存在这么巨大的市场空缺，公司可以把鞋大批量地运过去，而他们也有信心把鞋推销给这些岛国的居民使用！

第三个被派去的考察队是鞋厂的厂长们。厂长们在岛上转了两天，回来之后显得非常高兴，他们声称：岛国是一个很有市场前景的市场，他们在岛上找到了可以生产鞋的原料，而且原料和岛上的其他各方面社会资源价格都很低廉；他们建议公司立即到岛国设立分厂，认为只要能够赶快大批量生产，肯定可以获取高额的利润。

第四个被派去的是公司的财务部门。他们比较了“国际贸易”和“本地化生产”两种模式的优劣后，认为：岛国的原料、土地、劳动力、水、电等资源的价格相对低廉，而公司距离岛国最近的鞋厂，距离都是非常远的；而且岛国的关税较高。综合两种模型所需的各方面成本来说，是“本地化生产”的优势较高。只要新建的鞋厂能够保持每天1000双以上的生产量(这对公司来说是不难做到的)，每双鞋的成本，“本土化生产”可以比“国际贸易”节省4元。按一个月生产3万双计算，一个月就可以节省12万元，半年就可以收回建厂的全部成本。所以，他们建议公司到岛国设厂，就地生产就地销售。

第五个被派去的是公司的营销经理队。经理们在岛国待了5天，拜访了上至岛国酋长，下至各行各业的普通老百姓的岛国人50多个样本。他们了解到，岛国的居民一直都没有穿鞋的习惯，他们看见外来的穿鞋人都非常奇怪——原来他们根本没有意识到穿鞋这件事。但是，他们很多人的脚都是有毛病的，想过很多办法去避免脚病，都不太奏效，因而非常渴望脚病能得到根除。当他们了解到穿鞋可以帮他们的脚避免很多意外的伤害，更利于防止脚病后，都表示非常愿意、非常渴望一双鞋。经理们还了解到：岛国居民的脚，普遍都比公司所在的欧洲的同年龄段的人的脚长2～3英寸(1英寸 = 2.54厘米)，宽1英寸左右。因此，公司要对卖给他们的鞋重新加以设计。另外，曾经有过一个有一定竞争力的制鞋公司派人来考察过；当他们发现当地居民都不穿鞋以后，认为没有市场，就放弃了努力；但也不能排除他们日后的卷土重来。岛国的居民是没有什么钱的，但是岛上的居民都听从酋长的命令；岛上盛产香蕉，这些香蕉又大又甜又香，在欧洲是极具销售力和竞争力的。经理们跟酋长谈过了，也去岛上的香蕉园看过了，非常高兴，因为酋长已经答应：他将以每20～30千克的香蕉，对应一双鞋的比例，换取鞋公司专门为岛国生产的鞋，总数量大概为10万双左右，第一批可以先跟他们要1万双，越快到货越好；给予该鞋公司独家卖鞋权！

经理们经过了解和计算得知，这样的香蕉如果经过适当包装，可以以30元/千克的价格卖给欧洲的连锁超市，按10000千克算，扣除包装、运输、关税、人员工资等，每千克香蕉的纯利润为23元。1万双鞋，如果从离岛国最近的厂运到岛国，公司的总成本为16万元。那第一批1万双鞋，可以换得的香蕉总数额(按25千克香蕉=1双鞋算)是250000千克，而香蕉的总利润为575万元。扣除鞋的成本，公司可以在第一笔交易中赢利559万元。如果鞋在岛国本地生产，则每双鞋可以再节省成本4元，公司则可以得到563万元的总利润！

不过，经理们也计算过，投资设厂的资金需要200万元，而且从建厂到真正出成品交货，需要3个月的时间，满足不了酋长的迫切要求；而公司从最近的鞋厂设计、生产那1万双鞋，再运到岛国出售，只需要一个半月，这个时间酋长是可以容忍的。所以，经理们建议公司一边用“国际贸易”做成第一笔的 1 万双交易，打好关系和基础；一边在岛国建厂投入生产，以便为后续更大的市场发展提供支持！

制鞋公司对营销经理们的报告大加赞赏，同时给予了重赏！

案例思考：

请根据以上内容谈谈市场营销管理人员和其他部门工作人员的主要区别。

10.1　旅游市场营销管理概述

旅游市场营销管理是旅游企业经营活动中非常重要的一个环节，其工作质量的好坏直接关系到旅游企业的经营业绩。

10.1.1　旅游市场营销管理的含义

旅游市场营销管理是指旅游企业为了满足消费者的要求并实现企业计划的各种目标，创造、建立和保持与目标市场之间的利益交换和联系，而对市场营销业务进行计划、决策、组织、执行和控制的一系列有组织的活动。旅游市场营销管理的任务，就是为促进企业目标的实现而调节需求的水平、时机和性质。

旅游市场营销管理涉及 5 项基本的管理职能，即计划、决策、组织、执行和控制。计划包括提出一系列准备要实施的市场营销行动方案。决策包括对所提出的市场营销方案进行分析、评价、选择和实施。组织涉及建立正式的组织结构，将市场营销活动按类别形成市场营销部门(如市场营销调研部门，产品和服务设计开发部门，促销和推销部门等)，规定市场营销部门与各经营单位(如客房、餐厅)之间的关系。市场营销的组织职能在市场营销力量的管理和旅游企业的整个结构(职能、生产和销售)中尤其重要。执行职能涉及如何将个人的需要与旅游企业的需要结合起来。控制职能主要通过制定市场营销绩效标准、评价实际市场营销绩效、比较实际绩效和所建立的绩效标准、采取纠正行动等几个步骤来实现。

游客的需求是旅游市场营销的基础，产品和服务交换是满足游客需求的手段，两者缺一不可。在市场营销管理实践中，旅游企业通常要设定一个预期的市场需求水平，然而，实际的市场需求水平可能与预期的市场需求水平并不一致。这就需要旅游市场营销管理者针对不同的需求情况，采取不同的市场营销管理对策，进而有效地满足市场需求，确保旅游企业目标的实现。旅游市场营销管理的实质是需求管理，即对需求的水平、时机和性质进行有效的协调。

10.1.2　旅游市场营销管理的四种需求

旅游企业制定市场营销战略，要充分考虑实施时所涉及的方方面面，其中主要是旅游企业、游客、旅游中间商、市场营销团队这四个方面。旅游市场营销管理要满足这四个方面的需求，在不断满足需求的过程中，旅游企业得到发展。

1. 满足旅游企业的需求

旅游企业是一个营利性的经济组织，赚钱是它主要目标。旅游企业可以短期不赢利，去扩张，去追求发展，但最终目的必须赢利，否则就会被市场淘汰。按照市场营销理论，旅游企业要坚持“4C”原则，以游客为中心。以游客为中心是旅游市场营销管理的基本理念，但旅游企业要想拥有自主权，必须要按照自己的利益来行动，以掌握市场的主动权。在市场和企业发展的不同阶段，旅游企业都有不同的需求，而满足旅游企业需求是第一位的。

2. 满足游客的需求

片面强调旅游企业的市场需求是危险的。对旅游企业来说，满足游客的需求是旅游企业存在的价值，是旅游企业最长久的保障。游客对好的产品质量、合理的价格、良好的售后服务有需求。游客的需求对旅游企业来说是最重要、最长久的。在满足需求的基础上，旅游企业还要发掘需求，引导消费的潮流。市场营销的核心是满足游客的合理需求，以游客的利益为中心，通过满足游客需求来获取利润。

小故事

先有鸡还是先有蛋？

有一个餐厅生意好，门庭若市，老板年纪大了，想要退休，就找了3位经理过来。

老板问第一位经理：“先有鸡还是先有蛋？”第一位经理想了想，答道：“先有鸡”。

老板接着问第二位经理：“先有鸡还是先有蛋？”

第二位经理胸有成竹地答道：“先有蛋。”

老板又叫来第三位经理，问：“先有鸡还是先有蛋？”

第三位经理镇定地说：“客人先点鸡，就先有鸡；客人先点蛋，就先有蛋。”

老板笑了，于是提拔第三位经理为总经理。

3. 满足旅游中间商的需求

旅游企业在制定市场营销策略时要知道旅游中间商的需求是什么，旅游中间商是要长远发展，还是要短期赢利。旅游企业制定策略要考虑旅游中间商的发展，而不只是从旅游企业自身出发，也不只是从游客的角度出发。毕竟在目前阶段，旅游中间商还是旅游行业不可或缺的。旅游中间商也有发展阶段，在创业阶段需要指点和支持；当其网络已经形成、管理基本规范时，最需要利润。不同发展阶段的需求是不同的。因此旅游企业要针对旅游中间商的实际需要，不断制定出符合旅游中间商的销售政策、产品政策、促销政策。

4. 满足市场营销团队的需求

市场营销团队是最容易被忽略的，因为是“自己人”，但一个市场营销代表的背叛可能导致一个地区业务的失控。任何市场营销策略，最终都是靠市场营销团队来贯彻执行，市场营销代表执行力度的大小，可能比策略本身的好坏更重要。市场营销团队的需求无外乎生存和发展，他们对合理的待遇、培训机会、发展空间有需求。因此，企业要在不同阶段，发掘市场营销团队的需求，尽量能满足他们。

10.1.3 旅游市场营销管理过程

旅游市场营销管理过程就是旅游企业为实现各项任务和目标而发现、分析、选择和利用市场机会的过程。具体来说，旅游市场营销管理过程包括如下步骤(如图 10.1 所示)：

1. 发现和把握市场机会

发现和把握市场机会是旅游市场营销管理的首要任务。成功的旅游企业往往是由于其善于发现和捕捉各种市场机会，从而不断地创造新的产品和服务。要准确地把握市场机会，关键是对市场机会要有正确的认识和分析。市场机会应当是一种游客尚未得到满足的潜在需要。有些旅游企业总是把暂时供不应求的产品作为一种市场机会，而等到它把产品生产出来以后，该产品却已经从供不应求转为供大于求。所以旅游企业更应当关注的是市场中尚未有适当产品予以满足的那些需要，这样才能使其在市场上居于领先地位，并获得较大的收益。

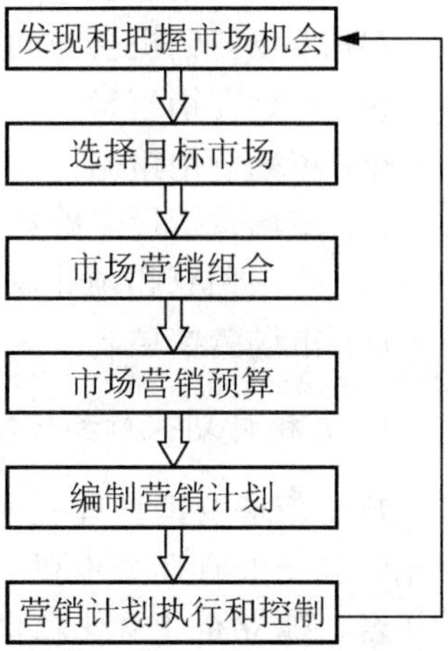

图 10.1 旅游市场营销管理过程

2. 选择目标市场

旅游企业要实现其经营目标，关键是要选择和确定目标市场，了解游客的需要和愿望，并使旅游产品适应和满足游客的需要。为了集中有限的资源更好地满足特定市场的需求，就必须对市场进行细分。确定了市场细分机会，就必须评价各种细分市场和决定为多少细分市场服务。在评价细分市场时，必须研究细分市场的吸引力是否与企业的目标和资源相一致。在选择一些市场作为目标后，旅游企业要决定集中力量是在单一细分市场、几个细分市场、产品专门化、市场专门化，还是完全市场覆盖。如果决定为整个市场服务，就必须在无差异与差异性市场营销两者中做出决策。差异性市场营销一般可增加总销售额，但比无差异市场营销增加了经营成本。

3. 市场营销组合

市场营销组合指旅游企业对可以控制的各种市场营销手段的综合运用。企业必须针对不同的环境因素有效地开展市场营销活动，把可以控制的各种市场营销手段，即产品、定价、分销渠道和促销进行最佳组合，使他们互相配合起来，综合地发挥作用。

4. 市场营销预算

市场营销预算是为实现计划的市场营销目标而分配资源，并监控实际目标达成及费用支出情况的营利性的市场营销财务计划。市场营销预算由广告预算、市场营销预算、旅游消费者服务预算、办事处预算、市场开发预算等组成。该预算一般由市场营销总监依据市场动态、市场年度调研报告、旅游产品体系规划、上年度市场营销统计、上年度的公关费用情况、市场营销人员和技术服务人员有价值的信息反馈等情况制订。

5. 编制营销计划

旅游市场营销计划通常包括如下几个部分：

(1) 计划概要；
(2) 市场营销现状；
(3) 市场营销机会与问题分析及结论；
(4) 计划在销售量、市场占有率和利润率等方面应完成的目标；
(5) 市场营销策略；
(6) 市场营销策略的执行方案；
(7) 费用预算和预计盈亏报表；
(8) 市场营销控制。

6. 营销计划执行和控制

旅游市场营销管理程序的最后一个步骤就是执行和控制市场营销计划。执行旅游市场营销计划一般有几个步骤：制定行动方案、建立组织结构、设计科学的管理制度、开发人力资源、建立企业文化和良好的企业形象、协调各种关系。由于市场营销计划在执行过程中有很多不确定因素，因此，旅游企业有必要对市场营销计划及时进行调控，以保证旅游市场营销目标的实现。

10.2 旅游市场营销战略管理

10.2.1 旅游市场营销战略的定义

旅游市场营销战略，是旅游企业根据经营目标，通过对市场营销环境及自身经营能力(包括硬件设施、经营理念、员工素质、企业文化等)的分析评价，对旅游企业未来经营发展方向所做出的一系列动态规划。旅游市场营销战略是旅游企业为了使自身的资源和能力与市场环境相适应，以加强自己的应变能力和竞争能力而制定的规划，是随着旅游宏观市场营销环境和微观市场营销环境的变化而不断调整的一种管理过程。它规定了旅游市场营销活动的方向、中心和重点。正确选择和制定市场营销战略，是旅游企业求得生存和发展的先决条件。

旅游市场营销战略的基本内容通常包含以下方面。

1. 旅游市场营销战略任务

战略任务是在一定时期内，旅游市场营销工作服务的对象、项目和预期要达到的目的。

旅游市场营销战略任务通过规定业务活动领域和经营范围表现出来：一是服务方面，即为哪些购买者服务；二是产品结构，包括质量结构、品种结构、档次结构，即拿什么样的产品来为购买者服务；三是服务项目，即为购买者提供哪些方面的服务；四是市场范围，即服务的市场有多大。

2. 旅游市场营销战略目标

战略目标具体包括市场目标、发展目标、利益目标和贡献目标。

3. 旅游市场营销战略重点

战略重点是对旅游企业实现战略目标具有决定意义的工作、措施和环节，是旅游市场营销的重点。

4. 旅游市场营销战略措施

战略措施是旅游企业为实现战略目标而采取的长期的、重大的对策和措施。旅游企业在实现战略目标的过程中，会遇到各种机会、威胁和风险。为了充分利用市场机会，避免市场威胁和减少市场风险，必须制定相应的办法和措施。

5. 旅游市场营销战略步骤

战略步骤是实现战略目标的时间安排，根据旅游企业市场营销发展的客观进程而制定。首先按照预定的总目标提出分阶段的目标要求，然后根据这些阶段目标确定战略步骤。

10.2.2　旅游市场营销战略管理的特点

旅游市场营销战略管理是指旅游企业确定其使命，根据企业外部环境和内部条件设定战略目标，为保证目标的正确落实和实现进行谋划，并依靠旅游企业内部力量将这种谋划和决策付诸实施，以及在实施过程中进行控制的一个动态管理过程。它的任务主要在于通过战略制定、战略实施和战略控制，在保持这种动态平衡的条件下，实现企业的旅游市场营销战略目标。其特点如下：

1. 旅游市场营销战略管理具有全局性

旅游市场营销战略对旅游企业总体目标的实现以及旅游企业的生存与发展起着决定性的作用。因此，制定旅游市场营销战略必须从大局出发，考虑旅游企业的整体利益。旅游市场营销战略管理不是强调某一事业部或某一职能部门的重要性，而是通过制定企业的使命、目标和战略来协调各部门的活动。旅游企业内部各部门的工作都以该市场营销战略为指导而开展，各部门之间要通力合作、相互理解和支持，保证局部的利益服从整体的利益。

2. 旅游市场营销战略管理具有方向性

旅游企业的奋斗目标如何？旅游企业经营该往哪个方向发展？将要开拓什么业务？旅游市场营销战略是为旅游企业指明该向哪个方向发展、如何发展的系统性的计划。它研究的是市场营销发展的本质而非表象，解决的是市场营销过程中的主要矛盾，确定基本开拓途径，决定着旅游企业的发展方向。

3. 旅游市场营销战略管理具有竞争性

旅游市场战略管理的关键是增强旅游企业的竞争能力，竞争能力的关键是旅游企业的核心竞争力。核心竞争力是旅游企业自身所独有的、其他企业不能直接模仿或不易学到的、对旅游企业的发展具有决定性影响的能力。核心竞争力能与竞争对手相抗衡，获得更大的市场份额。每一家旅游企业都应该主动参与竞争，制定科学、合理的竞争战略，并在此基础上大胆创新，任何简单的模仿与跟随都会被市场淘汰。

4. 旅游市场营销战略管理具有长远性

旅游市场营销战略决策是对旅游企业未来较长时期(5 年以上)进行统筹规划。旅游企业为了谋求长期的生存与发展，必须在掌握市场动态和发展趋势的基础上，对未来市场进行科学预测，发展未来新的市场机会的长远性计划。战略管理是面向未来的管理。战略决策要以旅游企业当前的现实情况为依据，以所期望或预测将要发生的情况为基础，着眼于旅游企业未来的长远利益。

5. 旅游市场营销战略管理具有灵活性

旅游市场营销战略管理不是静态的、一次性的管理，而是一种开放的、往复性的动态管理过程。市场营销活动必然会受到各种宏观环境和微观环境的影响和制约，如市场需求、政府政策、客源结构的变化等。这些处于不断变化之中的因素是旅游企业所不能控制的，随时都有可能使旅游企业的市场营销战略受阻或无法完全按计划进行。因此，旅游企业在制定市场营销战略时就需要有一定的灵活性，在不违背旅游企业整体市场营销战略的原则下，根据外部环境的变化和战略执行结果的反馈信息，调整与竞争者、旅游中间商、游客、银行、政府等的关系，重新配置内部的资源，以进行新一轮战略管理。

10.2.3 旅游市场营销战略管理的过程

旅游市场营销战略管理活动的重点是战略制定、战略实施和战略控制(如图 10.2 所示)。而这里的关键都在于对旅游企业外部环境的变化进行分析，对旅游企业的内部条件和素质进行审核，并以此为前提确定旅游企业的战略目标，使三者之间达成动态平衡。

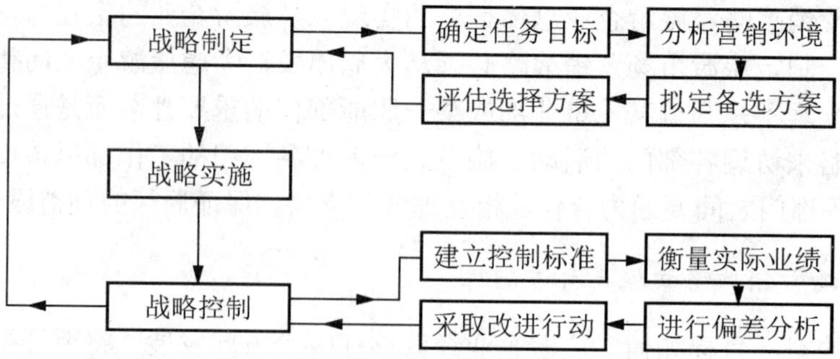

图 10.2 旅游市场营销战略管理的过程

1. 旅游市场营销战略制定

旅游市场营销战略的制定一般需要经历以下几个步骤：

1) 确定旅游企业的任务和目标

明确的任务和目标是制定其他决策的基础，任何旅游企业要制定市场营销战略，都必须先确定旅游企业的任务和明确旅游企业的目标。没有明确的任务和目标，各种方案的分析和评价也就失去了意义和依据。

2) 分析旅游企业市场营销环境

环境因素影响旅游企业的生存与发展，旅游市场营销环境的分析是制定旅游市场营销战略的客观依据。旅游市场环境的分析必须建立在深入的市场调研和准确、充分的信息的基础上。旅游市场营销环境分析的目的是寻找和发现战略机会及避免风险，为战略决策内容寻找依据。

3) 拟定备选方案

在明确的任务和目标的指导下，对旅游市场的市场营销环境进行全面分析的基础上，要拟订几个不同的战略方案作为备选方案。各个备选方案包括了不同的市场营销策略组合内容。在拟定备选方案时，要集思广益，听取多方的意见。

4) 评估选择方案

这是制定市场营销战略的关键步骤。在对备选方案进行评估的过程中，要对各个方案进行可行性分析，其中对各个可行方案进行财务可行性研究是十分重要的。必须通过对市场营销情况的再预测，并从财务角度分析预算可能实现的效益，衡量是否可以达到预期的利润目标。如果能达到目标，则这个方案是可行的，可以采用；反之，就是不可行的，不能采用。

2. 旅游市场营销战略实施

旅游企业制定好市场营销战略后，需要将战略方案转化为实际行动并取得成果。一般来说，旅游市场营销战略的实施是通过中层管理者、基层管理者及其员工来共同完成，高层管理者主要对战略实施过程和结果进行评价与控制。在市场营销战略实施过程中，关键的问题是组织上下如何就战略方向及其实施达成共识，把组织整体战略目标、职能部门目标与个人目标有效地统一起来，并通过行政组织机构的科学整合，将旅游企业的总体战略分解成各个层次和各个方面的具体战略，分阶段、分步骤地贯彻执行。

旅游市场营销战略只有真正落到实处，才能取得战略规划预期的效果。相比较而言，市场营销战略的制定主要取决于高层决策者的洞察力与判断力，战略实施主要依赖于管理者的经营管理艺术和有关员工的一线运作能力。再完美的市场营销战略方案，若日常经营管理不到位或存在失误，是很难达到预期的市场营销效果的。

3. 旅游市场营销战略控制

旅游市场营销战略控制是对战略制定、实施的过程及其结果进行适当的监控，保证市场营销战略方案达到预期目标而实施的一套工作程序或工作制度。市场营销战略控制的基础是能获得及时、准确、全面的市场营销信息。一般而言，可分为如下步骤：

1) 建立控制标准

旅游市场目标是市场营销战略评价的关键点。根据旅游企业所确定的控制对象设置相应的目标，通常这些控制目标就是旅游企业的市场营销战略目标。控制标准可由旅游企业管理者参考其他企业的标准并结合自己情况制定。常用的控制标准有：销售增长率、投资报酬率、销售额、净利润、市场占有率、产品或服务质量、游客满意度等。

2) 衡量实际业绩

控制标准设定后，接下来就是根据标准对经营的实际业绩进行测量和评价。如果实际执行结果与控制标准一致，战略管理过程则按原计划进行；如果不一致，则进行下一步。

3) 进行偏差分析

对实际业绩与预定的控制标准存在偏差的，则需要分析偏差出现的原因，并要了解偏差是否在控制标准容许的范围之内。产生偏差的原因一般有两种情况：一是实施过程中产生的问题，这种偏差较易分析；二是战略本身的问题，确认这种偏差比较困难。

4) 采取改进行动

针对造成实际工作绩效与控制标准之间产生偏差的原因，旅游企业必须采取相应的改进措施加以补救或者调整目标。

10.3 旅游市场营销计划

旅游市场营销计划是旅游市场营销战略的延伸和具体化，是实施旅游市场营销战略的重要一环。有效的旅游市场营销计划能达到旅游企业市场内部资源与外部环境的平衡，指明旅游企业的市场营销目标步骤，因而是旅游市场营销活动的依据。

10.3.1 旅游市场营销计划的概念和作用

1. 旅游市场营销计划的概念

旅游市场营销计划是根据旅游企业总体战略目标而制定的，指导旅游企业市场营销部门在计划期内开展各种市场营销活动的纲领性文件。旅游市场营销计划是整个市场营销工作准备阶段的产品，它概述了旅游市场营销活动的目标、内容、要求与人员、资源配置等。具体地说，就是以书面的形式说明要做什么工作，何时去完成以及应遵守的程序等问题。它集中体现所制定的市场营销战略的思想精华。由于旅游企业所有市场营销活动是在一个不断变化的市场营销环境中展开的，如果没有市场营销计划作为指导，旅游企业的市场营销活动往往会陷于混乱，经营目标也因此而不能完成。

2. 旅游市场营销计划的作用

旅游市场营销计划是旅游市场营销管理的重要工具之一，它在旅游市场营销管理中发挥的重大作用，具体表现为以下方面：

(1) 有利于旅游市场营销活动更加适应各目标市场。旅游市场营销活动是针对性极强的活动，它针对的就是旅游企业的目标市场。一个旅游企业可能同时面对几个目标市场，但想在每一个目标市场里都取得成功却不是每个旅游企业都能做到的。这决定于旅游企业在进入其目标市场前有没有进行周密的市场调查，是否了解目标市场的需求，并制订有详尽的市场营销计划来指导旅游企业的市场营销活动。

(2) 有利于旅游市场营销活动有条不紊地开展。由于旅游市场营销计划详尽而严格地规范了旅游市场营销工作的执行步骤，使得旅游企业的各个部门都能明确自己的工作任务和具体安排，避免了部门之间的误解和冲突，减少了工作的盲目性。旅游市场营销人员能够在市场营销计划框定的大范围内合理、有序地安排各自的日常工作，使得旅游企业这部复杂的“机器”能够顺畅地运行，并最终达到其设定的目标。

(3) 旅游市场营销计划有利于旅游企业长远规划的实施。旅游企业的长远规划是通过阶段性的市场营销活动分步骤实现的。旅游企业将实现长远目标所需进行的工作按先后次序分解到各个经营阶段，由市场营销计划逐一进行详细的工作安排。随着市场营销计划的顺利实施，阶段性目标逐一实现，旅游企业也将一步步地逼近其长远目标。

一份完善的旅游市场营销计划就像一幅地图，清晰地向旅游企业管理者显示其曾经在何处、现在在何处、将要去何处，以及较为理想的前进道路。

10.3.2 制订旅游市场营销计划的方法

1. 自上而下计划法

自上而下计划法(Top-down Planning)，是指由旅游企业高层管理人员根据旅游企业的目标制订市场营销计划，再通过市场营销水平细分下来，由旅游企业的下级部门员工负责具体实施。这种方法的理论基础是，管理者在旅游企业组织中的层级越高，其对旅游企业经营过程中所面临问题的前后关系的看法就越透彻，即所谓“站得高看得远”。由这些旅游企业高层管理人员制订的市场营销计划战略性较强，计划覆盖面也较广，比较强调计划的协调性。但这种方法也有不足之处，如不能调动下级管理人员的积极性，而且旅游企业高层管理人员有可能缺乏对市场的真实了解，从而出现决策上的偏差。

2. 自下而上计划法

自下而上计划法(Bottom-up Planning)，是指旅游企业基层管理者和市场营销人员收集信息，进行预测和制订计划，然后由高层管理者来进行检验与平衡，并确认完成。由于强调旅游企业的基层员工在市场预测、竞争对手调查、游客信息搜集等方面积极参与到市场营销计划的制订中去，这样的制订过程和所利用的信息虽然还要受到旅游企业高层管理者的检查和控制，但是在这样的计划体系中，旅游企业基层员工扮演着重要的角色。由此制订的市场营销计划在实施环节上可能会比较顺利，因为旅游企业基层员工从一开始就参与计划的制订并负责计划的具体实施。但是，这些人由于受到在旅游企业层级中所处位置的限制，他们倾向于将竞争的舞台看作是自己的业务区域而非整个旅游企业所处的市场，由此制订的市场营销计划会有很大的局限性。

3. 综合法

指综合以上两种方法的优点，旅游企业高层管理者对旅游企业的重要决策问题，如旅游企业形象、旅游企业发展目标和战略等做出决定，然后向下级部门下达计划指导纲要。下级部门根据指导纲要，制订具体的部门计划草案，报上级管理部门批准。这种方法强调计划制订过程中高层管理者与基层管理者的共同参与，一方面保证了市场营销计划的战略指导性要求，另一方面又确保计划能紧贴市场，更具创造性。

10.3.3 旅游市场营销计划的内容

为了完成旅游企业市场战略所确定的任务和目标，必须制订市场营销计划。好的市场营销计划可以规范旅游企业市场营销部门员工联系现有客户和吸引新客户的方法，还可以帮助旅游企业确定目标客户类型，如何联系客户，以及如何跟踪结果，以便了解什么工作可以提高业务。成功的市场营销计划不需非常复杂或冗长，但应包含足够的信息来帮助建立、指导和协调旅游企业的市场营销工作。旅游市场营销计划应该简明扼要，基本内容如下：

1. 市场营销计划概要

这一部分是市场营销计划的开头部分，是对主要市场营销目标和措施的简要概括说明。通过简明扼要的文字，集中对目标、策略和预期达到的财务指标做出一个总结性的描述，要求开门见山、数字明确、逻辑清晰，以便决策层迅速了解市场营销活动的主旨。

小案例

某旅游企业市场营销计划概要

本年度市场营销计划的目标是使本旅游企业的产品打入欧美市场，从而使总体销售收入与利润总额比去年大幅提高。经估算，销售目标定为2000万元，比去年提高40%；可实现利润总额400万元，与去年相比增长25%。这个目标主要通过价格调整以及使用促销手段等来实现，同时也推出一些新的服务项目来迎合目标市场的游客需求。本计划实施所需市场营销预算为100万元，与去年相比增加了35%。

2. 当前市场营销状况

这部分主要是对当前旅游企业面临的市场营销状况的简要而明确的分析，包括：

1) 宏观环境形势分析

宏观环境形势分析主要对旅游企业所处的宏观环境，包括政治、经济、人口、技术与资源等营销环境因素的当前状况、未来变化、发展趋势，以及可能对旅游企业造成的影响进行分析。

2) 目标市场情况分析

目标市场情况分析主要是对旅游企业目标市场规模与发展的预测、游客需求发展的趋势及对游客购买行为进行分析。

3) 竞争状况分析

竞争状况分析主要是指对市场中主要竞争对手的经营规模、市场份额、产品特点、产品价格、市场营销渠道、市场营销机会以及促销方式等方面进行分析。

4) 旅游企业自身经营状况分析

旅游企业自身经营状况分析主要是指对本旅游企业产品在所处市场中的地位，如产品市场占有率、产品价格和毛利率等，以及旅游企业产品的市场营销渠道、促销方式等进行分析。

3. 主要的机会和威胁，优势和劣势，以及将要面对的问题

这部分主要是对旅游市场营销中所面临的主要威胁和机会等进行分析。“威胁”指市场营销环境中存在着的、对旅游企业市场营销不利的因素；“机会”指市场营销环境中对旅游企业市场营销有利的因素。旅游企业经营除了要了解旅游企业所面临的市场营销机会和威胁外，还必须对它们进行评估。对市场营销威胁可以从两个方面进行评估：一是潜在的严重性，即威胁成为事实时旅游企业蒙受损失的多少；二是是否可能发生，即它成为事实的可能性。对于市场营销机会也可从两方面评估：一是潜在吸引力，即这个机会能否给旅游企业带来利润；二是成功的可能性。市场营销机会能否成为旅游企业真正的获利机会，应看它是否符合旅游企业的目标和旅游企业拥有的资源状况。

4. 想要达到的销售量、市场份额和利润等领域的目标

市场营销计划的核心内容是市场营销目标，它是在分析旅游企业市场营销活动现状和预测未来的机会与威胁的基础上制定出来的。市场营销目标能让旅游企业经营者了解旅游企业奋斗的总方向，并且便于组织内的分工，便于市场营销计划执行结果的衡量。因此，如果没有市场营销目标，计划制订过程中的后续工作都无从谈起。确定旅游企业市场营销目标时要注意以下几方面：

1) 确定市场营销目标的原则

旅游企业市场营销目标既是旅游企业市场营销人员开展市场营销活动的依据，又是衡量市场营销人员工作绩效和市场营销活动控制的标准。因此，它的制定要遵循以下几个重要原则：

(1) 一致性。市场营销目标应与旅游企业的经营宗旨、经营条件和总体目标相一致。

(2) 具体简明。要对达到的成果进行量化，只需说明做什么、做多少和在何时完成即可，避免复杂和烦琐。

(3) 可行性和挑战性。旅游企业的市场营销目标要符合旅游企业的实际，可以实现。但同时又要具备一定的挑战性，即必须经过努力才能实现。

2) 市场营销目标的基本内容

旅游市场营销目标指旅游企业在一定时期内所要达到的一种理想状态。它的基本内容包含三个方面：市场营销活动所要达到的成绩，即成果；检验所取得的市场营销成果的量化指标，即衡量标准；达到市场营销成果的时间，即时间限制。把这三者结合起来，就形成了一条具体简明的旅游市场营销目标。

在表达方式上，旅游市场营销目标可分成定性目标和定量目标两大类。定性目标通常有市场形象、服务质量、市场竞争地位等目标；而定量目标通常有旅游企业市场占有率、利润、营业收入、投资回报率、销售量等多种。

小案例

某旅游企业 2014 年的目标

某旅游企业曾于 2014 年为自己定了这样几个目标：“一年内成为上海第一，三年内成为全国第一，五年内进入国际旅游业最佳旅游企业行列”“今年旅游企业在某一旅游产品市场上市场占有率达到 60%，营业收入达到 100 亿元……”。

显然，这个市场营销目标描述的市场营销成果是市场占有率等，用 60%等数据进行衡量，时间也有明确的规定，同时在表现方式上，既包括了定性目标(市场形象)，又包括了定量目标(如营业收入等)。

3) 市场营销目标的表现指标

市场营销目标主要用经济指标加以规定，经济指标有相对指标和绝对指标两类，旅游市场营销目标最常见的表现指标有销售额、销售增长率、利润及利润增长率、市场占有率及市场份额扩大百分比、广告费、营业推广费、人员推销费等。

5. 市场营销策略的筛选评定

为实现计划目标，必须采取一定的途径或手段。这些途径或手段就是市场营销策略，包括目标市场的选择和市场定位策略、市场营销组合策略、市场营销费用策略，是旅游企业对付竞争者的强有力的武器。对各种可能的市场营销策略的评估是为了选出最佳的策略，便于将其列入市场营销计划，这样做也有利于确保旅游市场营销目标的如期实现。市场营销计划制订人员应该事先列出几个较为客观的策略衡量标准，如策略所需投入的资金、时间、精力或策略实施的难易程度等标准，然后对各种可能的策略逐一评估衡量。

6. 市场营销行动方案

把市场营销策略转化为具体的市场营销活动程序的过程就是这一步工作的主要任务，内容包括做什么，谁来做，何时做，何时完成以及成本等。将行动方案的每项具体内容都列出详细的程序表，以便于执行和检查。

7. 市场营销预算

市场营销预算主要是对为实现市场营销计划中所规定的目标而必需的费用总额以及市场营销活动所能带来的收益进行分析。在收入方面要说明预计销售量及平均价格。在预算支出方面要说明开展各项市场营销活动应投入的成本费用，包括广告与促销预算、产品开发预算、市场研究预算、销售额、利润等。收支的差额为预计的利润或亏损。市场营销预算要由旅游企业决策者审批，预算一经批准，便成为旅游市场营销活动的重要依据。

8. 市场营销控制

这是市场营销计划的最后一部分，是对市场营销计划执行中的调查与信息反馈。计划重在落实，如果旅游企业的执行力不强，那么计划再好也没有任何意义。因此，在编制旅游市场营销计划时，还要对计划的执行标准及执行过程中的一些风险控制进行具体的安排。最为常见的情况是旅游企业各部门将市场营销计划规定的目标和预算按月份或季度分解，便于旅游企业上层管理进行有效的监督检查，并督促未完成任务的部门改进工作，旅游市场营销计划的顺利完成才能得以保证。

10.3.4　旅游市场营销计划制订过程

旅游市场营销计划的制订是一个完整的、系统的过程，它需要旅游企业决策者及各部门投入大量的时间、人力及费用去对旅游企业的过去、现在及将来的情况做深思熟虑的分析与推敲，只有这样，制订的市场营销计划才有真正的指导意义。一般而言，旅游市场营销计划制订要遵循四个步骤(如图 10.3 所示)。

1. 定位旅游企业的产品或服务

旅游市场营销计划的目标是以合适的价格，在合适的时间和地方，将合适的产品和服务呈现在合适的客户面前。因此，需要明晰以下一些基本问题，在此基础上制订市场营销计划。

(1) 旅游企业的销售对象是谁？

(2) 那些客户需要什么服务？

(3) 与竞争对手相比，我们的产品或服务与众不同之处是什么？

(4) 有最适合旅游企业的市场营销策略吗？

(5) 应何时执行并每隔多久执行一次市场营销工作？

获取这些方面的反馈可以帮助企业制定市场营销策略和制作目标明确的计划。

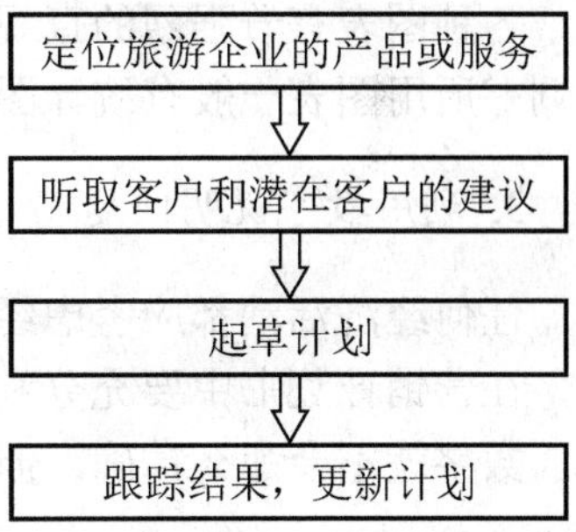

图 10.3　旅游市场营销计划制订步骤

2. 听取客户和潜在客户的建议

为了成功地向客户促销，旅游企业需要了解他们对企业产品、定价、品牌或服务，以及与旅游企业相关的所有事情有何反应。询问几个现有客户和潜在客户，请他们谈谈对旅游企业的产品和服务、销售给他们的可能性以及竞争对手的看法。旅游企业还可通过电子邮件、电话或市场营销明信片询问他们。当然，还要附加刺激信息(如折扣)以促进反馈。

3. 起草计划

有了反馈和提纲之后，就可以起草旅游市场营销计划。制订市场营销计划之后，就有了可以帮助旅游企业步入正轨的架构。

4. 跟踪结果，更新计划

定期复查旅游企业的市场营销计划可以确定它是否产生预期的效果。还可通过计算市场营销费用，将它们与销售和其他指标进行比较。定期更新市场营销计划有助于旅游企业适应市场环境的变化。

10.3.5 旅游市场营销计划撰写技巧

1. 版面设计美观整洁

精美的版面设计可使营销计划书重点突出、层次分明、严谨而不失活泼，增强了视觉效果，在一定程度上也影响着计划的实施。版面安排包括打印的字体、字的大小、字与字的空隙、行与行的间隔、黑体字的采用以及插图和颜色等。如果整篇计划书的字体、字号完全一样，没有层次、主辅，那么这份计划书就会显得呆板，缺少生气。

2. 运用图表帮助理解

各种图表有着强烈的直观效果，用其进行比较分析、概括归纳、辅助说明等非常有效。计划书所用图表一般有统计图表、流程图、进度表、曲线图等。

3. 利用数字说明问题

任何经济活动都应考虑经济数量关系，如销售额、利润率、市场占有率、价格等。所以，在营销计划书中要充分利用可靠数字来说明问题。当然，在表述预测结果和预算费用时，数字就不会那么精确，但也要尽可能根据企业的现实情况使之客观、合理。

4. 内容精练，避免错误

整个计划书长度要合适，一般25～30页为宜。文字内容要简明扼要，切忌冗长烦琐；避免错字、漏字和语法错误，特别是数字、专业术语和英文单词，要仔细核对复查，确保正确无误。

5. 预算开支详细符实

编制预算开支时，既要有总额开支预算，又要有每个分项目计划实施的开支预算，还要有不同作业项目的开支预算，甚至还需要标明哪些费用开支的预算是属于相对稳定的，哪些是初步估计的，实施中有可能突破的。总之，尽量使预算开支细分化、实际化。

【本 章 小 结】

旅游市场营销管理是指旅游企业为了满足旅游消费者的要求并实现企业计划的各种目标，创造、建立和保持与目标市场之间的利益交换和联系，而对市场营销业务进行计划、决策、组织、执行和控制的一系列有组织的活动。具体包括如下步骤：①发现和把握市场机会；②选择目标市场；③市场营销组合；④市场营销预算；⑤编制营销计划；⑥营销计划执行和控制。

旅游市场营销战略是对旅游企业未来经营发展方向所做出的一系列动态规划。旅游市场营销战略的基本内容包括：旅游市场营销战略任务、旅游市场营销战略目标、旅游市场营销战略重点、旅游市场营销战略措施、旅游市场营销战略步骤等。

旅游市场营销计划是根据旅游企业总体战略目标而制订的，指导旅游企业市场营销部门在计划期内开展各种市场营销活动的纲领性书面文件。市场营销计划的编制有三种方法：自上而下法、自下而上法以及综合法。计划的内容包括：市场营销计划概要；当前市场营销状况；主要的机会和威胁，优势和劣势，以及将要面对的问题；想要达到的销售量、市场份额和利润等领域的目标；市场营销策略的筛选评定；市场营销行动方案；市场营销预算；市场营销控制等。

【习 题】

一、填空题

1. 旅游市场营销计划，具体地说，就是以书面的形式说明__________，__________以及__________等问题。

2. 旅游市场营销环境分析的目的是__________，为战略决策内容寻找依据。

3. 制定旅游市场营销计划的主要方法有__________、__________、__________。

二、选择题

1. 旅游市场营销管理的实质，就是(　　)。

   A. 人力资源管理　B. 需求管理　C. 计划管理　D. 目标管理

2. (　　)是旅游市场营销管理的首要任务。

   A. 发现和把握市场机会　B. 选择旅游企业目标市场
   C. 市场营销组合和市场营销预算　D. 编制旅游企业市场营销计划

3. (　　)是营略战略评价的关键点。

   A. 旅游企业目标　B. 衡量实际业绩　C. 进行偏差分析　D. 采取改进行动

4. (　　)主要指对为实现市场营销计划中所规定的目标而必需的费用总额以及市场营销活动所能带来的收益进行分析。

   A. 为实现计划目标而确定的市场营销策略
   B. 市场营销行动方案
   C. 市场营销预算
   D. 市场营销控制

5. 旅游企业要实现其经营目标，关键是要(　　)，了解游客的需要和愿望，并使旅游企业产品适应和满足游客的需要。

A. 竞争分析　　　　　　　　　　　　B. 跟踪结果

C. 选择和确定目标市场　　　　　　　D. 旅游企业自身分析

三、简答题

1. 简述旅游企业市场营销战略管理的基本过程。
2. 旅游市场营销计划的内容有哪些？
3. 如何制订旅游市场营销计划？

【实际操作训练】

一、实训名称

撰写旅游市场营销计划书

二、实训目的

通过查阅资料和市场调研，制订某年度的旅游市场营销计划书。

三、实训步骤

1. 分小组(5～8 人)分工合作完成以下工作：

(1) 模拟成立一家旅游企业；

(2) 结合企业实际和竞争状况，讨论年度旅游市场营销计划书的基本框架；

(3) 撰写旅游市场营销计划书。

2. 以小组为单位在课堂上进行陈述和答辩。
3. 教师点评。

四、实训评价

根据旅游市场营销计划书的内容、陈述和答辩的情况评价打分，纳入学生实训课考核之中。

延伸阅读

迪士尼的经营计划

迪士尼是当今世界最大的娱乐公司之一，是娱乐业的领头羊。自从 1955 年华特·迪士尼在美国洛杉矶创建第一个主题公园——迪士尼乐园以来，迪士尼公司已经成为集卡通设计、电视网络、电影、主题公园、文化用品、服装服饰为一体的大型娱乐性企业集团。作为娱乐巨头的华特迪士尼公司拥有众多子公司，业务涉及的方面也很多，而迪士尼将这些众多业务分为影视娱乐、主题公园度假区、消费产品和媒体网络四个大的方面，终于形成了一个综合性娱乐集团。

任何企业包括迪士尼在内，无不追求经济利益，但是效益的多少却是由企业经营策略的完美、严谨与否决定的，与企业文化密不可分。迪士尼获益之高，可以说是依靠积累数十年经营经验所制备的庞大、严谨的经营计划，这个经营计划几乎面面俱到，相当完备。

1. 品牌经营策略

品牌经营指企业针对市场需求的基本态势，以企业理念为核心，以品牌为手段，通过品牌营销、品牌推广、品牌资产管理等各种经营方式以实现企业利益最大化的最终目标。迪士尼乐园通过实施品牌经营策略获得了巨大的收益。

首先，品牌经营为迪士尼赢得了全世界范围内的忠诚顾客，形成了差异化竞争优势。迪士尼乐园这一品牌在人们心目中就是欢乐的代名词，它树立了良好的企业与产品形象，增强了消费者对迪士尼乐园的认知度，并在世界范围内形成了良好口碑，从而为其带来了广泛的客源聚集效应。

其次，品牌经营加速了集团扩张，形成产业聚合优势。品牌经营是迪士尼乐园加速扩张的重要有效手段之一，它可以摆脱地域限制，以品牌拓展企业发展空间、扩张市场规模，从而促进公司走上快速扩张、规模经营的道路。迪士尼总公司通过特许经营的方式迅速地实现集团扩张，在美国以外，它成功地建设、运营了东京迪士尼乐园、巴黎迪士尼乐园和中国香港迪士尼乐园。以中国香港迪士尼乐园为例，其前期总投资141亿港元，其中特区政府注资57亿港元，借款61亿港元，还要投资136亿港元进行基建工程，特区政府却只拥有57%的股份；而迪士尼只负担23亿港元商业借款，却拥有43%的股份，且管理权和专营权均属美国迪士尼公司。

最后，品牌经营促进了产业链延伸，形成多元化经营优势。迪士尼乐园借用其品牌在顾客心目中的形象、声誉，将迪士尼品牌运用于主题产品，消费者出于对迪士尼品牌的信任与偏好会将这种品牌忠诚延伸到新的产品中去，增加了新产品取得市场成功的机会，从而促进了公司迅速形成产品多元化或产业多元化经营格局。

2. 服务制胜策略

迪士尼乐园高质量的服务水准有口皆碑，它的服务理念与水准已成为各类企业争先效仿的榜样。在任何情况下，保障游客安全是迪士尼乐园首要的价值诉求。每逢节假日由于客流量增加导致拥挤混乱时，工作人员为了保证游客享受到应有的服务标准以及出于安全考虑，会采取诸如限制入园人数以及游客的移动途径等措施以保障游客安全。对于员工礼貌方面的要求，迪士尼乐园可谓做到了细致入微。它要求员工们要热情、真诚、礼貌、周到地为客人服务。总之，一切细节的服务都被迪士尼做到了完美。

3. 产品创新策略

迪士尼的一个著名的口号是“永远建不完的迪士尼”，它多年长期坚持采用“三三制”，即每年都要淘汰1/3的硬件设备，新建1/3的新概念项目，每年补充更新娱乐内容和设施，不断给游客新鲜感。“满足顾客需要”是迪士尼乐园创新产品的原动力。为了准确把握游客需求的动态，公司内部专门设置了调查统计部、信访部、信息中心，它们每年要开展数百项市场调查和咨询项目来分析游客需求动态变化，并把研究成果提供给公司其他各职能部门。公司根据对相关信息的分析来把握游客需求的动态变化，从而针对性地创新产品、更新设施设备。迪士尼乐园实行不断增加新的游乐场所、设施及服务方式的经营策略来吸引回头客。其成功的产品创新策略说明了这样一个事实：主题公园只有根据目标市场的需求变化不断创新产品与服务，才能尽可能地延长其生命周期。

4. 灵活定价策略

迪士尼乐园在定价策略上十分灵活，它根据产品种类、销售时间和地点等因素的不同采取差别定价、地区性定价、价格调整等措施来保证乐园的门票价格对大多数目标市场而言是可以接受的。以香港迪士尼乐园为例，考虑到其客源市场中香港、内地及外国各占三分之一，除香港居民收入相对高以外，内地及东南亚游客收入较低的情况，香港迪士尼乐园制定了全球迪士尼主题公园中最低的票价，意在以低票价策略广拓客源市场，对于不同年龄段以及不同时间段实行差别定价策略。当然，受通货膨胀、物价上涨等外部因素影响时，门票价格过低会影响主题公园的盈利能力。迪士尼乐园解决这个难题的方法是实行长期的价格调整政策，将票价的增幅略高于通货膨胀率，这样既保证了公司盈利又使消费者可以承受。

5. 营销管理策略

迪士尼乐园在营销管理方面独具特色，它首先强调企业对员工的“内部营销”，然后才是企业对消费者的“外部营销”。迪士尼以内部营销管理为员工营造“享受工作、快乐工作”的工作氛围，以激励员工为顾客提供高质量的服务。在外部营销方面，迪士尼乐园在花费大量资金用于电视、广播、报纸、橱窗等传统宣传媒介的同时，辅之以多样化的营销手段。例如迪士尼公司为宣传香港迪士尼乐园专门推出了“迪士尼梦幻世界”电视节目；利用互联网建立迪士尼网站，将企业文化作为商业宣传手段，在宣传卡通文化的同时大做商品广告；与已有很高文化影响力的麦当劳和可口可乐联合宣传，在可口可乐饮料罐上做广告，还与当地旅行社合作开展主题营销活动。多样化的营销策略不仅大大提高了迪士尼乐园的知名度，而且为其带来了大量客源和滚滚财源。

迪士尼的经营固然很成功，但是它也有不足之处。以香港迪士尼为例，它的管理并不是非常完善，如在 2006 年 2 月 1 日和 2 日这两天，就因为游客太多而落闸拒客，导致逾千名手持门票的游客无法入场，也令游客对香港以重金招揽而来的迪士尼这个名牌的管理模式产生了莫大的怀疑。这次事件不仅对游客造成了恶劣影响，更严重地损害了香港旅游业乃至整个香港的声誉。所以说任何企业的管理都不是完美的，都需要不断的努力完善才能创造出最佳的、适合自己的企业文化。

延伸思考：

1. 为什么迪士尼能经营得那么成功？

2. 为什么中国的主题公园接二连三地倒闭？

参考文献

[1] 大堡礁看护员．www.baike.com/wiki.

[2] 肖克鑫．从索契冬奥会看网络市场营销[N]．中国邮政报，2014-2-15 第 1 版．

[3] 吴小龙．当“好空气”成旅游新“卖点”[N]．中国旅游报，2014-1-22 第 2 版．

[4] 吴婷婷．海南应对市场之变[N]．中国旅游报，2014-2-21 第 7 版．

[5] 张志宏．饭店顾客意见信息的收集渠道及其优劣分析[J]．旅游学刊，2000, 1.

[6] 晁瑞．陕西开展旅游调研活动——围绕旅游质量提升年等四大主题展开[N]．中国旅游报，2014-2-14 第 2 版．

[7] 东航牵手迪士尼启动全球联合市场营销．www.caacnews.com.cn.

[8] 旅游者购买行为案例分析．blog.sina.com.cn/s/blog_8ca836ca0100xgyt.html.

[9] 黄山旅游拓展瞄准市场细分．news.sina.com.cn/o/2005-11-02/09027338903s.shtml.

[10] 旅游市场不断细分小包团瞄准高端群体．www.traveldaily.cn/article/74454.html.

[11] 杨银．陕西积极推广“丝路起点”品牌[N]．中国旅游报，2014-2-21 第 2 版．

[12] 丁宁．艺术、科技和好玩是我们吸引内地游客的三板斧[N]．中国旅游报，2014-2-21 第 5 版．

[13] 冯宁．66 万元“环游世界游”30 秒售罄[N]．重庆晨报，2011-6-21 第 43 版．

[14] 郭光明．广东景区年卡遭遇发行尴尬[N]．中国旅游报，2014-1-20 第 5 版．

[15] 徐梅．山东贺年会网络市场营销受欢迎[N]．中国旅游报，2014-2-21 第 2 版．

[16] 郭光明，曹喻兰．广之旅：稳步迈向卓越旅游运营商[N]．中国旅游报，2014-2-19 第 3 版．

[17] 杨勇权．浙江杭嘉湖绍派发“旅游红包”[N]．中国旅游报，2014-2-3 第 2 版．

[18] 刘少玄．丽江赴东南亚三国推介[N]．中国旅游报，2014-2-21 第 3 版．

[19] 韩勇，丛庆．旅游市场营销学[M]．北京：北京大学出版社，2006.

[20] 鲁峰．旅游市场营销学[M]．北京：中国科学技术出版社，2008.

[21] 陶卓民，胡静．旅游市场学[M]．北京：高等教育出版社，2001.

[22] 舒伯阳．实用旅游市场营销学教程[M]．武汉：华中科技大学出版社，2008.

[23] 杨益新．旅游市场营销学[M]．北京：清华大学出版社，2008.

[24] 季辉．旅游市场营销[M]．成都：四川大学出版社，2007.

[25] 程道品，伍进．旅游市场营销学[M]．北京：中国林业出版社，2009.

[26] 马占丽，张丽娟．市场营销学[M]．呼和浩特：内蒙古大学出版社，2009.

[27] 尼合迈提・霍嘉．市场营销学[M]．北京：中国农业出版社，2004.

[28] 袁平．旅游市场营销[M]．郑州：郑州大学出版社，2006.

[29] 惠碧仙，王军旗．市场营销：基本理论与案例分析[M]．北京：中国人民大学出版社，2004.

[30] 旅游广告在旅游产品推广中的重大作用．topic.yingjiesheng.com/guanlixue/lvyou.

[31] 蔡家成．互联网旅游推广市场营销的优势[N]．中国旅游报，2014-1-15 第 11 版．

[32] 岛上卖鞋．http://club.1688.com/threadview/29748666.html?forumId=6.

[33] 迪士尼的市场营销计划．www.8020rc.com/news/43/42438.html.

[34] 李道和．旅游产品品牌营销策略[J]．江西农业大学学报（社会科学版），2003, 4.

[35] 陈静．香格里拉盛贸品牌脱胎为今旅[N]．中国旅游报，2014-9-3 第 6 版．

北京大学出版社高职高专旅游系列规划教材

序号	标准书号	书名	主编	定价	出版年份	配套情况
1	978-7-301-19028-9	客房运行与管理	孙亮，赵伟丽	33	2011	电子课件，习题答案
2	978-7-301-19184-2	酒店情景英语	魏新民，申延子	28	2011	电子课件
3	978-7-301-19034-0	餐饮运行与管理	檀亚芳，王敏	34	2011	电子课件，习题答案
4	978-7-301-19306-8	景区导游	陆霞，郭海胜	32	2011	电子课件
5	978-7-301-18986-3	导游英语	王堃	30	2011	电子课件，光盘
6	978-7-301-19029-6	品牌酒店英语面试培训教程	王志玉	22	2011	电子课件
7	978-7-301-19337-2	会展概论	崔益红	28	2011	电子课件
8	978-7-301-19963-3	前厅服务与管理	黄志刚	28	2012	电子课件
9	978-7-301-19955-8	酒店经济法律理论与实务	钱丽玲	32	2012	电子课件
10	978-7-301-19932-9	旅游法规案例教程	王志雄	36	2012	电子课件
11	978-7-301-20477-1	旅游资源与开发	冯小叶	37	2012	电子课件
12	978-7-301-20459-7	模拟导游实务	王延君	25	2012	电子课件
13	978-7-301-20478-8	酒店财务管理	左桂谔	41	2012	电子课件
14	978-7-301-20566-2	调酒与酒吧管理	单铭磊	43	2012	电子课件
15	978-7-301-20652-2	导游业务规程与技巧	叶娅丽	31	2012	电子课件
16	978-7-301-21137-3	旅游法规实用教程	周崴	31	2012	电子课件
17	978-7-301-21559-3	饭店管理实务	金丽娟	37	2013	电子课件
18	978-7-301-21891-4	酒店情景英语	高文知	36	2013	电子课件，听力光盘
19	978-7-301-22187-7	会展概论	徐静	28	2013	电子课件，习题答案
20	978-7-301-22316-1	旅行社经营实务	吴丽云，刘洁	28	2013	电子课件
21	978-7-301-22349-9	会展英语	李世平	28	2013	电子课件，mp3
22	978-7-301-22777-0	酒店前厅经营与管理	李俊	28	2013	电子课件
23	978-7-301-22416-8	会展营销	谢红芹	25	2013	电子课件
24	978-7-301-22778-7	旅行社计调实务	叶娅丽，陈学春	35	2013	电子课件
25	978-7-301-23013-8	中国旅游地理	于春雨	37	2013	电子课件
26	978-7-301-23072-5	旅游心理学	高跃	30	2013	电子课件
27	978-7-301-23210-1	旅游文学	吉凤娟	28	2013	电子课件
28	978-7-301-23143-2	餐饮经营与管理	钱丽娟	38	2013	电子课件
29	978-7-301-23232-3	旅游景区管理	肖鸿燚	38	2014	电子课件
30	978-7-301-24102-8	中国旅游文化	崔益红，韩宁	32	2014	电子课件
31	978-7-301-24396-1	会展策划	高　跃	28	2014	电子课件，习题答案
32	978-7-301-24441-8	前厅客房部运行与管理	花立明，张艳平	40	2014	电子课件，习题答案
33	978-7-301-24436-4	饭店管理概论	李俊	33	2014	电子课件，习题答案
34	978-7-301-24478-4	旅游行业礼仪实训教程(第2版)	李　丽	40	2014	电子课件
35	978-7-301-24481-4	酒店信息化与电子商务(第2版)	袁宇杰	26	2014	电子课件，习题答案
36	978-7-301-24477-7	酒店市场营销(第2版)	赵伟丽，魏新民	40	2014	电子课件
37	978-7-301-24629-0	旅游英语	张玉菲，谷丽丽	30	2014	电子课件
38	978-7-301-24993-2	营养配餐与养生指导	卢亚萍	26	2014	电子课件
39	978-7-301-24883-6	旅游客源国概况	金丽娟	37	2015	电子课件
40	978-7-301-25226-0	中华美食与文化	刘居超	32	2015	电子课件
41	978-7-301-25563-6	现代酒店实用英语教程	张晓辉	28	2015	电子课件，习题答案
42	978-7-301-25572-8	茶文化与茶艺（第2版）	王莎莎	38	2015	电子课件，光盘
43	978-7-301-25720-3	旅游市场营销	刘长英	31	2015	电子课件，习题答案

如您需要更多教学资源如电子课件、电子样章、习题答案等，请登录北京大学出版社第六事业部官网 www.pup6.cn 搜索下载。

如您需要浏览更多专业教材，请扫下面的二维码，关注北京大学出版社第六事业部官方微信（微信号：pup6book），随时查询专业教材、浏览教材目录、内容简介等信息，并可在线申请纸质样书用于教学。

感谢您使用我们的教材，欢迎您随时与我们联系，我们将及时做好全方位的服务。联系方式：010-62750667，37370364@qq.com，pup_6@163.com，lihu80@163.com，欢迎来电来信。客户服务 QQ 号：1292552107，欢迎随时咨询。